MECANISMOS INTERNOS DO *IMPEACHMENT*

BONIFÁCIO JOSÉ SUPPES DE ANDRADA

Prefácio
José Levi Mello do Amaral Júnior

Apresentação
Michel Temer

MECANISMOS INTERNOS DO *IMPEACHMENT*

Belo Horizonte

FÓRUM
CONHECIMENTO JURÍDICO

2024

© 2023 Editora Fórum Ltda.

É proibida a reprodução total ou parcial desta obra, por qualquer meio eletrônico, inclusive por processos xerográficos, sem autorização expressa do Editor.

Conselho Editorial

Adilson Abreu Dallari
Alécia Paolucci Nogueira Bicalho
Alexandre Coutinho Pagliarini
André Ramos Tavares
Carlos Ayres Britto
Carlos Mário da Silva Velloso
Cármen Lúcia Antunes Rocha
Cesar Augusto Guimarães Pereira
Clovis Beznos
Cristiana Fortini
Dinorá Adelaide Musetti Grotti
Diogo de Figueiredo Moreira Neto (*in memoriam*)
Egon Bockmann Moreira
Emerson Gabardo
Fabrício Motta
Fernando Rossi
Flávio Henrique Unes Pereira

Floriano de Azevedo Marques Neto
Gustavo Justino de Oliveira
Inês Virgínia Prado Soares
Jorge Ulisses Jacoby Fernandes
Juarez Freitas
Luciano Ferraz
Lúcio Delfino
Marcia Carla Pereira Ribeiro
Márcio Cammarosano
Marcos Ehrhardt Jr.
Maria Sylvia Zanella Di Pietro
Ney José de Freitas
Oswaldo Othon de Pontes Saraiva Filho
Paulo Modesto
Romeu Felipe Bacellar Filho
Sérgio Guerra
Walber de Moura Agra

FÓRUM
CONHECIMENTO JURÍDICO

Luís Cláudio Rodrigues Ferreira
Presidente e Editor

Coordenação editorial: Leonardo Eustáquio Siqueira Araújo
Aline Sobreira de Oliveira

Rua Paulo Ribeiro Bastos, 211 – Jardim Atlântico – CEP 31710-430
Belo Horizonte – Minas Gerais – Tel.: (31) 99412.0131
www.editoraforum.com.br – editoraforum@editoraforum.com.br

Técnica. Empenho. Zelo. Esses foram alguns dos cuidados aplicados na edição desta obra. No entanto, podem ocorrer erros de impressão, digitação ou mesmo restar alguma dúvida conceitual. Caso se constate algo assim, solicitamos a gentileza de nos comunicar através do *e-mail* editorial@editoraforum.com.br para que possamos esclarecer, no que couber. A sua contribuição é muito importante para mantermos a excelência editorial. A Editora Fórum agradece a sua contribuição.

Dados Internacionais de Catalogação na Publicação (CIP) de acordo com ISBD

A554m	Andrada, Bonifácio José Suppes de Mecanismos internos do *impeachment* / Bonifácio José Suppes de Andrada. Belo Horizonte: Fórum, 2024. 206p. 14,5x21,5cm ISBN 978-65-5518-618-5 1. Direito constitucional. 2. Presidencialismo. 3. Separação de poderes. 4. *Impeachment*. I. Título. CDD: 342 CDU: 342

Ficha catalográfica elaborada por Lissandra Ruas Lima – CRB/6 – 2851

Informação bibliográfica deste livro, conforme a NBR 6023:2018 da Associação Brasileira de Normas Técnicas (ABNT):

ANDRADA, Bonifácio José Suppes de. *Mecanismos internos do impeachment*. Belo Horizonte: Fórum, 2024. 206p. ISBN 978-65-5518-618-5.

AGRADECIMENTOS

A elaboração deste livro se iniciou com a minha chegada em 2017 ao Programa de Pós-graduação em Direito da Universidade de São Paulo (USP), na condição de doutorando, quando os professores Virgílio Afonso da Silva, Conrado Hübner Mendes e Marcos Paulo Veríssimo me receberam e franquearam acesso ao Grupo de Pesquisa "Constituição, Política & Instituições". Pude, ao longo destes anos, frequentar as atividades do grupo, apresentar e discutir textos, participar de seminários, sempre certo de que este era um espaço de excelência. Além de agradecê-los, aproveito para parabenizá-los pela dedicação à universidade.

Agradeço, especialmente, ao meu orientador, Marcos Paulo Veríssimo, e aos membros da banca examinadora composta pelos professores Heloísa Starling (UFMG), Diego Werneck Arguelhes (INSPER), Álvaro Ricardo de Souza Cruz (PUC/MG), Fernando Limongi (USP e FGV) e Virgílio Afonso da Silva (USP). Para mim, foi um privilégio e uma enorme honra poder discutir e debater os resultados desta pesquisa com professores que são uma referência incontornável em suas áreas de atuação. Devo um agradecimento duplicado ao Álvaro que me acompanha, como orientador e amigo, desde o mestrado e a quem sempre serei grato pela forma instigante de nos fazer pensar (direito) o direito.

A forma como concebi e pensei este trabalho não teria sido possível se não houvesse frequentado ao longo do meu doutorado disciplinas ministradas no Departamento de Ciência Política da USP. O professor Rogério Arantes permitiu-me estudar o direito constitucional sob o até então desconhecido ângulo da Ciência Política, colocando em xeque diversos dogmas que repetimos à exaustão desde os primeiros anos da graduação. O contato com o professor Fernando Limongi foi, talvez, o mais decisivo nesta caminhada. As inúmeras referências aos seus trabalhos não são suficientes para demonstrar a minha admiração intelectual e o quanto aprendi e continuo aprendendo com ele.

O professor José Levi Mello do Amaral Júnior, muito gentilmente, me acolheu em São Paulo e na USP desde o início do doutoramento e devo-lhe agradecer pela amizade e por ter aceitado a tarefa de prefaciar este livro. Meus agradecimentos se estendem ao Presidente Michel Temer que, com sua característica amabilidade, me recebeu em seu escritório para discutir aspectos deste trabalho e assina a apresentação deste livro.

Vários amigos me ajudaram pacientemente ao longo da redação deste livro. Mesmo sendo imprudente arriscar nomeá-los, devo agradecer à Bárbara Brum Nery, ao Túlio Jales, Ribamar Rambourg, ao João Pedro, ao Lucas Paulino e ao Sérgio Armanelli (em nome de toda a Confraria). Aos amigos do TozziniFreire, agradeço pela compreensão e por terem me dado todas as condições para elaborar a tese, sobretudo nos períodos mais complicados da pandemia. Claudia Bonelli e José Augusto (Guto), meus eternos chefes, meu muito obrigado. Finalmente, agradeço à coordenação do Grupo Pós-Debate que me permitiu apresentar e discutir, em primeira mão, versões preliminares deste livro.

Embora possa transparecer certa pieguice, o doutoramento é uma etapa singular na trajetória de um acadêmico. Somado à uma mudança de cidade e à uma inesperada e interminável pandemia, o desafio se decuplica. Nada teria sido possível se não contasse com o apoio dos meus pais e de meus irmãos, que, próximos ou distantes, sempre apoiaram e estimularam este projeto. Espero que este trabalho e os próximos estejam à altura da confiança e carinho de vocês.

Dedico este livro à memória do vovô Andradinha, do tio Daniel e da Tia Cleyde que não puderam vê-lo concluído.

SUMÁRIO

PREFÁCIO
José Levi Mello do Amaral Júnior 9

APRESENTAÇÃO
Michel Temer 23

CAPÍTULO 1
INTRODUÇÃO 27

CAPÍTULO 2
O XADREZ DA SEPARAÇÃO DE PODERES: COMPETIÇÃO E
PARTIDOS POLÍTICOS 35
2.1   A separação de poderes segundo a doutrina madisoniana 38
2.2   Governo representativo, democracia e partidos políticos 47
2.3   Partidos políticos e separação de poderes 55
2.4   O STF e a separação de poderes *com partidos* 61
2.5   Conclusão: separação de poderes com partidos e
      presidencialismo multipartidário 66

CAPÍTULO 3
O PRESIDENCIALISMO MULTIPARTIDÁRIO BRASILEIRO 71
3.1   Dos perigos do presidencialismo à difícil combinação: um
      diagnóstico pessimista 74
3.2   A reavaliação teórica e empírica do presidencialismo de
      coalizão 82
3.2.1   As bases institucionais do presidencialismo de coalizão 83
3.2.1.1   As prerrogativas institucionais da presidência 84
3.2.1.2   A organização do processo legislativo 89
3.2.2   As coalizões partidárias no presidencialismo: formação, gestão
        e custos 94
3.3   Conclusão: o presidencialismo de coalizão em questão 104

CAPÍTULO 4
O DESENHO INSTITUCIONAL DO *IMPEACHMENT* E O SEU PROCESSO DECISÓRIO 111

4.1	*Impeachment*: revisão da literatura política e jurídica	115
4.2	Bases para o *impeachment* e o *contrabando* parlamentarista	120
4.2.1	A "armadilha" institucional	122
4.2.2	A tese do contrabando e a tradição institucional brasileira	125
4.2.3	A tese do contrabando em perspectiva comparada	135
4.2.4	A tese do contrabando, o padrão "anglo-saxão" e o caso sul-coreano	139
4.2.5	Uma interpretação alternativa à tese do contrabando	144
4.3	Como se decide o *impeachment*?	147
4.3.1	Quem e como se decide o *impeachment* no Brasil	151
4.3.2	O *impeachment* e o escudo legislativo	159
4.3.3	O vice-presidente e as consequências do *impeachment*	163
4.4	O *impeachment* como voto de desconfiança?	165

CAPÍTULO 5
CONCLUSÃO 175

REFERÊNCIAS 179

PREFÁCIO

O autor

Quem tem a especial oportunidade de entrar na Faculdade de Direito do Largo de São Francisco depara-se, de imediato, com a estátua de José Bonifácio de Andrada e Silva, o Moço (1827-1886), localizada no saguão de entrada da velha e sempre nova Academia.[1]

Foi o primeiro Andrada a colar grau nas Arcadas, em 1853, e a delas ser Professor Catedrático, de Direito Civil, em 1861, e de Direito Criminal, em 1871.

José Bonifácio, o Moço, assim referido "para ser diferenciado de José Bonifácio [...] seu tio, que tinha o mesmo nome [...] e que ficou conhecido como 'Patriarca da Independência'"[2] (1763-1838), foi o segundo de três irmãos que se formaram no Largo de São Francisco.

A filha do Patriarca da Independência, Gabriela Frederica Ribeiro de Andrada (1798-1875), casou com Martim Francisco Ribeiro de Andrada (1775-1844), irmão do Patriarca, e tiveram cinco filhos (aí incluídas duas filhas que faleceram bastante jovens, Maria Flora e Narcisa).

Martim Francisco Ribeiro de Andrada (1825-1886), político proeminente, foi "conselheiro, deputado provincial e geral, ministro".[3] Presidiu a Câmara dos Deputados em 1882.

José Bonifácio, o Moço, eloquente abolicionista que não viu a abolição, foi um dos mais queridos docentes do Largo de São Francisco.

Confira-se o que dele disse um dos seus alunos, Joaquim Nabuco:

> Nesse tempo, dominava a Academia, com a sedução da sua palavra e de sua figura, o segundo José Bonifácio. Os *leaders* da Academia, Ferreira de Menezes, que, apesar de formado, continuava acadêmico e chefe literário da mocidade, Castro Alves, o poeta republicano do *Gonzaga*,

---

[1] BARBUY, Heloisa. *As esculturas da Faculdade de Direito*. Cotia: Ateliê Editorial; São Paulo: Faculdade de Direito da Universidade de São Paulo, 2017, p. 40.
[2] BARBUY, *As esculturas da Faculdade de Direito...*, p. 43.
[3] TRINDADE, Cônego R. *A Família dos Andradas*. São Paulo: Revista dos Tribunais, 1940, p. 275.

bebiam-lhe as palavras, absorviam-se nele em *extasis*. Rui Barbosa era dessa geração [...].[4]

Por sua vez, Rui Barbosa, que também foi aluno de José Bonifácio, o Moço, sobre ele anotou:

> Discípulo como fui, de José Bonifácio, seria orgulho, se não fosse gratidão, vaidade, se não fora dever, dar-vos aqui o testemunho do seu magistério. Foi em 1868, quando comecei a ouvi-lo. [...] Quando José Bonifácio assomou na tribuna, tive pela primeira vez a revelação viva da grandeza da ciência que abraçávamos. A modesta cadeira do professor transfigurava-se; uma espontaneidade esplêndida como natureza tropical borbulhava dali nos espíritos encantados; um sopro magnífico animava aquela inspiração caudal, incoercível, que nos magnetizava de longe na admiração e no êxtase. Lembra-me que o primeiro assunto de seu curso foi a retroatividade das leis. Nas suas preleções, que a hora interrompia sempre inopinada como dique inoportuno, a suma filosofia jurídica, a jurisprudência romana, os códigos modernos, a interpretação histórica, o direito pátrio passavam-nos pelos olhos translumbrados em quadros incomparáveis, inundados da mais ampla intuição científica, impelidos por uma dialética irresistível. E uma memória miraculosa [...].[5]

Antônio Carlos Ribeiro de Andrada (1835-1893), o irmão mais novo, formado no Largo de São Francisco, em 1862, conhecido como "Senador Antônio Carlos", porque foi Senador Estadual em Minas Gerais, teve três dos seus filhos formados no Largo de São Francisco: (i) Martim Francisco Duarte de Andrada (1866-1911); (ii) Antônio Carlos Ribeiro de Andrada (1870-1946), conhecido como Presidente Antônio Carlos, pois chefiou o Poder Executivo mineiro entre 1926 e 1930, participou da Revolução de 1930, diga-se, foi quem atraiu Getúlio Vargas para a Aliança Liberal;[6] e (iii) José Bonifácio de Andrada e Silva (1871-1954), Diplomata, foi Embaixador em Buenos Aires, na Santa Sé e em Lisboa.

O Embaixador José Bonifácio era o pai de José Bonifácio Lafayette de Andrada (1904-1986). Conhecido como "Zezinho Bonifácio", já não estudou no Largo de São Francisco, mas na Faculdade Nacional de Direito, hoje unidade da Universidade Federal do Rio de Janeiro.

---

[4] BARBUY, *As esculturas da Faculdade de Direito...*, p. 43.
[5] BARBUY, *As esculturas da Faculdade de Direito...*, p. 43.
[6] É o que se depreende de correspondências enviadas por Antônio Carlos e por Getúlio Vargas ao então Presidente da República, Washington Luís (*vide* MORAES, Aurino. *Minas na Aliança Liberal e na Revolução*. Brasília: Câmara dos Deputados, 1990, p. 26-27 e 37-39).

Deputado Federal com oito mandatos consecutivos (1946-1979), presidiu a Câmara dos Deputados entre 1968 e 1970.

Um dos filhos de Zezinho Bonifácio, Bonifácio José Tamm de Andrada (1930-2021), também veio a ser Deputado Federal (exerceu dez mandatos consecutivos, de 1979 a 2019). Começou a estudar Direito na Universidade Federal de Minas Gerias, concluindo o curso na Pontifícia Universidade Católica do Rio de Janeiro. Tive a imensa satisfação de conhecê-lo e com ele conviver.

Era casado com Amália Borges de Andrada, filha do Major-Brigadeiro-do-Ar Doorgal Borges (1905-2001), um dos Fundadores da Força Aérea Brasileira, com quem teve oito filhos.

O primogênito, José Bonifácio Borges de Andrada (1956-), é um muito destacado Subprocurador-Geral da República. Foi Subchefe para Assuntos Jurídicos da Casa Civil da Presidência da República, Secretário Executivo do Ministério da Justiça e Advogado-Geral da União. Mais recentemente foi Vice-Procurador-Geral da República. Tive a satisfação de assessorá-lo na Subchefia para Assuntos Jurídicos e tenho o privilégio de ser dele amigo desde então (e a ele devo elementos essenciais à reconstrução familiar aqui realizada).

Doorgal Gustavo Borges de Andrada (1958-), Delegado de Polícia, Promotor de Justiça, Juiz de Direito e Desembargador do Tribunal de Justiça do Estado de Minas Gerais (desde 2009).

Martim Francisco Borges de Andrada (1964-), foi Vereador em Barbacena/MG e, do mesmo município, foi Prefeito, entre 2005 e 2009.

Antônio Carlos Doorgal de Andrada (1961-), também foi Prefeito de Barbacena/MG, Deputado Estadual, com vários mandatos, Conselheiro e Presidente do Tribunal de Contas do Estado de Minas Gerais. Então, voltou para a política e foi, uma vez mais, Prefeito de Barbacena/MG.

Lafayette Luiz Doorgal de Andrada (1966-), foi Deputado Estadual em três legislaturas na Assembleia Legislativa do Estado de Minas Gerais (2007-2019). Desde 2019, é Deputado Federal por Minas Gerais, reeleito para um segundo mandato em 2022, dando sequência luminosa à presença dos Andradas no Congresso Nacional.

Um dos filhos de Antônio Carlos Doorgal de Andrada, Bonifácio José Suppes de Andrada (1987-), formou-se em Direito na Faculdade Milton Campos, em Belo Horizonte/MG, em 2009. Obteve o título de Mestre em Direito pela Pontifícia Universidade Católica de Minas Gerais, em 2015. Então, ingressou no curso de Doutorado em Direito do Estado, na Faculdade de Direito do Largo de São Francisco, em 2017. Com isso, o ramo mineiro dos Andradas retornou à casa em que estudaram o trisavô de Bonifácio José Suppes de Andrada, o Embaixador José Bonifácio, bem assim o pai – o Senador Antônio Carlos – do seu trisavô e os dois tios paternos do seu trisavô, aí incluído José Bonifácio, o Moço.

A tese

Bonifácio José Suppes de Andrada defendeu a sua tese de doutorado, de título *Mecanismos internos do impeachment*, no dia 07 de dezembro de 2020, perante banca presidida pelo seu orientador, o Professor Doutor Marcos Paulo Veríssimo, e composta pelos Professores Doutores Virgílio Afonso da Silva, Fernando de Magalhães Papaterra Limongi, Heloísa Maria Murgel Starling, Diego Werneck Arguelhes e Álvaro Ricardo de Souza Cruz.

Amparado em muito robusta pesquisa, doutrinária e jurisprudencial, devidamente citada, Bonifácio José Suppes de Andrada argumenta:

> [...] O impeachment *envolverá sempre uma crise política. A presença de um presidente como um malfeitor é dispensável. Há uma certa associação automática entre* impeachment *e "criminalidade", mas ela não é correta. O* impeachment *pressupõe uma grave infração (crime de responsabilidade) por parte do presidente, mas isto não é equivalente à prática de um crime, no sentido estrito, ou de um ato repugnante. O* impeachment *se torna mais ou menos consensual, quando os atores políticos envolvidos são capazes de demonstrar que o presidente é a causa da crise política. Sua legitimidade também será medida, conforme se torne mais ou menos evidente a responsabilidade política do presidente.*

Como já tive oportunidade de expor,[7] na doutrina brasileira, a obra clássica de referência sobre a responsabilidade política do Presidente da República é *O impeachment: aspectos da responsabilidade política do Presidente da República*,[8] de Paulo Brossard de Souza Pinto. Tese de cátedra de um concurso que nunca ocorreu,[9] é uma das mais consistentes obras

---

[7] AMARAL JÚNIOR, José Levi Mello do. Concentração de poderes, reeleição e impeachment. Poder Executivo: organização, competências e crises. *Revista Jurídica (FURB)*. [S.l.], v. 25, n. 58, set./dez., 2021, p. 9-17.

[8] BROSSARD, Paulo. *O impeachment*: aspectos da responsabilidade política do Presidente da República. Porto Alegre: Livraria do Globo, 1965. As demais citações desta obra são relativas à versão publicada, qual seja: BROSSARD, Paulo. *O impeachment*: aspectos da responsabilidade política do Presidente da República. 3. ed. São Paulo: Saraiva, 1992.

[9] O episódio é contado de modo minucioso em VALLS, Luiz Fernando Montenegro. *Brossard*: 80 anos na história política do Brasil. Porto Alegre: Artes e Ofícios, 2004, p. 217-220.

monográficas da literatura jurídica brasileira.[10] Mantém-se rigorosamente atual, aliás, como provam as múltiplas citações que a tese ora prefaciada faz à monografia de Paulo Brossard.

Montesquieu, refletindo a Constituição da Inglaterra, afirma que o Rei é sagrado, mas não os seus Ministros: "como quem executa não pode executar mal sem ter maus conselheiros, que, como ministros, odeiam as leis, apesar de favorecê-las como homens, estes últimos podem ser perseguidos e punidos".[11]

Logo depois, Montesquieu descreve o *impeachment* inglês:

> Poderia ainda ocorrer que algum cidadão, nos negócios públicos, violasse os direitos do povo, cometendo crimes que os magistrados estabelecidos não saberiam ou não poderiam punir. Porém, em geral, o poder legislativo não pode julgar e o pode ainda menos neste caso específico, em que representa a parte interessada que é o povo. Assim, o poder legislativo só pode ser acusador. Mas diante de que ele acusaria? Rebaixar-se-ia diante dos tribunais da lei que lhe são inferiores e compostos, além disso, de pessoas que, sendo povo como ele, seriam impressionadas pela autoridade de tão poderoso acusador? Não; para conservar a dignidade do povo e a segurança do indivíduo, é mister que a parte legislativa do povo faça suas acusações diante da parte legislativa dos nobres, a qual não possui nem os mesmos interesses que ele, nem as mesmas paixões.[12]

Portanto, os elementos do *impeachment* que são retratados por Montesquieu são os seguintes: (i) aplica-se a qualquer cidadão nos negócios públicos; (ii) diz respeito a crimes que, pela sua própria natureza, escapam ao juízo comum; (iii) porém, não podem ser submetidos à câmara baixa, "que representa a parte interessada que é o povo"; (iv) mas a câmara baixa pode ser acusadora; (v) a acusação é feita perante à câmara alta, "a qual não possui nem os mesmos interesses que ele [o povo], nem as mesmas paixões".

Após Montesquieu, no próprio século XVIII, em que foi publicado *O espírito das leis*, "na medida em que novo estilo surgia nas relações entre os poderes, […] o jogo da responsabilidade deixou de ser apurado

---

[10] A propósito: "é o mais importante livro sobre o processo jurídico-político de remoção de presidentes em decorrência da prática de crimes de responsabilidade já escrito no Brasil" (QUEIROZ, Rafael Mafei Rabelo. *Como remover um presidente*: teoria, história e prática do impeachment no Brasil. Rio de Janeiro: Zahar, 2021, p. 21).

[11] MONTESQUIEU, Charles Louis de Secondat. *O espírito das leis*. Tradução de Fernando Henrique Cardoso e Leôncio Martins Rodrigues, Brasília: UnB, 1995, p. 122.

[12] MONTESQUIEU, *O espírito das leis…*, p. 123.

através das delongas de um processo judicial, passando a operar-se em termos de confiança política".[13]

Os pais fundadores americanos inspiraram-se no estágio de desenvolvimento anterior do arranjo institucional inglês, portanto, a Constituição americana de 1787 veio a prever o velho *impeachment* para remoção do Presidente, do Vice-Presidente e de outros funcionários civis do governo americano que incorram em traição, suborno ou outros crimes e delitos graves.[14]

No caso americano, a casa de representação popular, "atuando como um grande júri especial",[15] pode acusar o Presidente (bem assim qualquer outro componente do Executivo e do Judiciário) e o Senado julga o réu.[16] No julgamento de *impeachment* presidencial, o Senado é presidido pelo Presidente da Suprema Corte.[17] Segundo Akhil Reed Amar, a presença do *Chief Justice* tem duas razões: (i) sinalizar a especial gravidade do impeachment presidencial; e (ii) evitar o conflito de interesses que poderia decorrer de um julgamento conduzido pelo Presidente do Senado, que é, no modelo americano, o Vice-Presidente dos Estados Unidos.[18]

Se dois terços do Senado condenarem o réu, será ele removido do cargo e o Senado ainda poderá decidir, agora por maioria simples, desqualificá-lo para qualquer cargo federal futuro.[19] "Os Senadores podem impor apenas as punições políticas de remoção e de futura desqualificação".[20] Quaisquer outras, apenas no foro próprio.[21]

Assim, nos termos em que acolhido pela Constituição americana de 1787, o *impeachment* "rompeu decisivamente com a prática do *impeachment* inglês"[22] sobretudo porque tornou o Presidente dos Estados Unidos pessoalmente responsável por qualquer má conduta grave, ao

---

[13] BROSSARD, *O impeachment...*, p. 30. "E quando, em 1848, foi intentado contra Lord Palmerston, Robert Peel pôde dizer aos Comuns que '*the days of impeachment are gone*', e esta é a conclusão da generalidade dos autores" (BROSSARD, *O impeachment...*, p. 30).
[14] Constituição americana de 1787, Artigo II, Seção 4.
[15] AMAR, Akhil Reed. *America's Constitution*: a biography. New York: Random House Trade Paperbacks, 2005, p. 198.
[16] AMAR, *America's Constitution...*, p. 199.
[17] Constituição americana de 1787, Artigo I, Seção 3.
[18] AMAR, *America's Constitution...*, p. 199.
[19] AMAR, *America's Constitution...*, p. 199. Há alguma dúvida doutrinária sobre a maioria para inabilitação, mas dois precedentes foram levados a efeito por maioria simples (AMAR, *America's Constitution...*, p. 567).
[20] AMAR, *America's Constitution...*, p. 199.
[21] AMAR, *America's Constitution...*, p. 199.
[22] AMAR, *America's Constitution...*, p. 199.

passo que, na Inglaterra, a rigor, não há como destituir um mau rei.[23] "Em um sistema quase feudal que levava a sério a ideia de um júri de pares, comuns julgavam comuns e lordes julgavam lordes, quem poderia julgar aquele que verdadeiramente não tem pares?".[24] Lógico, diverso é o caso de um Chefe de Estado republicano.

Akhil Reed Amar distingue *impeachment* e voto de desconfiança: aquele exige uma "genuína *má conduta*; é uma *punição* política", enquanto o voto de desconfiança é apenas política.[25]

A compreensão de Bonifácio José Suppes de Andrada segue linha análoga:

> Tanto o impeachment, *como o voto de desconfiança são mecanismos de resolução de crises políticas e são utilizados em momentos pontuais e raros. O que os distingue é o grau e a natureza da crise e o ônus para a sua aprovação. O voto de desconfiança, nos sistemas parlamentaristas, objetiva pôr fim a uma crise de governo. Pode estar, por exemplo, associado à condição minoritária do governo, à dificuldade de aprovar proposições legislativas ou à uma derrota efetiva na arena legislativa. No parlamentarismo, crises de governo são mais fáceis de serem observadas e identificadas. Além disso, o voto de desconfiança não impõe um custo significativo, sendo suficiente, em regra, a manifestação da maioria de uma casa legislativa, acompanhada ou não do apontamento de um novo governo (voto de desconfiança construtivo). O voto de desconfiança, por fim, não provoca um efeito desestabilizador sobre o próprio sistema, porque é sabido de antemão que o cargo de primeiro-ministro está vinculado à maioria parlamentar.*
> *No caso do* impeachment, *a situação é bastante diversa. Em primeiro lugar, não se trata de uma crise de governo corriqueira. O que está em pauta é a incapacidade, de facto, do presidente de exercer a presidência. Ao contrário do parlamentarismo, essa incapacidade de facto é difícil de ser constatada objetivamente. Mais do que isso, cada crise assume feição e dinâmica próprias. Inexiste uma cartilha a orientar os parlamentares sobre como identificar o momento exato e adequado de acionar o* impeachment. *Os parlamentares usufruem de ampla discricionariedade para tomar esta decisão. Os cientistas políticos têm tentado estabelecer padrões, mas ainda há muita incerteza sobre como essas variáveis interagem e o peso relativo de cada uma delas.*

Estudo recente sobre o *impeachment* no Direito estadunidense foi realizado por Cass Sunstein (aliás, citado na tese de Bonifácio José Suppes de Andrada): "O número total de *impeachments* é baixo e o

---

[23] AMAR, *America's Constitution...*, p. 199.
[24] AMAR, *America's Constitution...*, p. 199.
[25] AMAR, *America's Constitution...*, p. 203.

número total de *impeachments* presidenciais é muito baixo".[26] Ainda assim, Sunstein – insuspeito pois não é um originalista – avaliza a compreensão do instituto a partir da lição dos pais fundadores porque "os problemas enfrentados em 1787 não são tão diferentes daqueles que enfrentamos hoje".[27] Sunstein reconhece que o Presidente americano é, hoje, "muito mais poderoso", bem assim pode cometer "delitos" que os fundadores não poderiam imaginar: "uso de drones e de energia nuclear, vigilância de *e-mail*, abusos de autoridade sob a Lei do Ar Limpo".[28] Ainda assim, conclui (e é este o ponto que importa):

> [...] Porém, as preocupações abstratas que os motivaram (traição, suborno, corrupção, abuso flagrante da confiança pública ou de medidas de autoridade presidencial) não são diferentes daquelas que nos dizem respeito. *Elas são exatamente as mesmas*.[29]

É interessante destacar que segue linha análoga a avaliação comparativa entre as experiências inglesa e americana feita, quatro décadas antes, por Paulo Brossard,[30] o que também revela e confirma a constância e a atualidade da compreensão do mecanismo em ambas as realidades.

Questão de grande repercussão prática, com exemplos históricos bastante debatidos, é a do sujeito passivo do *impeachment*: "O sujeito passivo do *impeachment* é a pessoa investida de autoridade, como e enquanto tal".[31] Assim: "se a autoridade corrupta, violenta ou inepta, em uma palavra, nociva, se desligar definitivamente do cargo, contra ela não será instaurado processo e, se iniciado, não prosseguirá".[32] Seria essa uma decorrência natural da apuração da responsabilidade política; diverso é – era – o caso inglês, bem assim o do período imperial brasileiro, "quando era criminal a pena a ser aplicada".[33] Por outro

---

[26] SUNSTEIN, Cass. *Impeachment*: a citizen's guide. New York: Penguin Books, 2019, p. 75. Sunstein refere dezenove *impeachments* pela *House of Representatives*, dois dos quais presidenciais: Andrew Johnson e Bill Clinton, ambos absolvidos pelo Senado americano (*Impeachment*..., p. 108-113). A estes dois casos presidenciais somam-se outros dois, relativos a Donald Trump (também absolvido, em ambos, pelo Senado).
[27] SUNSTEIN, *Impeachment*..., p. 77.
[28] SUNSTEIN, *Impeachment*..., p. 77.
[29] SUNSTEIN, *Impeachment*..., p. 77 (grifo no original).
[30] BROSSARD, *O impeachment*..., p. 23-25.
[31] BROSSARD, *O impeachment*..., p. 134. A propósito, o art. 15 da Lei nº 1.079, de 1950: "A denúncia só poderá ser recebida enquanto o denunciado não tiver, por qualquer motivo, deixado definitivamente o cargo".
[32] BROSSARD, *O impeachment*..., p. 134.
[33] BROSSARD, *O impeachment*..., p. 135.

lado, tanto a prática brasileira, como a americana, registram casos em que o processo de *impeachment* foi levado a efeito mesmo após cessada a investidura no cargo. Caso brasileiro aconteceu em 1992 (com a condenação de ex-Presidente, Fernando Collor, que havia renunciado)[34] e caso americano ocorreu em 2021 (com a absolvição de ex-Presidente, Donald Trump, cujo mandato havia terminado).

Paulo Brossard, citando doutrina e precedentes, nacionais e estrangeiros, explica e sustenta a irrecorribilidade e irrevisibilidade das decisões congressuais em matéria de *impeachment*.35 Conclui: "A doutrina, neste particular, é abundante. Consagrou-a o Supremo Tribunal Federal em mais de um passo. Também desertou dela em mais de uma oportunidade".[36] Em algumas dessas oportunidades, Paulo Brossard compunha o Supremo e sempre votou vencido:

> 3. Por que o Judiciário não interfere em processo de *impeachment*? Por tratar-se de questão exclusivamente política? Seguramente não. Por cuidar-se de questão *interna corporis*? Também não. Mas por estar em face de uma jurisdição extraordinária que a Constituição dele retirou, expressamente, para conferi-la, explicitamente, ao Congresso Nacional.[37]

Alguns anos mais tarde, refletindo sobre o *impeachment* de 1992 e reiterando a compreensão acadêmica feita voto no Supremo Tribunal Federal, Paulo Brossard anotou:

> A Constituição diz que a lei não pode excluir da apreciação do Poder Judiciário. É verdade, a lei não pode. Mas a Constituição já excluiu, já tirou da jurisdição do Poder Judiciário pelo menos uma questão. Ela disse que o julgamento do presidente não pertence ao Tribunal, pertence ao Senado. Aí houve uma quebra do monopólio da jurisdição.

---

[34] A repercussão da renúncia foi objeto do Mandado de Segurança n° 21.689/DF, Relator: Ministro Carlos Velloso, julgado em 16 de dezembro de 1993. O Supremo compreendeu, em sua literalidade, o art. 15 da Lei n° 1.079, de 1950, ou seja, apenas no que toca à possibilidade de recebimento ou não da denúncia segundo o denunciado esteja ou não no cargo. Consta da Ementa do julgado: "A renúncia ao cargo, apresentada na sessão de julgamento, quando já iniciado este, não paralisa o processo de '*impeachment*'". Vencido no conhecimento da impetração, o Ministro Paulo Brossard a indeferia: "Decidindo como decidiu, o Senado não ofendeu nenhum preceito de lei, limitando-se a endossar uma interpretação jurídica, que eu não defendo, mas que, tenho de reconhecer, é defendida por autoridades respeitáveis". Aliás, reconheceu que o prosseguimento do julgamento "não tratou de nenhuma lei", inclusive, claro, a Lei n° 1.079, de 1950 (e o seu referido art. 15).

[35] BROSSARD, *O impeachment...*, p. 150-154.

[36] BROSSARD, *O impeachment...*, p. 154.

[37] Voto do Ministro Paulo Brossard no Mandado de Segurança n° 21.564/DF, Relator para o Acórdão Ministro Carlos Velloso, julgado em 23 de setembro de 1992.

É do Senado, e não é do Supremo. No momento em que tirou do Poder Judiciário e disse que o Senado julga, se o Poder Judiciário for apreciar o que o Senado decidiu, quem decide em último lugar é o Judiciário, não é o Senado. O Supremo não podia conhecer daquilo. Mas eu fui sempre vencido.[38]

Nos termos da Constituição americana de 1787, o impeachment exclui até mesmo indulto ou graça.[39] No mesmo sentido é o magistério de Paulo Brossard.[40]

O *impeachment* de 2016, em essência, seguiu o rito observado em 1992, inclusive relativamente às balizas jurisprudenciais, sem prejuízo de aportes decorrentes do julgamento da Arguição de Descumprimento de Preceito Fundamental nº 378/DF, Redator para o Acórdão o Ministro Luís Roberto Barroso, julgada em 17 dezembro de 2015. Vale destacar que o Supremo Tribunal Federal: (i) declarou "que não é possível a formação da comissão especial a partir de candidaturas avulsas, de modo que eventual eleição pelo Plenário da Câmara limite-se a confirmar ou não as indicações feitas pelos líderes dos partidos ou blocos; e (ii) reconheceu "que, havendo votação para a formação da comissão especial do *impeachment*, esta somente pode se dar por escrutínio aberto".

Bonifácio José Suppes de Andrada, no tópico 4.3.1 da tese explica que o então Presidente da Câmara dos Deputados, Deputado Eduardo Cunha, preferia a escolha dos membros da comissão especial por meio de votação do Plenário da casa, não por indicação dos líderes partidários, porque esses "eram mais alinhados ao governo, porém o plenário já se mostrava mais tendente a votar conforme a orientação de Eduardo Cunha" e a "votação secreta facilitava derrotar os nomes indicados pelos líderes, como, de fato, viria a acontecer".

Prossegue, Bonifácio José Suppes de Andrada, anotando que a decisão do Supremo Tribunal Federal, na ADPF nº 378/DF, implicou redefinição da composição da comissão especial, "interpretada à época como uma vitória estratégica da presidente Dilma Rousseff". Porém, registra dado objetivo: "Não obstante todos os esforços, a Comissão Especial aprovaria o parecer […] favorável à admissão da denúncia". Então, o processo de *impeachment* teve sequência e resultou o afastamento da, então, Presidente da República.

---

[38] VALLS, *Brossard: 80 anos na história política do Brasil...*, p. 523.
[39] Constituição americana de 1787, Artigo II, Seção 2.
[40] BROSSARD, *O impeachment...*, p. 164-173.

Por outro lado, houve, no *impeachment* de 2016, importante novidade relativamente ao precedente expresso do Supremo Tribunal Federal: a condenação à perda do cargo não foi cumulada com a inabilitação, por oito anos, para o exercício de função pública, segundo praticado em 1992.[41] Aliás, como visto, é esse o modelo americano.[42]

Virgílio Afonso da Silva cogita – a partir da "distinção entre pena principal e acessória" feita no *impeachment* de Dilma Rousseff, com aplicação daquela (perda do cargo), mas não dessa (inabilitação, por oito anos, para o exercício de função pública) – se a "diminuição do ônus político que um processo de *impeachment* sempre implicou" poderia ter "enfraquecido os constrangimentos para se recorrer a essa medida no futuro".[43]

A cogitação talvez seja auspiciosa para quem simpatiza com a parlamentarização da prática brasileira. Porém, a dificuldade de levar a efeito um *impeachment* não está na gravidade da procedência do processo, mas no próprio processo de *impeachment*, em suma, não está no suposto ônus político decorrente da conjugação das penas principal e acessória, mas na imensa complexidade do próprio processo como um todo.

É verdade que a Constituição brasileira de 1988 disciplinou dois processos completos de *impeachment*. Ambos resultaram condenações presidenciais. Porém, não aconteceram sem as muitas dificuldades que parecem próprias ao mecanismo, a começar pelo estresse político--institucional alongado no tempo, com consequências, de lado a lado, para os envolvidos, tanto para aqueles que levaram a efeito, como para aqueles que sofreram o *impeachment* (basta recordar que os Deputados Federais Ibsen Pinheiro e Eduardo Cunha, que presidiam a Câmara dos Deputados, respectivamente, quando do *impeachment* de Fernando Collor, em 1992, e quando do *impeachment* de Dilma Rousseff, em 2016, ambos vieram a ser cassados pela própria Câmara logo após um e outro *impeachment*).

Por isso mesmo, é preciso ter muito presentes as sempre lúcidas advertências de Paulo Brossard: "o *impeachment* não funciona porque é lerdo em demasia, ao passo que as crises evoluem rapidamente e reclamam rápidas soluções. E a demora no resolvê-las importa quase

---

[41] O Supremo deixara assente que, sob a Lei nº 1.079, de 1950, "não é possível a aplicação da pena de perda do cargo, apenas, nem a pena de inabilitação assume caráter de acessoriedade" (Mandado de Segurança nº 20.689/DF, Relator o Ministro Carlos Velloso, julgado em 16 de dezembro de 1993).

[42] AMAR, *America's Constitution...*, p. 199.

[43] SILVA, Virgílio Afonso da. *Direito Constitucional Brasileiro*. São Paulo: EDUSP, 2021, p. 458.

sempre no seu agravamento".[44] Mais: "A experiência revela que o *impeachment* é inepto para realizar os fins que lhe foram assinados pela Constituição. Ele não assegura, de maneira efetiva, a responsabilidade política do Presidente da República".[45] Com efeito, os impedimentos presidenciais havidos em 1992 e em 2016, pelas suas próprias dificuldades e consequências, não infirmam, mas confirmam as preocupações de Brossard.

A análise de Bonifácio José Suppes de Andrada é convergente e lúcida sobre o impeachment, inclusive no que se refere aos dois casos brasileiros:

> *Os dois* impeachments *ocorridos no Brasil não são explicados em função da forma como são tipificados os crimes de responsabilidade. Este livro rechaça a hipótese de haver uma debilidade institucional inata no sistema presidencialista brasileiro. O presidente dispõe dos instrumentos institucionais necessários para governar e o desenho institucional do impeachment não difere substancialmente de seus análogos.*
>
> *A indicação de um crime de responsabilidade é condição necessária, porém insuficiente, para o afastamento do presidente. O impeachment somente será aprovado se os parlamentares souberem como será o dia seguinte à sua decisão. Isto, porque deputados e senadores não apenas destituem governantes, mas instituem outros. Não basta que o presidente se torne superminoritário; o vice-presidente deve demonstrar possuir condições políticas para iniciar um novo governo. O momento mais crítico de um processo de* impeachment *é a suspensão do presidente e a assunção provisória do vice-presidente à presidência. Este não é um desdobramento necessário, uma vez que há sistemas presidencialistas que permitem ao presidente manter-se no cargo até o seu julgamento (p.ex. Estados Unidos). Este momento é extremamente delicado, porque os legisladores poderão aferir se os compromissos assumidos pelo vice-presidente têm credibilidade.*

Note-se: a abordagem levada a efeito por Bonifácio José Suppes de Andrada conjuga, com destreza, Direito Constitucional e Ciência Política, Constituição e Política, disciplina normativa e realidade prática.

A Constituição, a política, o autor e a tese

O primeiro capítulo da *Teoria da Constituição* de Karl Loewenstein é "Sobre a anatomia do processo do poder político",[46] o que é compreensível, na medida em que a Constituição é o "estatuto jurídico do político", fruto que é do constitucionalismo, "no fundo, uma teoria normativa

---

[44] BROSSARD, *O impeachment...*, p. 188.
[45] BROSSARD, *O impeachment...*, p. 201.
[46] LOEWENSTEIN, Karl. *Teoría de la Constitutución*. Madrid: Ariel, 1986, p. 23.

da política".⁴⁷ Com efeito, não se pode compreender o fenômeno constitucional dissociado da realidade política.

O *impeachment*, em sua dinâmica prática, é uma das mais eloquentes demonstrações do vínculo entre Constituição e política. A tese de Bonifácio José Suppes de Andrada demonstra a realidade deste vínculo com a habilidade própria aos Andradas, protagonistas que são da história e da política brasileira desde antes da Independência.

Por tudo isso, é muito bom ver o ramo mineiro dos Andradas retornar ao Largo de São Francisco, o que se dá no mais alto nível acadêmico com Bonifácio José Suppes de Andrada e a sua muitíssimo bem concebida tese de doutorado, trabalho que muito agrega à análise crítica do *impeachment*, inclusive com percuciente exame contextual do caso havido em 2016. Daí o imenso gosto que tenho de prefaciar a obra que agora é publicada de modo muito merecido.

São Paulo, 12 de dezembro de 2022.

José Levi Mello do Amaral Júnior
Professor Associado de Direito Constitucional. Faculdade de Direito da Universidade de São Paulo.

---

⁴⁷ CANOTILHO, José Joaquim Gomes. *Direito Constitucional e Teoria da Constituição*. 7. ed. Coimbra: Almedina, 2003, p. 51.

APRESENTAÇÃO

Desde a clássica e sempre atual monografia do saudoso Ministro Paulo Brossard, a doutrina jurídica carecia de novos estudos sobre o *impeachment*. Faltava-nos textos à luz da Constituição de 1988 e que dessem conta da experiência política pós-redemocratização. O trabalho que muito me honra apresentar é uma contribuição acadêmica que preenche com mérito esta lacuna.

Este livro é o resultado da tese de doutoramento do advogado Bonifácio José Suppes de Andrada, defendida na Faculdade de Direito da Universidade de São Paulo em 2020, perante ilustre banca de arguidores. Como fizera em seu primeiro livro, *Controle judicial de constitucionalidade: constitucionalismo entre o Direito e a Política*, Bonifácio, mais uma vez, envereda pelas confluências do Direito e da Ciência Política, agora tratando do instituto do *impeachment*.

De forma bastante precisa e arguta, Bonifácio propõe uma interpretação inovadora do *impeachment*, com lastro na atualíssima literatura jurídica e da ciência política. Resumidamente, o autor apresenta uma bem-convincente radiografia de como se dá o acionamento do *impeachment* em sistemas constitucionais, como o nosso, em que o último, derradeiro e definitivo julgamento da conduta presidencial ocorre no Poder Legislativo.

Em primeiro lugar, faz-se um convite à releitura do princípio da separação de poderes. Bonifácio oferece uma versão bastante realista de como os poderes interagem e se articulam de acordo com as ações dos atores políticos. Com efeito, argumenta que o sistema presidencialista não é necessária e obrigatoriamente um sistema de "separação de poderes", em contraposição à "fusão de poderes" própria do sistema parlamentarista. Neste particular, a propósito, Bonifácio retoma, por exemplo, Maurice Duverger e Afonso Arinos, para quem a análise do sistema presidencialista dependeria de se saber como operam os partidos políticos.

O modelo bipartidário norte-americano, usado como referência para fins comparativos, ilustra esta dinâmica com mais clareza: se o mesmo partido, digamos o Republicano, controla a Presidência e a maioria no Congresso, o sistema presidencialista opera de uma forma;

caso a Presidência e o Congresso estejam divididos entre Republicanos e Democratas, o sistema político opera de forma diversa.

Também nos sistemas multipartidários, os poderes Executivo e Legislativo se aproximam ou se distanciam a depender de como se estrutura uma coalizão partidária. Esta relação entre os poderes é bem descrita, como diz o autor, na imagem de um pêndulo que pode oscilar entre a máxima cooperação até o máximo conflito – quando então o *impeachment* é acionado no Poder Legislativo. Este é um dado fundamental que norteia toda a exposição deste livro e ao qual o leitor deve se atentar.

Em seguida, Bonifácio faz uma exposição do funcionamento do nosso sistema político, o qual se convencionou chamar de "presidencialismo de coalizão". O autor apresenta os instrumentos de que dispõe a Presidência da República para coordenar o processo legislativo e a montagem de sua coalizão de governo.

No último capítulo, Bonifácio argumenta não haver um problema congênito na Lei nº 1079/1950, que regulamenta, entre nós, o instituto do *impeachment*. Muito se alegou, recentemente, que o recurso ao *impeachment* seria facilitado em razão da vagueza dos crimes de responsabilidade. Bonifácio demonstra que a tipificação atual é condizente com a nossa história e com o direito comparado. A questão central, a rigor, residiria noutro ponto, como sugere o autor: na deterioração da relação entre Presidente e Congresso Nacional. Em uma interpretação realista, é a política que dita o direito.

O *impeachment* só avançará se o Presidente perder as condições *de facto* de governar e de liderar uma maioria parlamentar. Enquanto deter esta maioria, o Presidente será capaz de bloquear a discussão do *impeachment*. Se, no entanto, esta maioria se esvair a ponto de o Presidente se tornar incapaz de exercer o Poder Executivo, uma nova maioria se formará para entronizar o vice-presidente na chefia do Poder Executivo.

Note-se que o autor não faz aqui um juízo de valor sobre o mérito da discussão, se há ou não justeza na acusação de cometimento de um crime de responsabilidade. O objetivo deste livro é primeiramente mostrar como a política molda o direito e como se opera, digamos, no "mundo real", o sistema de separação de poderes.

Muito me gratifica recomendar a leitura deste livro sabendo que seu jovem autor é neto de um saudoso colega de Câmara dos Deputados e ilustre professor de Direito Constitucional, o Deputado Federal Bonifácio de Andrada, com quem pude conviver e aprender desde os tempos da Assembleia Constituinte. Estou seguro de que o leitor terá proveitosa leitura e de que a obra será acolhida e festejada entre os estudiosos do Direito Constitucional.

São Paulo, 5 de dezembro de 2022.

Michel Temer
Doutor em Direito Constitucional. Professor de Direito Constitucional. Ex-Presidente da República Federativa do Brasil.

CAPÍTULO 1

INTRODUÇÃO

O objetivo deste livro é apresentar ao leitor o resultado da minha pesquisa de doutorado realizada na Universidade de São Paulo (USP) e defendida em dezembro de 2020 perante a banca presidida pelo meu orientador, professor Marcos Paulo Veríssimo, e composta pelos professores Heloísa Starling (UFMG), Diego Werneck Arguelhes (INSPER), Álvaro Ricardo de Souza Cruz (PUC/MG), Fernando Limongi (USP e FGV) e Virgílio Afonso da Silva (USP).

Na literatura jurídica, via de regra, o estudo do *impeachment* é uma análise primordialmente dogmática e normativa. Isto é, a ênfase é direcionada a como interpretar e aplicar as regras materiais e processuais pertinentes. Disto decorre, por exemplo, a discussão em torno da definição dos crimes de responsabilidade e da aplicação do princípio do devido processo ao *impeachment*.

Creio não ser desmedido afirmar que a literatura jurídica converge em associar a suposta recorrência do *impeachment* entre nós à uma debilidade institucional congênita, em particular na elasticidade e na vagueza semântica dos crimes de responsabilidade e na imprecisão do rito processual. Presidentes estariam reféns de maiorias ocasionais instaladas dentro do Poder Legislativo porque seus atos seriam muito facilmente enquadrados em um dos tipos previstos na Lei 1079/1950. Esta minha impressão é corroborada pela recente iniciativa do Senado Federal em instalar uma comissão de juristas com o propósito de oferecer um projeto de lei para substituir a Lei 1079/1950, pois estaríamos diante de uma legislação obsoleta e inadequada.[1]

---

[1] Cf. https://www12.senado.leg.br/noticias/materias/2023/03/24/projeto-de-pacheco-de-nova-lei-do-impeachment-detalha-regras-processuais. Acesso em: 24 mar. 2023.

O leitor verá neste livro uma proposta diferente. Embora compreenda esta crítica e pense ser louvável uma atualização legislativa, a meu ver, ainda carecíamos de um estudo que conjugasse ferramentas analíticas da ciência política para analisar o *impeachment* sob o ângulo do funcionamento do sistema presidencialista e da mecânica da separação de poderes. Sempre me pareceu crucial compreender como a relação entre os poderes executivo e legislativo leva ao acionamento do *impeachment*.

Se bem-sucedido, o leitor terá à disposição um mapa que descreva por que e como o *impeachment* é usado e operado dentro de um determinado sistema político. Por isto, refiro-me no título deste livro aos mecanismos internos do *impeachment*. Na minha abordagem, pretendo concatenar conceitos afins, mas nem sempre articulados, quando se estuda o *impeachment*: separação de poderes, presidencialismo de coalizão e o desenho institucional do *impeachment*. Apesar do lugar-comum, entendo que a combinação destes conceitos é subteorizada na literatura jurídica levando à uma má-compreensão do *impeachment* e de seu desenho institucional.

Este livro adotará uma perspectiva mais realista e descritiva, sem pretensões normativas ou prescritivas. Não me fixo em um modelo institucional ideal, nem pretendo apresentar sugestões de reformas à legislação vigente. Meu propósito é ser o mais preciso possível em diagnosticar como e quando as engrenagens do *impeachment* são acionadas e como os agentes políticos envolvidos utilizam-se destas engrenagens para promover estrategicamente seus interesses.

Algumas premissas devem ser fixadas desde a introdução. Assumo que o *impeachment* é sempre político e jurídico. É político, porque questiona a legitimidade do mandato do presidente, eixo do sistema presidencialista. Em última medida, o *impeachment* retira o atual presidente e entroniza outro em seu lugar. É jurídico, porque se trata de instrumento regulamentado por normas constitucionais e, em nosso caso, pela legislação ordinária, porém sem necessariamente seguir procedimentos típicos de um processo judicial. Essas duas características são, a meu ver, indissociáveis do *impeachment*, independentemente de o julgamento ser conduzido por uma casa legislativa ou por tribunal ou corte *ad hoc*. A chave para se compreender o instituto é saber como se dá esta alteração do governante, em especial naqueles casos em que o processo de destituição se dá no Poder Legislativo.

O objeto deste trabalho se restringe às situações nas quais o Poder Legislativo é a autoridade decisória máxima para julgar o presidente denunciado (modelo legislativo-dominante). Este recorte é proposital porque este é o sistema adotado pela Constituição da República Federativa do Brasil (CRFB/1988). Embora haja menções a sistemas constitucionais diversos ao longo do texto, destaco, de início, que este é um trabalho aplicável ao direito constitucional brasileiro e suas conclusões não são necessariamente universais e extensíveis a outros modelos institucionais. Além disto, permite avaliar situações em que a última palavra sobre interpretação constitucional é conferida ao Poder Legislativo.

Políticos, decerto, interpretam a Constituição e fazem esta interpretação na condição de políticos. Este é um elemento essencial. Deputados e senadores não são neutros e tampouco se apartam das circunstâncias políticas quando exercem excepcionalmente a função de parlamentares-juízes. O *impeachment* não apenas destitui um presidente, mas também institui um novo presidente, e os parlamentares estão diretamente interessados no resultado. Por essa razão, entendo ser analiticamente necessário compreender o contexto político-institucional da interação entre Executivo e Legislativo e suas implicações no sucesso ou insucesso de uma tentativa de destituir o presidente.

Dito isto, argumento que, com base na literatura especializada, não há uma falha congênita em nosso desenho institucional. O *impeachment* é essencialmente um evento raro e só implementado em circunstâncias muito específicas. O presidencialismo, quer o bipartidário, quer o multipartidário, nada deve ao parlamentarismo em termos de governança, estabilidade e produtividade legislativa. Em outras palavras, o presidencialismo não é um sistema político fadado à instabilidade, à inoperância ou a crises sucessivas por haver uma fonte de legitimidade diversa na constituição do Poder Executivo e do Poder Legislativo. A relação entre os poderes não é definida aprioristicamente. As circunstâncias da política fazem com que Executivo e Legislativo se aproximem e se afastem num movimento pendular que varia entre cooperação e conflito.

Isto fica mais evidente no presidencialismo bipartidário norte-americano: o presidente poderá contar com a maioria congressual quando o sistema político opera de maneira unificada (mesmo partido controlando Executivo e Legislativo); ou poderá o presidente governar com uma minoria congressual quando o sistema político opera de maneira dividida (cada partido controla um poder). Em sistemas presidencialistas multipartidários ocorre fenômeno semelhante graças à formação de coalizões partidárias que permitem ao presidente formar uma maioria congressual. Por este motivo, torna-se fundamental compreender por que membros de uma coalizão optam por rompê-la e, em seguida, por formar uma nova coalizão em torno do vice-presidente.

A exposição da minha argumentação está assim estruturada. Na sequência desta introdução, no segundo capítulo, proponho uma releitura da ideia de separação de poderes para explicar as circunstâncias nas quais o *impeachment* poderá ser acionado tendo como premissa a existência de competição política entre os poderes. Nesse sentido, elaboro uma interpretação da mecânica da separação de poderes alternativa à de James Madison, para quem haveria uma tensão inata entre os poderes, independentemente de quem os ocupa. Nesse sentido, na linha defendida por Levinson e Pildes (2006), argumento que a separação de poderes não se dá segundo uma lógica institucional, como "o" Legislativo *versus* "o" Executivo, mas, sim, segundo uma "lealdade político-partidária", conforme a composição de cada um dos poderes.

De acordo com Madison, cada um dos poderes seria uma unidade que agiria para preservar e, se possível, maximizar sua esfera de competência, reagindo a eventuais tentativas de usurpação. Os *checks and balances* providenciariam as ferramentas necessárias para que a "ambição contenha a ambição".

Esta percepção, contudo, equivoca-se ao presumir que os poderes são sempre coesos internamente e que seus membros são leais apenas às instituições a que estão vinculados. Como explicar, no entanto, situações em que o presidente é acusado de obstruir deliberadamente a ação do Poder Legislativo, e este permanece inerte, sem sequer cogitar o uso do principal recurso de que dispõe para conter o avanço do Executivo sobre suas prerrogativas? Esta hipótese é perfeitamente compressível se cogitarmos uma situação na qual o presidente desfruta de maioria congressual suficiente para bloquear o prosseguimento de um *impeachment*, a despeito de praticar infrações político-administrativa e de invadir o campo de atuação do Poder Legislativo.

Esta falha do modelo analítico de Madison pode ser reparada, se introduzirmos os partidos políticos na equação. Como tentarei demonstrar ao longo do segundo capítulo, a emergência da competição política, encarnada na figura dos partidos políticos, é uma variável crucial para se entender o *impeachment*, embora seja recorrentemente ignorada pela teoria constitucional.

Uma das principais conclusões deste livro é de que a relação entre Executivo e Legislativo é pendular e oscila entre a máxima coordenação (fusão de poderes) e o máximo conflito (separação de poderes), conforme o alinhamento de momento das preferências e estratégias dos atores políticos envolvidos. Não há um equilíbrio fixo e pré-estabelecido. A relação entre os poderes é dinâmica e adaptativa. Isso significa que o poder do *impeachment* é discricionário e circunstancial. Poderá ou não ser usado, conforme a ocasião.

Na sequência, avalio no Capítulo 3 como está estruturada institucionalmente a relação entre Executivo e Legislativo no presidencialismo multipartidário brasileiro. Minha intenção é precisamente avaliar como esse movimento pendular se processa. Ponto crítico desta interação é a formação e a manutenção das coalizões partidárias. Em sistemas multipartidários, há uma tendência de que o partido do presidente não atinja a maioria dos assentos no legislativo.[2] Para reverter esta condição minoritária, o presidente deverá conquistar o apoio de outros partidos além do seu. O pêndulo, portanto, se moverá de acordo com a amplitude e a eficiência desta coalizão em manter a maioria una e coesa. Embora o mandato presidencial não seja dependente da formação de uma maioria parlamentar, a constituição de um núcleo coeso de apoio poderá ser decisiva nas situações em que o mandato do presidente se vir ameaçado. A coalizão partidária assume dois objetivos: garantir votos para a aprovação da agenda presidencial e servir de "escudo legislativo" (PÉREZ-LIÑÁN, 2007; 2014). O propósito do Capítulo 3 é, portanto, avaliar se o sistema presidencialista brasileiro confere ao chefe do executivo recursos institucionais necessários para a formação destas coalizões partidárias e a consecução destas duas tarefas. Esta avaliação é fundamental porque o *impeachment* pressupõe necessariamente a formação de uma supermaioria disposta a destituir um presidente, ao invés de aguardar, por exemplo, a próxima eleição.

No Capítulo 4, analiso o desenho institucional e processo decisório do *impeachment*. Como dito inicialmente, o propósito deste livro é uma análise essencialmente descritiva e, por isto, não pretendo, avaliar se o

---

[2] A rigor, mesmo em um sistema presidencialista bipartidário, como o dos Estados Unidos, o presidente pode ser minoritário, caso seu partido não eleja a maioria em uma das casas legislativas. Este fenômeno, cada vez mais recorrente, é chamado de "governo dividido" e será mais bem explicado ao longo do livro.

impeachment é um instituto legítimo ou se foi utilizado em conformidade com a Constituição em um dado caso. Espero que este trabalho seja um diagnóstico útil para futuras proposições normativas.

O quarto capítulo se inicia com uma revisão da literatura sobre o *impeachment* e pretende demonstrar que o caso Dilma desencadeou uma guinada interpretativa em relação à linha até então adotada com base na destituição do presidente Fernando Collor de Mello, em 1992.

Duas razões explicam esta deriva. O *impeachment* do presidente Fernando Collor de Mello foi o primeiro de uma série de mandatos presidenciais interrompidos a que os países latino-americanos assistiriam nos quase trinta anos subsequentes. Era, ademais, um teste institucional, logo após a redemocratização. Quando a presidente Dilma Rousseff foi afastada, o *impeachment* já deixara de ser uma novidade de almanaque.

Além desta diferença conjuntural, os dois casos divergem também pelas controvérsias inerentes a cada um deles. Formou-se um razoável consenso institucional, político e social sobre o *impeachment* do presidente Fernando Collor de Mello. Por isso mesmo, sempre foi visto na literatura como um caso exemplar. Já a destituição de Dilma Rousseff se deu em uma atmosfera altamente conturbada e durante uma crise institucional, talvez sem precedentes, decorrente da Operação Lava Jato. Por essas razões, surgiu um sem-número de análises de toda ordem, para explicar ou denunciar o que estava em curso.

Neste contexto, discuto, especificamente, uma linha interpretativa, a qual chamarei de tese do contrabando parlamentarista. Esta tese reúne um conjunto de argumentos que pode ser resumido da seguinte maneira: o desenho institucional e a prática do *impeachment* produziram a parlamentarização do sistema presidencialista brasileiro; a definição extremamente abrangente e vaga dos crimes de responsabilidade confere ao Poder Legislativo uma ampla e indevida discricionariedade. Ao seguir com esta técnica de tipificação, a legislação brasileira desviaria do padrão internacional (leia-se americano) e colocaria em xeque a rigidez inerente do mandato presidencial. O desenho institucional não seria gratuito. Suas origens demonstrariam a clara finalidade de enxertar no presidencialismo uma armadilha parlamentarista. Dado este peculiar arranjo institucional, a prática política tornou o *impeachment* sucedâneo do voto de desconfiança, típico dos sistemas parlamentaristas. O caso da presidente Dilma Rousseff seria uma evidência de uma destituição por "crise de governabilidade", razão esta justificável apenas em sistemas parlamentares.

Minha hipótese segue a direção oposta à da tese do contrabando parlamentar. Divirjo da avaliação de uma falha congênita e proposital na definição dos crimes de responsabilidade. A hipótese da armadilha não se sustenta à luz da tradição constitucional brasileira e não destoa, comparativamente, dos demais países presidencialistas. Discordo, também, de que o *impeachment* tenha se transformado em moeda corrente do jogo político. Minha interpretação sugere que a forma como são definidos os crimes de responsabilidade não antecipa como o *impeachment* será usado. A tese do contrabando mira para o alvo errado. A maior ou menor incidência do *impeachment* está associada à dinâmica da relação entre os poderes Executivo e Legislativo, dentro da lógica da separação de poderes com partidos. Em modelos legislativo-dominante, o *impeachment* exige alto grau de consenso partidário – em alguns casos, como o brasileiro ou o americano, aprovação por dois terços dos membros do Senado Federal. Por essa razão, em sistemas bipartidários, *impeachments* são quase natimortos, porque, invariavelmente, precisarão da concordância do partido do presidente. Em sistemas multipartidários, como o brasileiro, o ponto crítico é a robustez do escudo legislativo e a capacidade de o presidente forjar uma maioria para bloquear eventuais tentativas de afastamento.

O *impeachment* sempre ocorrerá em circunstâncias de acentuada crise política e, por isso, ele representa um teste à lealdade e à fidelidade da coalizão partidária. Dado o costumeiro quórum elevado para a sua aprovação, o êxito do *impeachment* dependerá de defecções no grupo de apoio ao presidente e da migração destes trânsfugas para a formação de um novo governo. Com efeito, o *impeachment* não é um instrumento de minorias, nem de maiorias ocasionais. Este jogo de xadrez revela ademais o negligenciado duplo-efeito do *impeachment*: a destituição do presidente é seguida da entronização de um novo governante. A supermaioria parlamentar deve atestar, ao mesmo tempo, a incapacidade *de facto* do presidente governar e a capacidade de o vice-presidente formar um novo governo. Nesta ocasião, os parlamentares também avaliarão suas circunstâncias pessoais e como estarão acomodados num hipotético governo liderado pelo novo presidente. Em suma, o *impeachment* está diretamente relacionado ao processo de formação de maiorias.

Embora extrapole o objeto deste trabalho, o processo de formação de maioria utiliza-se de meios para fragilizar a maioria governista que sustenta o presidente eleito. Nesse sentido, escândalos de corrupção, protestos e mobilizações de rua e a própria tipificação da conduta sob investigação são instrumentais e servem ao propósito de criar fissuras na coalizão governista e de atrair trânsfugas para a formação do novo governo encabeçado pelo vice-presidente.

Esta incapacidade *de facto* em nada se assemelha a uma crise de governabilidade, entendida como a dificuldade de se fazer aprovar a agenda no legislativo. O processo de destituição de um presidente, portanto, não se iguala ao de um primeiro-ministro. Toda discórdia em torno do *impeachment* reside no fato de que a incapacidade *de facto* não é facilmente aferível. Não há uma cartilha pré-estabelecida a qual se possa consultar em situações desta espécie. O cometimento de crime de responsabilidade é condição necessária, porém insuficiente, para o prosseguimento do processo de *impeachment*. Serão os políticos, regidos por cálculos estratégicos, razões e intenções políticas, que irão decidir se uma conduta configura crime de responsabilidade e se esta deve ser sancionada com o *impeachment*.

Encerro o Capítulo 4 discutindo o uso e o abuso do *impeachment*. Argumento que a prática política estabelecida após a CRFB/1988 não demonstra com clareza o uso distorcido do instituto. Eventuais propostas de reforma constitucional e legal precisam considerar, com cautela, as razões dos *impeachments* dos presidentes Fernando Collor de Mello e Dilma Rousseff. Além disso, não se devem ignorar os próprios limites da engenharia constitucional, para resolver problemas que se colocam para além do desenho institucional.

CAPÍTULO 2

O XADREZ DA SEPARAÇÃO DE PODERES: COMPETIÇÃO E PARTIDOS POLÍTICOS

> A sombra, quando o sol está no zênite, é muito pequenina, e toda se vos mete debaixo dos pés; mas quando o sol está no oriente ou no ocaso, essa mesma sombra se estende tão imensamente, que mal cabe dentro dos horizontes. Assim nem mais nem menos os que pretendem e alcançam os governos ultramarinos. Lá onde o sol está no zênite, não só se metem estas sombras debaixo dos pés dos príncipes, senão também dos de seus ministros. Mas quando chegam àquelas Índias, onde nasce o sol, ou a estas, onde se põe, crescem tanto as mesmas sombras, que excedem muito a medida dos mesmos reis de que são imagens.
> (VIEIRA *apud* SOUZA, 2006).

> A política é como nuvem. Você olha e está de um jeito. Olha de novo e ela já mudou.
> (PINTO, [19--])[3]

As democracias contemporâneas organizam-se com base em duas premissas: a eleitoral e a preventiva. Governantes devem ser eleitos por meio de escrutínios periódicos e competitivos. O mecanismo eleitoral, no entanto, é presumidamente frágil e incapaz, por si só, de

---
[3] Frase atribuída a José de Magalhães Pinto, ex-senador, empresário e ex-governador do Estado de Minas Gerais (1960-1964).

garantir que o exercício do poder não se torne abusivo. Com efeito, a par da *accountability* vertical as constituições estabelecem também uma diversificada "rede de precauções auxiliares" (GARDNER, 2005) com o objetivo de disciplinar o uso do poder (*accountability* horizontal).

Esta rede de proteção sugere comumente duas soluções não necessariamente convergentes: a separação de poderes e a adoção de controle mútuo entre os poderes – *checks and balances*. Seguindo o cânone do constitucionalismo (MANIN, 1994), as funções de governo são repartidas em três – executiva, legislativa e judiciária – e designadas a três diferentes instituições autônomas entre si. Para cada uma dessas instituições é definido um conjunto de competências e de agentes próprios e não intercambiáveis. Como contraponto a um modelo puro de alocação de funções, combina-se um esquema de controle endógeno entre os poderes, de modo que cada uma das instâncias possa preservar seu campo funcional e participar do processo decisório. Exemplos notáveis são: o poder de veto do Executivo, bicameralismo, controle de constitucionalidade etc.

Este capítulo tem por objetivo discutir o modelo clássico de estruturação governativa – o qual chamarei de doutrina *madisoniana*. Segundo a ortodoxia constitucional, a independência e a harmonia entre os poderes são garantidas por meio desses instrumentos de controle horizontal. Os próprios poderes (como instituições) mantêm o equilíbrio e o balanceamento do sistema político. Esses poderes, segue o argumento, como entes animados, detêm interesses e ambições próprios e, portanto, reagirão sempre, caso sua esfera de atuação seja ilegitimamente invadida por outro poder. Embora longeva, essa doutrina pouco explica o que seja "equilíbrio", "independência", "harmonia" ou "esfera de atuação". Não se sabe tampouco quais são os critérios para detectar o rompimento desse equilíbrio e qual a exata medida para recompô-lo.

Por essas razões, minha intenção é apresentar uma interpretação alternativa e pragmática sobre o uso desses freios e contrapesos. Diferentemente do proposto pelo modelo clássico, o controle horizontal é condicionado e determinado pela dinâmica política. O elemento-chave para essa compreensão são os partidos políticos e, por isso, utilizarei a expressão separação de poderes *com partidos*. Essa abordagem representa um ganho em comparação à tradicional porque observa o processo de tomada de decisão à luz da relação entre Executivo e Legislativo. Divirjo de uma interpretação que enfatiza, sobremaneira, a lógica adversativa e contrapõe "o" Executivo e "o" Legislativo como se houvesse, *a prio-*

ri, um interesse institucional independente dos atores políticos que ocupam estes espaços. Contesto, também, a própria plausibilidade de se conferirem traços antropomórficos a esses poderes. Se o modelo tradicional se baseia em uma lealdade institucional, sustento ser mais crível uma lealdade político-partidária.

Esse modelo analítico proposto não presume haver um ponto de equilíbrio estático e pré-definido para o qual os poderes miram seus esforços. Se há algum equilíbrio, sigo com Mendes (2011, p. 183-187), ele é essencialmente instável, dinâmico e suas fronteiras são maleáveis e flexíveis, variando em conformidade com a atuação estratégica dos atores políticos. A toda ocasião, esses limites são calibrados e testados. A ação política destes atores é constrangida pelas regras do jogo, que, no entanto, são interpretadas e reformadas pelos mesmos atores políticos. Com base em suas preferências, os atores políticos utilizam os recursos institucionais disponíveis para direcionar a relação entre executivo e legislativo para um ou outro ponto da escala cooperação-conflito.

Com base, sobretudo, em Duverger (1980) e Levinson e Pildes (2006), afirmo que a relação entre executivo e legislativo se dá, legitimamente e em um mesmo marco constitucional, ao longo de um intervalo cujos polos são a máxima cooperação (fusão de poderes) e o máximo confronto (separação de poderes). A aproximação de um ou de outro polo dependerá da capacidade de um partido ou de uma coalizão de partidos assumirem a direção simultânea dos dois poderes e, assim, controlarem os vários pontos do processo decisório. Em um cenário de fusão de poderes, a tendência é desestimular o acionamento de mecanismos de controle; no cenário de separação de poderes, há incentivos para acentuar a fiscalização horizontal. Conforme desenvolverei em todo o restante do trabalho, essa característica, pouco abordada pela literatura jurídica, é essencial para esclarecer o uso do instrumento de *impeachment*, em especial nos modelos que reservam a autoridade julgadora a uma instituição representativa – modelo legislativo-dominante.

Exposto em linhas gerais, o argumento será apresentado da seguinte maneira: (i) na primeira subseção, defino as bases da teoria da separação de poderes formulada pela doutrina *madisoniana*; (ii) em seguida, faço uma breve digressão sobre as ideias de governo representativo e processos de democratização, para contextualizar as condições nas quais surgiram os primeiros partidos políticos; (iii) passo, em seguida, a reavaliar a doutrina *madisoniana* da separação de poderes à luz da atuação dos partidos políticos; (iv) avalio o papel institucional do

Supremo Tribunal Federal (STF) e, (v) por fim, sintetizo o argumento e o contextualizo ao restante do trabalho e antecipo a discussão do capítulo seguinte.

2.1 A separação de poderes segundo a doutrina madisoniana[4]

Entre outubro de 1787 a agosto de 1788, sob o mesmo pseudônimo de *Publius*, Alexander Hamilton, James Madison e John Jay publicaram na imprensa de Nova Iorque uma série de artigos, num total de 85, que, em seu conjunto, formariam *The Federalist Papers (Federalist)*.[5] A intenção desses artigos era defender, durante a fase de ratificação, o texto constitucional aprovado meses antes na Convenção da Filadélfia. Com o propósito de persuadir a audiência daquele estado, onde os federalistas enfrentavam forte oposição dos antifederalistas, os três autores elaboraram uma defesa da necessidade de se constituir um governo nacional e do peculiar desenho institucional proposto pelos *framers* (RAKOVE, 2003, 25).[6]

Apesar de escritos com uma finalidade específica – entre o panfletário e a propaganda – e em um contexto bastante próprio, o *Federa-*

---

[4] Nesta subseção, não pretendo retomar a história do princípio da separação de poderes e abordar autores mais clássicos que antecederam aos federalistas. Há duas razões para essa opção deliberada: a primeira é que o objetivo não é compreender a evolução conceitual ou ideológica do princípio. Com isso, não estou negando relevância às teorias desenvolvidas anteriormente. Aos leitores interessados nessa abordagem, sugiro os trabalhos de Bobbio (2017) e Piçarra (1989). A segunda é que estou interessado no fato de os federalistas, Madison em especial, terem testado sua própria teoria política e constitucional. Isso se tornará mais evidente quando eu discutir o aparecimento dos primeiros partidos políticos.

[5] A bibliografia sobre o período constituinte americano, em geral, e sobre o *Federalista*, em particular, é inesgotável. A título de referência, consultar: Rakove (1997) e Klarman (2016). Uma síntese sobre o contexto histórico e político do período, Starling (2013).

[6] O "Federalista nº 1", assinado por Hamilton (2008), pode ser lido como uma *carta de propósitos*. Com certo estilo grandiloquente, Hamilton assim se dirigiu ao público: "*The subject speaks its own importance; comprehending in its consequences nothing less than the existence of the UNION, the safety and welfare of the parts of which it is composed, the fate of an empire in many respects the most interesting in the world […] to decide the important question, whether societies of men are really capable or not of establishing good government from reflection and choice, or whether they are forever destined to depend for their political constitutions on accident and force […] I propose, in a series of papers, to discuss the following interesting particulars: the utility of the UNION to your political prosperity; the insufficiency of the present Confederation to preserve that Union; The necessity of a government at least equally energetic with the one proposed, to the attainment of this object; the conformity of the proposed Constitution to the true principles of republican government; Its analogy to your own State constitution; and lastly, the additional security which its adoption will afford to the preservation of that species of government, to liberty, and to property*" (HAMILTON, 2008a, p. 11-14).

list logo assumiu certa transcendentalidade e passou a ocupar, desde então, o cânone do pensamento político e constitucional americano.[7] Em conjunto com a obra de John Locke e de Montesquieu, o *Federalist* forma uma trinca textos que dominam – e ainda pautam – o imaginário político e constitucional quando se discute a estruturação de um sistema de governo. A diferença entre Locke e Montesquieu e, Hamilton, Madison e Jay é que os americanos agiam premidos pela necessidade e pela urgência de convencer o público local, cujo consentimento era indispensável para a ratificação do texto constitucional.

Para os fins deste capítulo, volto minha atenção para os artigos de números 10 e 47 a 51, atribuídos a Madison porquanto discutem o conceito de representação e a particular forma de organização do poder político adotado pelos convencionais. À falta de um nome mais adequado, e em alusão ao mais eloquente defensor desse modelo, chamo de doutrina *madisoniana*[8] o desenho institucional que congrega, de maneira atenuada e adaptada, duas teorias distintas e não necessariamente convergentes: a separação de poderes e a constituição mista – na sua variante *check and balances*.[9]

Em seu sentido mais estrito, a teoria da separação de poderes sugere a tripartição do sistema de governo em a três órgãos diferentes – Executivo, Legislativo e Judiciário. Cada um desses órgãos estará adstrito a exercer sua função própria e impedido de atuar na esfera de competência de outro órgão. Por último, cada ramo possuirá seus integrantes que não poderão compor nenhum outro órgão. Trata-se, portanto, de uma teoria da separação e da especialização das funções governativas (MANIN, 1994, p. 260).

---

[7] Em sua introdução a uma edição do *Federalist*, Rakove (2003, p. 31) esclarece que a leitura dos artigos possui uma história própria. Com efeito, a aparição de uma edição compilada, a identificação de quem era o autor de cada artigo e as vicissitudes de cada período histórico, fizeram com que ora se destacassem um artigo, ora outro. O "Federalista nº 10", por exemplo, despertou pouco interesse ao longo do século XIX, sendo redescoberto no século XX. Os artigos 65 e 66 tornaram-se alvo de repentina curiosidade quando se instalaram os processos de *impeachment* de Nixon, em 1974, e Clinton, em 1998.

[8] Inspiro-me, nesse aspecto, em Dahl (2006, p. 4-5) que também se refere à democracia *madisoniana* conquanto ressalve que seria um equívoco atribuir todas as proposições desse modelo a James Madison.

[9] Diversas razões são elencadas para explicar a razão pela qual os convencionais americanos terminaram por adotar essa combinação institucional. Manin (1994, p. 261) e Ville (1998) argumentam que esse desenho teria sido resultado da experiência política após a independência do país, em 1776. Seria, portanto, uma reação ao modelo constitucional adotado pelos estados – teoria pura da separação de poderes – que teria se mostrado inadequado e ineficaz para controlar a ação das assembleias legislativas locais.

A teoria dos *checks and balances* firma-se no princípio da divisão do poder político em diversas instâncias, de tal forma que uma impeça a outra de abusar de suas prerrogativas. Como derivação da teoria da constituição mista – Aristóteles e Políbio – a formulação moderna se sustenta na ideia de um modelo formal de freios e contrapesos. Cada instância influenciará a outra no exercício de uma função precípua, ainda que parcialmente. Na sua formulação clássica, o rei, a nobreza e o povo (os comuns) – as três ordens sociais – estariam representados em um governo misto sustentado a partir de tensão mútua entre suas partes integrantes (HOFSTADTER, 1969, p. 51).[10]

De acordo Madison, essa combinação institucional era essencial para se garantir a liberdade e impedir o abuso de poder. Por outro lado, havia uma preocupação em tornar o sistema político governável (HOFSTADTER, 1969, p. 49-50). A experiência política americana anterior à Convenção da Filadélfia seria a demonstração cabal da inadequação da separação pura de poderes como técnica governativa para resguardar a liberdade. Madison estava ainda assombrado com a ação das assembleias estaduais e as responsabilizava pelo insucesso governativo até aquele momento. Em sua leitura, os poderes naturalmente agiam para ampliar suas prerrogativas, sobretudo o Legislativo, visto, então, como um *primus inter pares*.

O governo central deveria ser equipado internamente com meios para manter cada um dos poderes em sua posição original. Esses controles endógenos presumem uma tensão mútua entre as partes – ou na definição do próprio Madison (2008c, p. 257): são meios para que "ambição contenha a ambição". Uma implicação teórica importante é tornar cada poder um ente uno e motivado, sempre a preservar e a alargar sua autoridade.[11] Haveria uma espécie de antropomorfismo, ou seja, atribui-se a cada poder corpo e desígnios próprios e univocidade de propósitos. Além disso, segundo a interpretação que assumo para desse modelo, as preferências dos membros de cada poder seriam irrelevantes, porque todos eles guardariam lealdade à instituição e somente a ela. A "ambição" é da instituição e não de seus membros.

---

[10] A título de exemplo, a função legislativa é atribuída ao Poder Legislativo, porém, o Executivo participa do processo legislativo por meio do veto (PRZEWORSKI; STOKES; MANIN, 1999, p. 20). No entanto, a formulação moderna rompe com a clássica, ao não correlacionar as instâncias de poder às forças sociais (MANIN, 1994, p. 260).

[11] O argumento é desenvolvido na passagem clássica do "Federalista nº 51" (MADISON, 2008f, p. 256-257).

A fórmula adequada para conter a ambição é canalizá-la no interior do próprio sistema político, de modo que o resultado global seja a autocontenção permanente (MANIN, 1994, p. 287). Para manter o equilíbrio constitucional, era primordial capacitar os próprios poderes para arbitrarem entre si eventuais conflitos e divergências, sem a necessidade de intervenção exógena ou *ad hoc*.[12] O controle endógeno era peça-chave no pensamento dos *framers*. Controles externos – dependentes da imprevisível política, do temperamento do público ou da institucionalização de partidos e da oposição – eram vistos como inadequados e substitutos imperfeitos para o controle formal e explícito (HOFSTADTER, 1969, p. 50).

Com base na teoria dos jogos, Manin (1994) explicita os mecanismos internos de manutenção do equilíbrio:

> Se cada órgão buscar racionalmente seu próprio interesse e antecipar corretamente as reações que suas próprias ações provocariam em outros, a distribuição inicial de poder continuará: nenhum dos atores envolvidos tentará se desviar dele. A teoria dos jogos, que define distribuições desse tipo como equilíbrios autoimpositivos, destaca uma terceira característica do projeto de Madison. Se a distribuição de poder desenhada neste projeto puder ser implementada alguma vez, ela criará entre os atores um sistema de incentivos conducentes à sua perpetuação (MANIN, 1994, p. 287-288, tradução nossa).[13]

A dinâmica entre três poderes seguiria uma concepção mecanicista:[14] o texto constitucional definiria as competências e, se um poder as exorbitasse ou avançasse sobre a área de autoridade de outro, os demais poderes sempre reagiriam e acionariam um dos artifícios de

---

[12] Nos artigos 49 e 50 do Federalista, Madison (2008d; 2008e), em diálogo com Thomas Jefferson, refuta a possibilidade de se adotar mecanismos de controle exógenos, como convenções constitucionais periódicas ou interferência dos estados da união.

[13] "*Si chaque organe poursuit rationnellement son propre intérêt et anticipe correctment les réactions que ses propres actions provoqueraient chez les autres, la répartition initiale du pouvoir perdurera: aucun des acteurs concernés ne tentera de s'en écarter. La théorie des jeux, qui définit des répartitions de ce genre comme des équilibres auto-renforçants (self-enforcing equilibria), met en lumière une troisième caractéristique du projet de Madison. Si la répartition du pouvoir dessinée dans ce projet peut être une fois mise en place, elle créera chez les acteurs un système d'incitations conduisant à sa perpétuation*".

[14] Vários autores correlacionam a estrutura de governo, delineada por Madison no "Federalista nº 51", com as concepções científicas predominantes na época, em especial a física newtoniana; nessa linha, se encontram Gardner (2005) e Levinson e Pildes (2006). Katz (2016, p. 3; 12; 291) contrasta a separação de poderes newtoniana, de Madison, com a darwiniana proposta por Woodrow Wilson, de um organismo vivo.

autodefesa do sistema para conter a ameaça e reestabelecer o equilíbrio constitucional.[15] Comentaristas contemporâneos utilizam-se de metáforas como "mão invisível" (*invisible-hand*) (POSNER; VERMEULE, 2010, p. 18), "máquina que se move por si mesma" (*machine that would go of itself*) (FRASER; KAMMEM, 2017), "guerras territoriais" (*turf-wars*) (GARDNER, 2005, p. 302), para retratar essa formulação institucional.

Ainda em relação a esse aspecto, é relevante destacar sua conexão com a ideia de representação e pluralismo desenvolvidas no "Federalista nº 10". Neste artigo, Madison expunha sua preocupação por como remediar a ação das facções que ameaçavam a própria existência da comunidade política. As facções[16] – forma embrionária de partidos – eram vistas com extrema reserva por Madison e seus contemporâneos. Diferentes teorias viam o comportamento faccioso como um mal em si, similar, em gravidade, à traição, deslealdade, sedição e conspiração. Não se admitia, nem em teoria nem na prática, a formação de uma oposição legítima. Como afirma Hofstadter (1969, p. 4) sequer poderia se apresentar como uma alternativa política viável, responsável e efetiva.

Os partidos deveriam ser suprimidos por intermédio de um partido de "unificação nacional" como defendiam Hamilton e Bolingbroke; ou controlados, já que inevitáveis, conforme Madison e Hume. A repulsa estava associada a uma percepção de que esses partidos defendiam interesses particulares e próprios, colocando-os acima do bem-comum da comunidade. Para Rosenblum (2008, p. 12), partidos, segundo uma antiga versão do *antipartidarismo*, eram "partes" *contra* o todo e não *do* todo. Eram vistos como divisionistas e colocavam em risco a integridade da comunidade. A primeira tentativa mais séria de se apresentar uma justificativa normativa para a organização de um partido político foi feita por Edmund Burke. No entanto, como salienta Hofstadter (1969, p. 34 e 35), suas ideias não repercutiram entre os americanos.[17]

---

[15] Gardner (2005, p. 302-303) destaca que a "psicologia federalista" estava baseada em um "padrão imperial" de ocupação de espaço. O poder era concebido com uma porção territorial. Os atores políticos então deveriam atacar a área alheia ou resistir e defender sua gleba.

[16] O conceito de facção é abordado no "Federalista nº 10": "*By a faction I understand a number of citizens, whether amounting to a majority or minority of the whole, who are united and actuated by some common impulse of passion, or interest, adverse to the rights of other citizens, or to the permanent and aggregate interests of the community*" (MADISON, 2008a, p. 49).

[17] De acordo com Hofstadter (1969, p. 34-35), "*Burke's great statement on parties came too late to be an influence in its own right, for by 1770 the Americans of Jefferson's generation were busy not with questions raised by party conflict but with the forging of national unity and the pursuit of the rights of man. Twenty years later, when they were ready to consider the problem of party in a new light, Burke was on the verge of losing whatever authority he might have had within the men in the*

Para conter as facções, o único caminho aceitável, segundo Madison, seria conter seus efeitos, e não suas causas. Isso implicava a constituição de um governo representativo em um largo território.[18] Essa proposta – conceber um governo em um território amplo – soava como herética para a teoria até então estabelecida (para quem o sucesso de uma "república" dependia de um território pequeno). Madison intuía que a extensão do território facilitaria a acomodação de diversos interesses contrapostos e, com isso, impediria a formação de uma maioria coesa. A solução, no entanto, era desprovida de qualquer demonstração fática ou argumentativa. A principal preocupação de Madison era evitar a formação de facções majoritárias, porque elas conduziriam à tirania.[19] Pouco dizia sobre minorias e como elas poderiam concorrer para abusos ou para a paralisação sistemática das atividades de governo. Minorias, seguindo o raciocínio de Madison, seriam derrotadas por meio da regra da maioria.[20]

Como resposta aos inevitáveis malefícios do facciosismo, Madison engendrou uma "constituição-contra-partidos" (HOFSTADTER, 1969). O modelo congregava o pluralismo social a uma estrutura governativa plural.[21] O intérprete da Constituição, contudo, se depararia com uma dificuldade de ordem prática: apesar de indicar os riscos de um poder se sobrepor ao outro e aos possíveis mecanismos de autodefesa, Madison não deixa claro o que configura a quebra do equilíbrio constitucional. Além disso, com exceção do Poder Legislativo, a Constituição americana

---

Jeffersonian ranks because of his position on the French Revolution; and the Federalists, who might otherwise have found him more congenial, were, as the party in power, locked more firmly than ever into the notion that party was faction and that opposition was sedition".

[18] Madison rejeita dois caminhos para conter o facciosismo. O primeiro deles seria restringir a liberdade individual. Essa opção, contudo, era assaz draconiana e o remédio, decerto, seria mais prejudicial à sociedade que a própria doença. O segundo e impraticável caminho seria dotar cada indivíduo dos mesmos interesses e intenções. Como as causas do facciosismo não eram facilmente suprimíveis, a alternativa seria atacar seus efeitos (HOFSTADTER, 1969, p. 64-65).

[19] Hofstadter (1969) e Dahl (2006) criticam o laconismo dispensado às minorias, que seriam rechaçadas pela regra da maioria. Madison não avaliou a possibilidade de que minorias coesas pudessem obstruir a ação de maiorias frágeis, precárias ou desorganizadas.

[20] Segundo Hofstadter (1969, p. 68), Madison é pouco claro ao explicar como maiorias tirânicas serão controladas e superadas. Além disso, esse autor se indaga como seria possível formar um governo sem maioria.

[21] Os sistemas consensuais, conforme teorizados por Lijphart (2008), parecem ser um desdobramento teórico-institucional desse modelo. Sugere que países com acentuadas clivagens políticas, culturais e sociais devem adotar um sistema político com múltiplos pontos de entrada, de modo a favorecer um processo decisório mais compartilhado e calcado em maiorias qualificadas.

é lacônica ao estipular as competências de cada poder. Ao contrário dos antifederalistas, Madison recusava um modelo de definições precisas e estáveis (como fronteiras) de competência de cada departamento.[22] Sua posição, como assinala Manin (1994, p. 289), era criar um sistema dotado de flexibilidade e de adaptabilidade necessárias para lidar com circunstâncias excepcionais.[23]

Não obstante o esforço para justificar a moldagem de um sistema para evitar o exercício abusivo e tirânico, Madison não explica, com precisão, como esse governo efetivamente funcionaria. Logo após a ratificação do texto constitucional, as comezinhas vicissitudes da atividades política levariam essa incerteza ao paroxismo: a eclosão da Revolução Francesa, o prenúncio de uma guerra, a disputa em torno de uma política econômica e a extensão dos poderes da presidência cindiram a pretensa unidade governativa, desencadeando a formação dos partidos políticos como meios para implementar uma certa interpretação do texto constitucional.[24]

O sistema de governo americano jamais viria a funcionar como previra Madison. Segundo Hofstadter (1969, p. 71), a formação dos partidos políticos, paradoxalmente, tornou operacional a constituição-contra-partidos.[25] A evolução do governo representativo, o aparecimento dos partidos políticos e o fortalecimento do Poder Executivo, por exemplo, são fenômenos subteorizados, ignorados ou não antecipados pelos *framers*. O próprio Madison, como relevante agente político, viu-se forçado a reagir diante de mudanças tão drásticas no

---

[22] No "Federalista nº 48", Madison (2008c) recusa a teoria pura da separação de poderes e a definição de fronteiras como o meio adequado de se evitar o abuso do poder. A debilidade dessa proposição estaria demonstrada pela própria experiência americana, no período seguinte à independência (MADISON, 2008c, p. 246).

[23] Manin (1994, p. 289): "*Les limites qui séparent les domaines de compétence des différentes branches peuvent alors ce déplacer plus ou moins, aussi longtemps qu'il y a un accord général sur la nécessité de ce glissement parmi les acteurs constitutionnels. Cela ne serait pas possible dans un système de frontières [...] On peut donc affirmer qu'un système de freins et contrepoids est mieux à même de faire face aux circonstances exceptionnelles et imprévues qu'un système de frontières*".

[24] Ackerman (2007) afirma que a sequência de eventos pós-ratificação colocou os Estados Unidos à beira de um colapso institucional, em razão da crescente animosidade entre os partidos Federalista e Republicano – impressão que parece ser compartilhada por Hofstadter (1969).

[25] "*Indeed it may appear to us, with the benefit of long historical perspective that the new constitution which they had so ingeniously drawn up could never have been made to work if some of its vital deficiences, not least the link between the executive and the legislature, had not been remedied by the political party*" (HOFSTADTER, 1969, p. VIII).

curso da política americana.²⁶ Madison fundaria um partido, ao lado de Thomas Jefferson, e em oposição a Hamilton. Seria, ainda, eleito presidente dos Estados Unidos, além de desempenhar outros cargos relevantes no Poder Executivo.

Essas são as linhas gerais da doutrina *madisoniana* que pretendia fixar neste primeiro momento. Não pretendo demonstrar sua recepção no direito constitucional brasileiro, desde a introdução da República até os dias atuais. A redação do artigo 2º e do artigo 60, §4º, III, da CRFB/1988 comprova a perduração de sua influência até hoje: poderes independentes e harmônicos entre si.²⁷ O exato sentido dessas palavras – independência e harmonia – não está dado. Será construído ao longo da contínua interação dos poderes.

No entanto, para os fins deste livro, pretendo limitar-me a apenas um aspecto que afeta diretamente o modelo de separação de poderes. Tenciono esclarecer, em seguida, como a dinâmica e o equilíbrio entre esses poderes são mediados pela prática política e pelos partidos políticos, – e não pela tensão entre os poderes em si mesmos, como sugeria Madison. Cito um exemplo bastante singelo: nos termos propostos pela doutrina *madisoniana*, se um presidente porventura cometesse um ato suscetível de seu afastamento, como usurpar a competência de outro poder, era de se esperar que o Legislativo reagisse e instaurasse de imediato um processo de *impeachment*. A reação, presumo, deveria ser automática para que se reestabelecesse prontamente o equilíbrio original entre os poderes.

Minha hipótese questiona essa interpretação *madisoniana* da lealdade institucional. Ao longo do desenvolvimento deste trabalho, argumento que os atores estão condicionados às normas regulamentadoras da relação entre executivo e legislativo e, em especial, do processo e do

---

[26] Sobre as várias personalidades assumidas por Madison, vide Rakove (1997, 2017) e Feldman (2017). Ferejohn (2003, p. 1841-2283) comenta a primeira década, após a ratificação da constituição e como o fortalecimento do Poder Executivo e o surgimento dos partidos políticos obrigaram Madison a reavaliar suas formulações teóricas e sua estratégia política. Para uma crítica *schmittiana* do modelo *madisoniano*, vide Posner e Vermeule (2010). Por último, Gardner (2005) argumenta que o modelo *madisoniano* nunca foi posto em prática, nem funcionou como previsto na sua concepção teórica, em especial pelo surgimento dos partidos políticos.

[27] Artigo 2º: "São poderes da União, independente e harmônicos entre si, o Legislativo, o Executivo e o Judiciário" e Artigo 60, §4º, III: "A Constituição poderá ser emendada mediante proposta […] §4º: Não será objeto de deliberação a proposta de emenda tendente a abolir: III – a separação de poderes" (BRASIL, 1988).

julgamento do *impeachment* presidencial.[28] No entanto, essas normas são interpretadas, aplicadas e, às vezes, reformadas formal ou informalmente por esses mesmos atores, segundo suas preferências. Por essa razão, o intérprete deve, também, se atentar para a forma como se organiza o sistema político partidário. Retomando o exemplo, se o presidente ou seu partido ou coalizão dominam a maioria congressual, o sistema de separação de poderes muito provavelmente não funcionará conforme preconizado por Madison. Na hipótese de um presidente ser minoritário na arena congressual, crescem as chances de os mecanismos de fiscalização serem acionados, caso não seja bem sucedido em formar uma maioria *ad hoc*. Há, reitero, uma lealdade político-partidária.

Do exemplo hipotético passo para o concreto: o julgamento do *impeachment* do Presidente Donald Trump. Uma das acusações impostas ao presidente era a de obstruir a atividade fiscalizatória do Poder Legislativo. Na hipótese *madisoniana* esse seria um "caso fácil" em que o Legislativo reagiria *in totum* contra a ação presidencial. Todavia, o resultado do julgamento seguiu, com exceção de um voto, a linha partidária: democratas (oposição ao presidente) a favor da condenação e republicanos (partido do presidente), contra (CONGRESS OF THE UNITED STATES OF AMERICA, 2019).

O esquema tradicional dá pouco valor ao fato de as instituições serem compostas por agentes políticos com preferências e interesses diversos cujo comportamento oscila permanentemente entre a cooperação e a confrontação. Torna-se necessário compreender como as diversas preferências acionam os mecanismos de *checks and balances*. Se para Madison e seus contemporâneos não estava clara ainda a proeminência que os partidos viriam a assumir na condução do governo representativo, o subsequente silêncio da literatura, em especial o da jurídica, é pouco justificável. Não subsistem razões plausíveis também para se insistir na personalização do Legislativo e do Executivo, dotando-os de "ambições" e "intenções".[29]

---

[28] Os atores políticos estão limitados às regras, mas detêm autoridade constitucional para interpretá-las. Ainda no mesmo exemplo, de acordo com a Constituição brasileira, os senadores não têm poder para destituir o chefe do Poder Executivo por maioria simples. O quadro normativo limita suas escolhas.

[29] O uso retórico da "intenção do legislador" é bastante presente, ainda hoje, no discurso jurídico. Pressupõe-se que a soma dos legisladores individuais resulta em um, digamos, legislador coletivo (cuja intencionalidade é resultante do somatório das intenções individuais). Para Shepsle (1992), além de um mito, essa pressuposição é um típico oximoro. Estudos recentes também têm demonstrado a imprecisão de se falar em "o" Executivo ou "o" Judiciário.

O passo seguinte, portanto, é esclarecer como a competição política, característica fundamental das atuais democracias, explica o funcionamento dos mecanismos de separação de poderes.

2.2 Governo representativo, democracia e partidos políticos

O século XVIII não conheceu partidos políticos com a estrutura, a função e a dimensão assumidas a partir do século XIX. Para além disso, a filosofia política não colocava "facciosismo" ou o "partidarismo" em uma categoria, digamos, respeitável. Como demonstram Rosenblum (2008, p. 1-24) e Leonard (2002, p. 1-51), e antes deles Hofstadter (1969, p. 40-63), o antipartidarismo possui um *pedigree* considerável na tradição política.[30] O que tomamos como incontestável, isto é, um regime democrático fundado em disputas eleitorais e no exercício de uma oposição legítima, é um fenômeno político recente (PRZEWORSKI, 2010; 2018; 2019).

Antes de avançar e tratar da relação entre partidos políticos e separação de poderes, faço uma rápida digressão para discutir a posição assumida pelos partidos políticos na passagem do governo representativo para a democracia.

Ao personificar essas entidades, encobre-se o processo decisório interno existente em cada instituição. Para uma análise desses dois poderes, vide Silva (2014), Mendes (2013) e Arguelhes e Ribeiro (2018).

[30] A teoria política desse período, em particular o republicanismo em voga, estava direcionada à promoção do bem comum por meio de ações desinteressadas. Toda e qualquer manifestação que denotasse interesse não seria virtuosa. Nesse contexto, é possível compreender a posição *madisoniana* (LEVINSON; PILDES, 2006, p. 7). Sobre o pensamento convencional a respeito dos partidos políticos, vale citar a seguinte passagem: "*If we inquire into the place of parties in Anglo-American thought during the eighteenth century, the root idea we find is that parties are evil [...] It is important to be clear why the anti-party thinkers in the main stream of Anglo-American thought considered party an evil [...] Party was associated with painfully deep and unbridgeable differences in national politics, with religious bigotry and clerical animus, with treason and the threat of foreign invasion, with instability and dangers to liberty [...] Party had thus come to be conventionally condemned by political writers on three separate but not inconsistent grounds. First, they often postulated that society should be pervaded by concord and governed by a consensus that approached, if it did not attain, unanimity [...] Second, a party or faction was very likely to become the instrument with which some small and narrow special interest could impose its will upon the whole of society, and hence to become the agent of tyranny [...] Finally, the party [...] was considered to be a force directly counter posed to civic virtue. Party loyalty was thought of as an insidious alternative to that disinterested good judgement on behalf of the public welfare that might be expected, in the absence of party forces, from the good citizen*" (HOFSTADTER, 1969, p. 9; 13).

O governo representativo sintetiza um conjunto de instituições que paulatinamente se estabeleceram em seguida às revoluções modernas – inglesa, francesa e americana – como sucessores dos regimes hereditários. Governantes são eleitos, sendo essa a marca distintiva de um governo representativo. Desde seu surgimento, o governo representativo se fundou em quatro princípios: (i) os governantes são designados por eleições periódicas; (ii) os governantes conservam, em suas decisões, certa independência *vis-à-vis* às preferências dos eleitores; (iii) os governados podem exprimir suas opiniões e preferências políticas, sem que sejam submetidos ao controle dos governantes; e (iv) as decisões tomadas pelos governantes são submetidas à discussão (MANIN, 2012, p. 17-18).

Embora se associe, frequentemente, a ideia de eleição à prática democrática, sua teorização original apontava para o exato oposto e se baseava na desigualdade política. Como esclarece Manin (2012, p. 125-170), eleições são um método de escolha essencialmente aristocrático cuja pretensão é selecionar o mais capacitado. A eleição distingue, eleva e entroniza o indivíduo detentor das capacidades naturais, morais e sociais elevadas.[31] Em suas origens, a eleição operava com uma função distintiva e deferencial e repelia a competição.[32] Sem esforço, o eleitor reconhecia e diferenciava o mais capacitado. Não havia necessidade de campanha ou pedido de voto.

Como enfatiza Limongi (2015, p. 106), os teóricos da representação tinham ciência de seu caráter elitista e se moviam de forma deliberada nessa direção, porque viam no governo representativo um sistema político superior e preferível à democracia. Nos EUA ou na França, Madison e Sieyès, por exemplo, eram entusiastas da opção representativa. Não viam o governo representativo como consequência da impraticabilidade de uma democracia direta. Defendiam que os representantes eleitos possuíssem, de fato, um *status* social superior ao do corpo de votantes.[33]

---

[31] Como explica Manin (2012, p. 125): *"Le gouvernement représentatif a été institué avecla claire conscience que les représentants élus seraient et devaient être des citoyens distingués, socialement distincts de ceux qui les élisaient. C'est ce que l'on appelle ici le principe de distinction"*.

[32] HOFSTADTER (1969) afirma que a estrutura social do estado da Virgínia explica o caráter deferencial da política naquela comunidade. Indivíduos se elegiam não por suas propostas ou por sua vinculação a um grupo, mas sim pelo que eles eram. Por isso não se concorria a um cargo baseando-se em propostas ou identidades partidárias.

[33] Sobre esse perfil não-aleatório dos governantes: "[...] *representatives are never a random sample of the people. They are individuals distinguished by some traits, with their own interests,*

Essa era a intenção manifesta do modelo: limitar, graças a uma combinação de normas jurídicas, morais e culturais, o exercício do poder governativo àqueles que se distinguissem em uma comunidade política. Vale destacar que o método de escolha de governantes associado à democracia é o sorteio, pois, neste mecanismo, sim, o ponto de partida é a igualdade política. A vinculação entre eleição, competição e democracia é, portanto, um fenômeno político tardio e recente (MANIN, 2012, p. 11-13).

Se a nota distintiva de um governo representativo (ou oligárquico) é a elegibilidade dos agentes políticos, a extensão do sufrágio não é um ponto decisivo. Governo representativo pode conviver com o sufrágio universal sem aviltar seu modelo teórico. O ponto fundamental diz respeito a quem pode exercer o poder.[34] A esse respeito, Manin (2012, p. 127; 170) analisou como França, Inglaterra e EUA adotaram estratégias e medidas diversas para assegurar e operar o princípio da distinção. No caso dos ingleses, a distinção se deu pela conjunção de uma estrutura social hierárquica, por uma cultura deferencial e, por último, pelas normas legais. Com os franceses, a distinção resultava das normas legais que regulavam o processo eleitoral, em especial, o critério censitário para a elegibilidade intermediária (eleição se dava em dois níveis) e a previsão de eleição indireta (MANIN, 2012, p. 127; 134).

O caso americano é particularmente interessante, porque os convencionais na Filadélfia não chegaram a um acordo sobre quais condições de elegibilidade deveriam ser positivadas no texto constitucional. Mesmo assim, o mecanismo distintivo tornou-se efetivo pelo mero recurso ao procedimento eleitoral (MANIN, 2012, p. 169).[35] Os

---

values, and beliefs. The ideological revolution introduced by election was more profound than the real one. Representative government meant, for the founders, government of those endowed with reason and virtue, but reason and virtue were reserved to those distinguished by wealth, gender, and race. While governments were to be selected by elections, elections merely ratified the superiority of those qualified to govern by their social and economic position" (PRZEWORSKI, 2018, p. 20).

[34] Mais uma vez, Manin (2012, p. 126) esclarece que: *"On impute en général le caractère non démocratique du gouvernement représentatif à ses origines aux restrictions qui limitaient alors le droit de suffrage [...] Les limites du droit de suffrage, aux origines du gouvernement représentatif, sont un fait bien connu et l'attention des historiens s'est en général concentrée sur leur disparition progressive au cours des XIX et XX siècles. On s'est toutefois moins intéressé au fait que, indépendamment de la taille restreinte du corps électoral, l'institution du /gouvernement représentatif a été entourée d'un certain nombre de dispositions et de facteurs garantissant que les élus soient d'un statut social plus élevé que celui de leurs électeurs".*

[35] A respeito dos debates durante a Convenção da Filadélfia e o processo de ratificação, os Federalistas assumiam a posição favorável a um conceito de representação que dissociasse representante e representados. Os Antifederalistas, ao contrário, propunham um conceito

federalistas, defensores da versão final do texto, estavam seguros de que o caráter aristocrático da eleição, por si só, levaria à distinção entre representantes e representados, ainda mais se fossem organizados distritos amplos (LIMONGI, 2015, p. 109-110; MANIN, 2012, p. 169).

Comentando a obra de Manin (2012), Limongi (2015, p. 110-111) assinala que seu mérito não está apenas em explicar o surgimento do governo representativo, mas esclarecer o processo de democratização que se seguirá. Não há uma linha contínua e lógica na qual se afirma o primado da igualdade política. O traço aristocrático do método eleitoral não se desmanchará nos regimes políticos democráticos. Portanto, o foco da análise deve ser nas condições (formais e informais) de elegibilidade.

A análise de Manin (2012) sinaliza que a teoria democrática esteve sempre muito atenta à dimensão do eleitorado – nos processos de ampliação do sufrágio – mas pouca atenção devotou a quem pode e a quem é eleito. Partindo desse traço distintivo, podemos, ainda hoje, identificar sua repercussão nos regimes democráticos. Por exemplo, eleições tendem a maximizar as chances de êxito de quem possui determinados atributos de personalidade, de caráter, de quem detém mais recursos (financeiros, logísticos, materiais ou de pessoal), de quem possui maior notoriedade social (lideranças políticas, sindicais, religiosas ou corporativas), de quem tem mais acesso aos meios de comunicação. O resultado é que há uma significativa distância entre a média dos representantes e representados. A desigualdade política e de armas entre competidores persiste, como sugere o modelo teórico original.

A democratização dos governos representativos não era uma consequência necessária. Seu desenrolar, ao revés, se deu por uma sucessão de eventos inesperados, sendo o mais extraordinário a inexistência de espaço em seu quadro teórico e normativo para o exercício da oposição legítima. Para Hofstadter (1969) uma oposição legítima é aquela que é livre e organizada o suficiente para ser capaz de retirar, por meios pacíficos, o governante em exercício. Essa é uma ideia bastante sofisticada e sem-lugar na teoria constitucional e política daquele período, e que não deve ser confundida com o mero reconhecimento do direito de expressar opiniões. Isso, porque, eleições não se apresentavam como uma competição entre partidos, como afirmado anteriormente. Elas simplesmente entronizavam no poder aquele indivíduo que se desta-

---

de representação "espelho". Nesse sentido, vide Manin (2012, p. 167-169) e Kramnick (1993, p. 34-42).

cava em sua comunidade. Ademais, opor-se significava, na gramática política, deslealdade, subversão ou traição, pois os mandatários naturalmente viam-se como o próprio governo. Com efeito, se um governante foi eleito, como admitir que seus atos pudessem ser contestados, em particular por aqueles sem voto? (LIMONGI, 2015, p. 116).[36]

A teoria foi rapidamente testada e confrontada nos anos seguintes à ratificação da Constituição.[37] Durante o mandato presidencial de John Adams (1896-1800), em razão de divergências políticas incontornáveis, Madison e Hamilton, notórios *antipartidaristas*, dão um passo decisivo e formam cada qual seu partido político. Esse é um evento que reconfigura todo o quadro político, porque contrasta os princípios partidário e da distinção partidária:

> O fato é que os pais fundadores do governo tinham expectativas irrealistas sobre o funcionamento das eleições [...] Como o caso norte-americano deixa claro, o problema se manifesta nas relações internas à elite [...] O que não estava previsto não era que os membros das elites não pudessem ter divergências entre si. O que não estava no mapa era que levassem suas divergências aos eleitores, que se organizassem para vencer eleições. Partidos eleitoralmente constituídos não poderiam existir [...] não há lugar para partidos que visem influir nas decisões dos eleitores. Fazer campanhas e procurar arregimentar eleitores contraria as normas que estruturam as relações representados-representantes. A superioridade que destaca o governante potencial tem que ser percebida naturalmente pelo eleitor (LIMONGI, 2015, p. 118-119).

O paulatino processo de democratização é marcado pelo aparecimento dos partidos políticos e pela assimilação da competição

---

[36] É interessante notar como a falta de lugar da oposição reverbera até os dias de hoje. Fazem parte do anedotário político expressões como "quanto pior melhor", "deixar sangrar" e "deixar o presidente trabalhar". Todas elas sinalizam uma certa ilegitimidade na ação oposicionista.

[37] Ferejohn (2003, p. 1874) descreve o cenário político do período, assim: *"events were soon to demonstrate how inaccurate these assumptions were. The first decade of the new republic saw two developments that had not been fully anticipated: first, the nation was embroiled in a series of annoying and dangerous foreign entanglements that had several times brought it to the point of war. The centrality of foreign and military issues had the effect of making the president and his ministers far more powerful than anyone perhaps expected (save Alexander Hamilton). Second, the new executive branch agencies, especially the Treasury Department, turned out to be much more effective and active than the Constitution-makers had thought possible. These two developments had the effect of enlarging the executive power and of increasing the executive's power to initiate as well as veto legislation – something that had not been contemplated in Philadelphia. Madison himself opposed these developments on both partisan/ideological and constitutional grounds"*.

eleitoral.[38] O exercício da oposição surge, nessa época, de um conflito intraelite, que passa a se organizar em grupos estruturados para conectar a política parlamentar ao eleitorado.[39] O reconhecimento da competição e do seu exercício legítimo ainda levaria tempo para se consolidar. A própria experiência americana demonstra, como salienta Hofstadter (1969, p. X), que nenhum dos partidos via o outro como uma alternativa autêntica. Em outras palavras, nenhum deles se esforçou para que a disputa se encaminhasse para uma competição com trocas no governo e respeito ao adversário. Com efeito, os dois partidos utilizaram-se de todos os meios possíveis para subjugar o rival. Os federalistas não foram bem-sucedidos nesse esforço, mas, os republicanos conseguiram, sim, estabelecer um período de partido único (HOFSTADTER, 1969).

Utilizando a terminologia consagrada por Dahl (2012), a chave para a compreensão da democratização dos governos representativos está no eixo da contestação.[40] Com essa afirmação, surge a indagação: como identificar se uma eleição é, de fato, competitiva?

Minha resposta para uma definição minimalista de democracia está estruturada no modelo analítico proposto por Przeworski *et al.* (2009). Trata-se de uma pesquisa mais ampla cujo objeto é analisar a correlação entre democracia, autoritarismo e desenvolvimento econômico. No entanto, eu me restringirei à parte inicial do livro que apresenta os conceitos de competitividade e de regime democrático.

A primeira dificuldade teórica é identificar o núcleo do fenômeno democrático, ou seja, qual é a característica que diferencia este regime de um autoritário? Além disso, esse núcleo precisa ser eficaz analiticamente, a ponto de ser testado em um exame empírico – empreitada razoavelmente complicada, porque distintas teorias normativas definem democracia à luz de seus fins. Logo, representação, *accountability*, igualdade, liberdade, dignidade e racionalidade são apontadas como

---

[38] Para Levinson e Pildes (2006, p. 8-10) esse é o ponto determinante que coloca em xeque o esquema *madisoniano*.

[39] Novamente, baseio-me em Hofstadter (1969, p. 41). Przeworski *et al.* (2009, p. 16) também fazem uma recapitulação histórica semelhante sobre o processo de democratização: "*In most countries, democracy emerged only gradually, in a sequence of steps. Typically, what happened first was that legislatures, elected on a nonpartisan basis and under highly restricted suffrage, divided along partisan lines and began to contest elections on partisan basis. There followed extensions of political rights, which were sometimes very gradual [...]*".

[40] No livro *Poliarquia*, Dahl (2012) utiliza-se de dois parâmetros para classificar os regimes políticos: a participação e a contestação. Aqui, seguindo a interpretação de Limongi (2006, 2015), Manin (1994, 2012) e Przeworski (2010, 2019), entre outros, assumo que o processo de democratização está atrelado à emergência da competição política.

traços essenciais do regime. Przeworski *et al.* (2009, p. 14) afirmam ter a democracia se tornado um altar onde todos depositam seu *ex-voto* favorito.

A sugestão dos autores é adotar uma perspectiva minimalista de democracia e, com base nela, verificar empiricamente as consequências da adoção de um regime democrático (PRZEWORSKI *et al.*, 2009, p. 36-38). Com efeito, argumentam que a característica básica desse regime é a contestação, conforme proposto no modelo de Dahl (2012), e na linguagem *schumpeteriana*, "competição". Democracia seria, portanto, um regime no qual os governantes fossem selecionados por meio de eleições competitivas. Por governantes, entende-se o conjunto de agentes políticos eleitos, direta ou indiretamente, para a chefia do Poder Executivo e para posições parlamentares.[41] Esses cargos, ademais, devem assegurar aos eleitos que eles possam exercer a autoridade governativa sem se submeter à supervisão de uma autoridade não-eletiva. Não será democrático, por exemplo, um país hipotético em que as decisões do Poder Legislativo estejam condicionadas à aprovação de um monarca. Para classificar um regime como democrático, por conseguinte, é essencial que o governo seja responsável diretamente à instituição representativa e/ou ao eleitorado (PRZEWORSKI *et al.*, 2009, p. 15).

A segunda parte da definição – contestação – exige maior sofisticação conceitual. A luta pela democracia esteve, no início do século passado, vinculada especialmente à ampliação do direito de voto. Países que concluíram mais recentemente seu processo de democratização seguiram um percurso distinto, pense-se, por exemplo, nas democracias surgidas com a terceira onda.[42] De fato, ao organizarem seus sistemas políticos, não havia mais divergência a respeito da universalidade do sufrágio ou sobre a responsabilidade dos governantes. O ponto crítico, em geral, para esses novos regimes democráticos era criar instituições políticas competitivas, em especial regras para a disputa eleitoral. Em outras palavras, era necessário organizar o exercício regular da contestação (PRZEWORSKI *et al.*, 2009, p. 15-16).

---

[41] Como salientam os autores, nenhum regime democrático exige que todos os seus cargos sejam preenchidos por meio do método eleitoral. Para os fins da análise, apenas determinados cargos devem ser representativos (chefia do Executivo e assentos parlamentares) (PRZEWORSKI *et al.*, 2009, p. 15).

[42] Me refiro à periodização proposta por Huntington (1991). O Brasil é um caso de país que se redemocratizou no período, ao fim da década de 1980.

A competição política, contudo, não significa simplesmente organizar um calendário eleitoral e fixar dia e hora para que o eleitorado compareça e defina quem serão seus governantes. Há algumas exigências para qualificar uma eleição como competitiva. O critério analítico adotado por Przeworski et al. (2009, p. 16) é saber se a competição é dotada de três características: a) incerteza *ex-ante*; b) irreversibilidade *ex-post*; e c) repetição. Com base nestes critérios, os autores conceituam democracia como um regime em que a oposição tem chances de derrotar os atuais governantes em processos eleitorais.

De forma sumária: (i) a incerteza *ex-ante* é verificável, se houver chances de que o partido governante possa ser derrotado na eleição. Incerteza não é sinônimo de imprevisibilidade;[43] (ii) a irreversibilidade *ex-post* basicamente prevê que todo aquele que vencer a eleição deve assumir o cargo disputado. Em um regime democrático, o resultado deve ser respeitado, mesmo que a oposição vença;[44] e (iii) o ritual eleitoral deve ser repetido: aquele que vence deve convocar novas eleições ao término de seu mandato e não pode utilizar-se de expedientes para impedir que a oposição venha a vencer a próxima rodada.[45]

Przeworski (2019, p. 7) vê a democracia como um meio de processar conflitos no interior de uma comunidade política.[46] Uma das mais notáveis instituições que estruturam, organizam e absorvem os conflitos em regimes democráticos são os partidos políticos. Como argumentam Müller e Strøm (1999, p. 1-2) partidos políticos ocupam

---

[43] Os autores ilustram essa característica com o exemplo da eleição chilena do presidente Salvador Allende, ao explicarem que: *"The best illustration of such uncertainty is the surprise expressed by na/an editorial in the Chilean right-wing newspaper, El Mercurio, in the aftermath of Salvador Allende's victory in the first round of the presidential elections of 1970: 'No one expected that a Marxist candidate could win elections through a universal, secret, bourgeois franchise'"* (PRZEWORSKI et al., 2009, p. 17).

[44] O exemplo utilizado é o do ditador de El Salvador, o General Romero, que anunciara a entrada de seu país no rol dos países democráticos com a previsão da primeira eleição livre. Ao mesmo tempo: *"He issued a decreto-ley that specified when the elections would take place, who would be qualified to vote, what the ballots would look like, when the polling places would be open, and so forth. The last point declared that:'Army contingents will be stationed in the polling places in case the opposition wins'"* (PRZEWORSKI et al., 2009, p. 17).

[45] O restante deste capítulo é dedicado a apresentar e a explicar as regras operacionais da pesquisa empírica, tarefa que extrapola o objetivo proposto neste livro.

[46] *"Democracy is a mechanism for processing conflicts [...] conflicts are orderly if all political forces expect that they may achieve something at the present or at least in some not too distant future, by processing their interests within the institutional framework while they see little to be gained by actions outside the institutional realm. Hence democracy works well whatever the conflicts that arise in society are channeled into and processed through the institutional framework [...] democracy works when something is at stake in elections but not too much is at stake"* (PRZEWORSKI, 2019, p. 7).

atualmente posição central e indispensável, porque desempenham funções valiosas para os agentes políticos: recrutam candidatos, selecionam os políticos que assumirão os postos de chefia e influem nas decisões governamentais.[47] Nesse sentido, Müller e Strøm (1999) postulam que

> [...] a democracia pode ser concebida como um processo através do qual os eleitores delegam a autoridade de fazer política a um conjunto de representantes, e partidos políticos são o veículo organizacional principal por meio do qual tal atribuição de poder ocorre. Portanto, as decisões do governo e as do partido, frequentemente, estão intimamente atreladas (MÜLLER; STRØM, 1999, p. 1-2, tradução nossa).[48]

Encerro, neste ponto, a digressão sobre governo representativo e democracia. Pretendia, mesmo que de forma excessivamente abreviada, esclarecer a ascendência e a relevância dos partidos políticos no quadro das democracias contemporâneas. Conquanto seja um objeto corriqueiro da literatura da ciência política, os partidos políticos têm sido assunto infrequente na doutrina jurídica e, quando o são, as análises se resumem aos aspectos dogmáticos de sua regulamentação. Pouco ou nada é dito sobre a sua relação com o sistema de separação de poderes.

Na subseção seguinte, ensaio uma aproximação que, se não inédita, parece-me pouco explorada. Basicamente, pretendo avaliar se a separação de poderes opera, segundo pressupunha Madison, em uma linha de lealdade institucional, ou se conforme uma lealdade político-partidária. No contexto geral deste livro, este é um ponto determinante para a posterior compreensão e interpretação do uso do instituto do *impeachment*.

2.3 Partidos políticos e separação de poderes

Comentando o episódio do processo de afastamento do ex-presidente americano Richard Nixon, que culminou com sua renúncia

---

[47] Apesar de uma crescente literatura que contesta a relevância dos partidos políticos e explora a sua decadência, Müller e Strøm (1999, p. 1-4) entendem ainda serem persuasivos os conceitos de "democracia de partidos" ou "governo de partido".

[48] "[...] democracy may be conceived as a process by which voters delegate policy-making authority to a set of representatives, and political parties are the main organizational vehicle by which such delegation takes place. Therefore, government decisions and party decisions are often intimately linked".

do cargo de presidente dos EUA, Przeworski (2019) faz a seguinte ponderação:

> A óbvia questão contrafactual é se o sistema institucional teria reagido ao abuso de poder cometido pelo presidente, caso os republicanos estivessem no controle das duas casas do Congresso. O sistema de *check-and-balance* funciona, como esparava James Madison, em razão de os membros de diferentes instituições defendenderem os interesses dessas instituições, ou apenas se o sistema de governo estiver dividido entre diferentes partidos e os representantes agirem em defesa de seus interesses partidários? (PRZEWORSKI, 2019, p. 77).[49]

Os efeitos da estrutura do sistema partidário sobre as relações entre executivo e legislativo também foram percebidos por Afonso Arinos de Melo Franco. Em 1949, então Deputado Federal pela União Democrática Nacional (UDN), Afonso Arinos foi designado relator da Comissão Especial instaurada na Câmara dos Deputados, para analisar o projeto de "Emenda Parlamentarista nº 4, de 29 de março de 1949" proposto pelo Deputado Federal Raul Pilla (Partido Liberal – PL). A certa altura de seu parecer, Afonso Arinos rememora a prática do sistema presidencialista no Brasil, desde a Primeira República, e conclui ter havido entre as décadas de 1930 e 1940 uma verdadeira "revolução eleitoral" (FRANCO, 1999, p. 88).

Tal profunda mudança nas relações entre executivo e legislativo era resultado de uma combinação institucional, inédita no entender do relator, até aquela ocasião: presidencialismo e representação proporcional. Como consequência, surgira um sistema multipartidário tornando obrigatória a formação de governos de coalizão à semelhança dos regimes parlamentaristas multipartidários europeus. Afonso Arinos constatava que a composição do sistema partidário interferia, mesmo informalmente, no próprio exercício da atividade presidencial. Nessa linha de pensamento, o relator acrescenta

> Grande tirano aquele cuja estabilidade política só se manterá legalmente na base da coligação dos partidos dentro do Congresso, tal e qual nos regimes parlamentares do continente europeu [...] O poder político do

---

[49] *"The obvious counterfactual question is whether the institutional system would have counteracted the abuse of power by the president had Republicans controlled both houses of Congress. Does the system of checks and balances work, as James Madison had hoped, because members of different institutions defend the interests of their institutions or only if powers of the government are divided between different parties and the representatives defend their partisan interests?"*

presidente é hoje (e não pode deixar de ser) muito relativo [...] Parece-nos sinceramente que o decantado poder pessoal só se exercerá no regime de 1946 com infração de todo o sistema constitucional (FRANCO, 1999, p. 92-93).

Afonso Arinos alertava o eventual intérprete do texto constitucional para não se limitar a uma análise fria do rol de competências que cada poder detinha na Constituição de 1946. Ao se seguir esse caminho, o intérprete acabaria por não perceber a lógica dos sistemas de governo e de separação de poderes adotados naquele texto constitucional.[50]

Essa correlação entre partidos e estrutura de governo também mereceu atenção de Duverger (1980, p. 426-454). Para ele, o aparecimento dos partidos políticos tornou obsoleta a classificação política que remontava a Aristóteles e Montesquieu. A oposição entre os macrossistemas presidencialista e parlamentarista não faria mais sentido e deveria ser repensada e, enfim, abandonada pela teoria constitucional.

Para Duverger (1980, p. 426-427) o elemento-chave é a distinção entre partido único, bipartidarismo e multipartidarismo:[51] "a força respectiva dos partidos exerce influência não menos profunda: a existência de um partido dominante pode transformar a índole de um regime, conforme se vê em certos estados norte-americanos [...]". E sua conclusão é bastante incisiva: "[...] o grau de separação de poderes depende muito mais do sistema de partidos que das disposições previstas pelas

---

[50] Justamente por ser incomum encontrar na teoria constitucional brasileira uma análise das implicações, entre separação de poderes e sistema partidário, destaco três trabalhos: o de Ferreira Filho (2009b, p. 126) e o de Horta (2010, p. 651 e 652), que, valendo-se exatamente de Duverger, especulam sobre as possíveis consequências do sistema partidário sobre o funcionamento da separação de poderes. Horta, por exemplo, observa que: "O funcionamento do regime de governo é fortemente influenciado pela atuação dos partidos políticos e muitas vezes essa influência altera as regras jurídicas que estruturam o regime nas normas constitucionais [...] o sistema de partidos repercute de igual modo no funcionamento do regime presidencial, tornando mais flexíveis as relações entre o Presidente e o Congresso, ou concorrendo para abrandar as dimensões imperiais do poder presidencial, em regime de pluripartidarismo. Por outro lado, o sistema bipartidário e o sistema de partido do partido dominante tendem a favorecer a concentração dos poderes presidenciais". O terceiro trabalho digno de nota é o de Victor (2015), fruto da sua dissertação de mestrado sobre o sistema presidencialista brasileiro. Utilizando-se de bibliografia similar à deste trabalho, em particular o artigo escrito por Levinson e Pildes (2006), discutindo mais adiante nesta subseção, Victor (2015, p. 142; 150) encaminha-se para uma conclusão divergente deste livro, qual seja, a instabilidade do presidencialismo de coalizão, conteúdo do Capítulo 3.

[51] Faço menção a outra passagem que retoma trecho reproduzido anteriormente: "Se a maioria do Congresso e a Presidência dos Estados Unidos forem ocupadas pelo mesmo partido, a separação oficial dos poderes atenua-se muito; se partidos diferentes a detiverem, acentua-se fortemente" (DUVERGER, 1980, p. 427).

Constituições [...] A separação real de poderes resulta, pois, de uma combinação entre o sistema dos partidos e o quadro constitucional" (DUVERGER, 1980, p. 427-428).

Sistemas bipartidários, em tese, favoreceriam a concentração de poderes. O fato de um mesmo partido dirigir o governo e a maioria absoluta das cadeiras no parlamento desmontaria todo o esquema jurídico-normativo porventura estabelecido em um texto constitucional: "Parlamento e Governo assemelham-se a duas máquinas animadas pelo mesmo motor: o partido. O regime não é tão diverso, sob esse ângulo, do sistema de partido único" (DUVERGER, 1980, p. 428). Esse quadro seria particularmente agravado caso se tratasse de um sistema presidencialista que pressupõe uma rígida separação de poderes. Nessa hipótese, um sistema presidencialista bipartidário com governo unitário em nada se diferenciaria de um governo parlamentar em que se admite a fusão ou a superposição de poderes.

Por outro lado, numa segunda hipótese, um sistema bipartidário, com governo dividido, maximizaria a separação de poderes e estimularia a rivalidade entre os partidos opositores. Caso os partidos assumissem coesão e hierarquia exemplares, tornar-se-ia provável uma completa paralisia governativa (DUVERGER, 1980). Daí sua conclusão de que:

> [...] falar em abstrato da separação de poderes, nos Estados Unidos e do seu caráter mais ou menos nítido, não tem sentido algum. Na realidade, a república norte-americana está submetida a dois regimes diferentes, conforme a distribuição das cadeiras no Congresso (DUVERGER, 1980, p. 430).

Em um artigo mais recente, Levinson e Pildes (2006) retomam o postulado *madisoniano* e o submetem a uma crítica teórica e empírica.[52] Apesar de ainda ser considerada a ortodoxia do pensamento constitucional americano, a explicação do *Federalist*, para as relações entre Executivo e Legislativo seria um dos aspectos mais obsoletos daquele conjunto de artigos.[53] O equívoco central desse "simulacro de política

---

[52] Estou me limitando aos aspectos teóricos do artigo de Levinson e Pildes (2006) que, por se tratar de uma reflexão baseada unicamente no sistema político americano, muitas das sugestões de reforma institucional são inaplicáveis ao nosso presidencialismo.

[53] *"Few aspects of the founding generation's political theory are now more clearly anachronistic than their vision of legislative-executive separation of powers. Nevertheless, few of the Framers' idea continue to be taken as literally or sanctified as deeply by courts and constitutional scholars as the passages about interbranch relations in Madison's Federalist 51"* (LEVINSON; PILDES, 2006, p. 3).

democrática", descrito no "Federalista nº 51", consiste na suposição de que as relações entre poderes se dão em função de interesses personalizados nas instituições, em que pese não estivesse evidente como isso se daria na prática, na formulação de Madison.[54] Ademais, a fórmula de Madison (2008f) pressuporia uma sublimação dos interesses individuais ou partidários, em prol dos interesses institucionais, seguindo a cartilha da gramática republicana daquela época. A "invisibilidade dos partidos políticos", verdadeiros anátemas, por sua vez, limitaria a própria capacidade analítica da teoria constitucional de compreender o funcionamento do sistema político.[55] Como procurei demonstrar anteriormente, a evolução do governo representativo encaminhou-se para a gestação dos partidos políticos e rompe com esse suposto laço de lealdade institucional.

Na mesma linha defendida por Duverger (1980), Levinson e Pildes (2006) argumentam que o sistema político americano comporta, no mínimo, dois esquemas distintos de separação de poderes. Porém, apenas um deles obteria o resultado pretendido por Madison, embora, frise-se, por outras razões. O sistema político americano, base da análise desses autores, consolidou um sistema bipartidário no qual três cenários pós-eleitorais são possíveis: (i) um partido domina a presidência e a maioria das duas casas legislativas; (ii) um partido domina a presidência e uma das casas legislativas; e (iii) um partido domina uma ou duas casas do legislativo.

Na primeira hipótese, forma-se um "governo unitário" com a dominância de um único partido político e movido pela cooperação entre os poderes; na segunda e na terceira, um "governo dividido" sem a prevalência de um partido e movido pela competição entre os poderes. Conforme constatam os autores, governos divididos ou unitários não

---

[54] *"In the Madisonian simulacrum of democratic politics embraced by constitutional doctrine and theory, the branches of government are personified as political actors with interests and wills of their own, entirely disconnected from the interests and wills of the official who populate them or the citizens who elect those officials. Acting on the interests, the branches purportedly are locked in a perpetual struggle to aggrandize their own power and encroach upon their rivals. The kinds of partisan political competition that structure real-world democracy and dominate political discourse, however, are almost entirely missing from the picture"* (LEVINSON; PILDES, 2006, p. 3).

[55] Ironicamente, ressaltam os autores, o voto mais celebrado sobre a teoria da separação de poderes, é o dissidente proferido pelo *Justice* Jackson no caso *Youngstown* . Nesse voto justamente se esboça uma interpretação mais consequente do papel assumido pelos partidos políticos. (LEVINSON; PILDES, 2006, p. 3-4). Além desse voto, Levinson e Pildes citam ainda trabalhos de Bruce Ackerman, Mark Tushnet e James Gardner, como tentativas excepcionais de compreensão do fenômeno partidário.

são uma inevitabilidade história. A análise longitudinal parece indicar ciclos de divisão e de unidade, cujas causas – de um e de outro – não são óbvias.[56] A ascendente radicalização das preferências, a coesão ideológica interna e a disciplina férrea dos partidos fazem com que se exacerbe a distinção entre governo unitário e dividido (LEVINSON; PILDES, 2006, p. 5). Essa mudança de comportamento dos partidos políticos poderá desencadear, inclusive, um novo padrão de funcionamento nessas modalidades – governo unitário e dividido (LEVINSON; PILDES, 2006, p. 20-22).

Levinson e Pildes (2006) afirmam que a doutrina *madisoniana* antecipa o resultado para o caso de governo dividido: como postos-chave do sistema político estão sob o comando de partidos antagônicos, cresce a possibilidade de que os mecanismos internos de contenção sejam acionados. Porém esse fenômeno não se daria pelas razões supostas por Madison (uma vontade institucional opondo-se à outra), mas, sim, pelo conflito e pela competição, decorrentes da prática política.

O receio externado por James Madison de uma colusão entre poderes permaneceria válido somente para o "modo cooperativo" do sistema de separação de poderes. Uma teoria *madisoniana* contemporânea, portanto, teria de revalidar seus pressupostos e reformular o papel que os partidos políticos desempenham nas relações de controle entre executivo e legislativo no caso de um governo unificado (LEVINSON; PILDES, 2006).

É razoável supor que, respeitadas as regras estabelecidas, os partidos políticos imponham dificuldades uns aos outros de modo a maximizar suas chances na rodada eleitoral seguinte. Os instrumentos de *accountability* são, por definição, os meios mais hábeis de se gerar constrangimento ao adversário. Coincidentemente ou não, em todos os casos em que um presidente americano foi alvo de processo de *im-*

---

[56] Cabe destacar a passagem em que os autores indicam os ciclos de governo, divididos e unidos, experimentados ao longo da história americana: *"from 1832 to 1952, an incoming President assumed office with his party also in control of both the house and senate in all but three elections. Periods of divided government cropped up mostly during the turbulent years leading up to the Civil War (1840-1860) and during the period of fractious politics in the aftermath of Reconstruction (1874-1896) [...] Sustained periods of divided government are a relatively recent phenomenon [...] From 1955 through 2000, government was divided for thirty-two of the forty-six years; and from 1969 to 2000, government was divided for twenty-six of thirty-two years [...] the turn of this century inaugurated a return of unified government [...] We are left only with the recognition that neither divided nor unified government is a historical inevitability; from the long-term perspective of constitutional law and design, we should expect to see some of both"* (LEVINSON; PILDES, 2006, p. 19-20).

peachment havia um governo dividido. A filiação partidária, inclusive, prediz o comportamento individual dos legisladores, mesmo em caso de *impeachment*.[57] O modelo *madisoniano*, no entanto, seria incapaz de explicar o funcionamento do governo unitário. Nesse cenário, são bastante reduzidas as chances de que um poder exerça toda a sua capacidade fiscalizatória, pois o resultado seria prejudicial ao próprio partido.

O reconhecimento dessa sistemática – *separação de poderes com partidos* – tem o potencial de inaugurar uma nova agenda de pesquisa e introduzir discussões sobre reformas institucionais mais consequentes, do que, simplesmente, sugerir mudanças em um nível macro, como a alteração de um sistema presidencialista para um parlamentarista ou semipresidencialista.

A formação e a consistência das preferências, a coesão e a disciplina internas e o nível de fragmentação do sistema partidário são variáveis relevantes para a compreensão do processo decisório entre executivo e legislativo. De um ponto de vista mais global, um campo de pesquisa possível é avaliar se a estruturação e a composição do sistema partidário afetam a agenda política, a elaboração de políticas públicas ou a alocação orçamentária.

No nível da *accountability* horizontal, no qual esse trabalho se insere, o estudo dos partidos pode auxiliar no esclarecimento sobre a estratégia para uso e controle de vetos, para o uso da sustação dos efeitos de decretos presidenciais; o controle de indicações presidenciais; a instauração de comissões parlamentares de inquérito; ou, ainda, a convocação de autoridades do Poder Executivo, como os ministros de estado.

2.4 O STF e a separação de poderes *com partidos*

O livro discute o *impeachment* a partir da perspectiva da relação entre Executivo e Legislativo. Estabeleci este recorte, porque o sistema

---

[57] *"[...] Party is likely to be the single best predictor of political agreement"* (LEVINSON; PILDES, 2006, p. 13). No caso do julgamento do *impeachment* do Presidente Donald Trump, em 5 de fevereiro de 2020, o alinhamento partidário não poderia ser mais óbvio. Na votação da acusação por abuso de poder, 48 votos foram a favor da condenação. 47 votos eram democratas e 1 voto republicano (partido do presidente). Na votação da acusação por obstrução às ações do Congresso, 47 votos foram a favor da condenação. Todos eles do partido Democrata. Nos dois casos, a condenação ficou distante de se concretizar, porque o quórum exigido era 67 votos (PARLAPIANO *et al.*, 2020). No Capítulo 4 discuto a posição partidária nos casos de *impeachment* ocorridos no Brasil desde 1988.

institucional brasileiro é o legislativo-dominante e, como tal, a autoridade final é a casa legislativa. Por este motivo, este capítulo trata de um modelo analítico que explica o processo decisório entre Executivo e Legislativo. A hipótese aventada não é automaticamente extensível ao Judiciário, ao menos na configuração institucional brasileira. A meu ver, a fórmula separação de poderes *com partidos* não se aplica ao Judiciário, em geral, e ao STF, em particular. Embora não tenha realizado pesquisa empírica para testar este argumento, intuo que não há um alinhamento entre ministros do tribunal e partidos no Legislativo. Para verificar uma potencial convergência, seria necessário fixar as preferências ideológicas e estratégicas dos partidos e compará-las com o posicionamento dos ministros, em um marco temporal relevante, para permitir captar oscilações. Além disto, na minha proposta, a ideia de separação de poderes *com partidos* enfatiza a natureza eletiva das instituições Legislativa e Executiva.

No entanto, o modelo legislativo-dominante, por definição, não desautoriza a participação do Judiciário, seja por controle de constitucionalidade ou como uma etapa do procedimento de destituição. Idealmente, portanto, o Judiciário é coadjuvante em um processo de *impeachment*. A participação de um tribunal ou de uma corte não é problemática nos sistemas judicial-dominantes porque, nestas hipóteses, o texto constitucional expressamente atribui àqueles órgãos a competência para julgar o denunciado.[58]

A CRFB/1988 não define com rigor se o STF tem competência para fiscalizar a constitucionalidade dos atos praticados durante o processo de *impeachment*. A confirmação desta função é uma construção doutrinária e jurisprudencial baseada na regra da inafastabilidade do Judiciário e da condição de "guardião da Constituição".[59] Com efeito, a ideia de controle judicial é interpretada como uma consequência lógica e necessária da supremacia constitucional.[60] Por esses motivos, a pergunta sobre a competência do STF tornou-se irrelevante. No julgamento

---

[58] É o caso da Constituição da Coreia do Sul discutido na Subseção 4.2.4.
[59] Art. 5º, XXXV: "a lei não excluirá da apreciação do Poder Judiciário lesão ou ameaça de direito" e Art. 102: "Compete ao Supremo Tribunal Federal, precipuamente, a guarda da Constituição [...]" (BRASIL, 1988).
[60] Em outra ocasião, Andrada e Cruz (2018) discutimos a "naturalização" desta associação. O próprio constitucionalismo brasileiro dá exemplo de que ela não é correta. Na Constituição de 1824 competia ao Poder Legislativo fazer a revisão das leis provinciais. Sobre a alocação de poderes no STF, vide Arguelhes e Pereira (2019). Para controle de constitucionalidade no direito brasileiro, vide Continentino (2016) e Dolhnikoff (2005).

da Arguição de Descumprimento de Preceito Fundamenta (ADPF) nº 378,[61] por exemplo, a discussão sequer foi cogitada. Este tema, no entanto, já esteve na pauta do STF suscitado, sobretudo, por iniciativa de Paulo Brossard, quando ocupava a posição de ministro. A viabilidade de controle de constitucionalidade do processo de *impeachment* é uma questão típica do sistema legislativo-dominante. O Brasil, neste aspecto, se assemelha aos Estados Unidos, embora os posicionamentos judiciais sejam divergentes.[62] Ao contrário do STF, a Suprema Corte americana afirmou não ter jurisdição sobre a matéria, por se tratar de uma questão política.

Brossard (1992) argumenta que o processo de *impeachment* é uma exceção constitucional à regra da inafastabilidade do Judiciário. Trata-se, portanto, de uma escolha deliberada e inscrita no texto constitucional. Brossard foi bastante contundente ao afirmar que a exceção decorria da própria Constituição e não da natureza política do instituto ("doutrina dos atos políticos"). O STF deveria se abster, não por deferência ao Legislativo, mas por lhe faltar jurisdição. Com efeito, Brossard negava a intervenção do STF em qualquer etapa do *impeachment*, ainda que o objeto em discussão fosse uma possível lesão à ampla defesa ou ao devido processo legal. Eventuais questionamentos à lisura do procedimento deveriam ser remetidos às instâncias legislativas, conforme estabelecido nos respectivos regimentos. Segundo a doutrina *brossardiana*, as decisões tomadas pelo Senado Federal eram "incontrastáveis, irrecorríveis, irreversíveis, irrevogáveis, definitivas" (BROSSARD, 1992, p. 150). O *impeachment* se iniciava, se processava e se concluía dentro das casas legislativas, sem a interferência do Judiciário.

No exercício de sua função de ministro do STF, quando participou do julgamento dos diversos mandados de segurança impetrados pela defesa do presidente Fernando Collor de Mello, Brossard utilizava-se reiteradamente do mesmo expediente: a cada mandado de segurança propunha preliminar de mérito para examinar se o STF era competente para julgar o pedido. Durante todo o *impeachment* de Fernando Collor de Mello, Brossard sempre foi voto isolado nesta questão.[63] Antes da destituição deste presidente, Paulo Brossard havia participado do jul-

---

[61] Como será discutido no Capítulo 4, por meio da ADPF nº 378 (BRASIL, 2015b), o STF definiu o rito do processo de *impeachment* da presidente Dilma Rousseff.
[62] Me refiro ao caso *Nixon v. United States*, de 1993 (UNITED STATES, 1993).
[63] Vide MS 21.564/DF (BRASIL, 1993a), MS 21.623/DF (BRASIL, 1993b) e MS 21.689/DF (BRASIL, 1995b).

gamento do Mandado de Segurança (MS) nº 2.0941/DF interposto por diversos senadores contra o ato praticado pela presidência da Câmara dos Deputados, que não recebera denúncia por crime de responsabilidade praticado pelo então presidente José Sarney. Somente neste julgamento, Brossard seria acompanhado pelo ministro Sepúlveda Pertence, que, posteriormente, mudaria o posicionamento e passaria a integrar a maioria a favor da jurisdição do tribunal.

Neste livro, adiro a esta interpretação para rejeitar a jurisdição do tribunal, exatamente pelos mesmos motivos destacados por Brossard. A CRFB/1988 conferiu a competência para admissão, processamento e julgamento às casas legislativas. Elas exercem, ao seu modo, legítima interpretação constitucional e o fazem em última instância. Na doutrina, Arguelhes e Pereira (2019) endossam a tese da ausência de jurisdição do STF, utilizando-se da justificativa sobre a necessidade de se entender a separação de poderes como alocação de competências. De acordo com os autores, a cada julgamento, o tribunal deveria primeiramente se perguntar se detém autoridade para resolver uma controvérsia, independentemente de ter ou não um bom argumento para solucioná-la. Esta primeira etapa tem sido ignorada solenemente pelo tribunal, em razão da interpretação que faz da sua atividade de guardião da Constituição.

Haveria, subjacente às considerações técnicas, um argumento normativo a respeito da não intervenção do Judiciário? Para Brossard (1992, p. 75) o *impeachment* tinha uma "feição política", originava-se "senão de causas políticas", buscava "resultados políticos", era instaurado "sob considerações de ordem política" e "julgado segundo critérios políticos – julgamento que não exclui, antes supõe, é óbvio, a adoção de critérios jurídicos". Com essas características, parece-me possível concluir que Brossard entendia ser também desejável excluir o *impeachment* da esfera de atuação do Judiciário.

No Capítulo 4 deste livro, discuto como o argumento do *contrabando parlamentarista* rotula esta interpretação como uma "hermenêutica parlamentarista" do instituto. Talvez, a experiência pregressa de Brossard como deputado e senador lhe tenha incutido a ideia de que o STF deveria se autopreservar em determinadas circunstâncias, de modo a resguardar o seu capital e sua credibilidade.[64]

---

[64] Arguelhes e Recondo (2017, p. 167-170) interpretam de forma semelhante sobre o que seria uma teoria *brossardiana* do controle de constitucionalidade.

A jurisprudência do STF estabelecida desde 1988 é inequívoca, ao afirmar a jurisdição do tribunal. Quando provocado, o tribunal limitou sua competência aos aspectos formais dos procedimentos – como, de fato, o fez ao regulamentar o rito processual dos casos de Fernando Collor de Mello e Dilma Rousseff. Além disso, o tribunal reiteradamente afirma não ser competente para avaliar o mérito da decisão das casas legislativas.

Este comportamento, conquanto sugira certa cautela, não é inconsequente. A definição das regras do jogo pode favorecer um ou outro resultado. Nos dois processos de *impeachment*, o STF definiu o contexto decisório ao estabelecer, por exemplo, como se dariam (i) a votação – aberta ou fechada – e (ii) a composição da comissão especial na Câmara dos Deputados. O tribunal também definiu o momento em que se suspenderia o presidente de suas funções. Não é possível estabelecer uma relação causal entre o posicionamento do tribunal e o resultado dos processos, contudo os atores políticos, em cada momento, contavam com a possibilidade de recorrerem ao STF para reverter decisões legislativas. E, a cada decisão, reavaliavam suas estratégias e chances de êxito.

Tão importante quanto as decisões são as "não-decisões" do tribunal. O STF tem discricionariedade para definir o que e quando será pautado. Ao decidir intervir, o STF impõe a si mesmo um ônus, para mais adiante dizer que "essa ou aquela questão deve ser resolvida pelo Congresso. Afinal, como justificar que o Supremo possa decidir uma questão regimental, mas não outra? [...] qualquer moderação futura poderá soar insincera" (ARGUELHES; RECONDO, 2017, p. 169). O tribunal, por exemplo, foi questionado à época do processo de *impeachment* da presidente Dilma Rousseff se lhe competia analisar a existência de justa causa na denúncia do *impeachment*. O Ministro Relator Teori Zavaski indeferiu o pedido liminar, e o mandado de segurança perderia o seu objeto, porque seu mérito não seria avaliado antes da destituição da presidente.[65]

Ao longo dos Capítulos 3 e 4 faço referência às decisões do STF, embora este livro não se dedique a um exame minucioso do comportamento do tribunal. Minha interpretação do texto constitucional rejeita

---

[65] Trata-se do Mandado de Segurança nº 34.193/DF (BRASIL, 2018a), julgado apenas em 2018. Na mesma ocasião, seriam julgados também os Mandados de Segurança 34.371 (BRASIL, 2020c) e 34.441 (BRASIL, 2019b), igualmente prejudicados.

a participação do tribunal no processo de *impeachment*, porém, não desconheço o fato de que o tribunal, efetivamente, participa e influencia o andamento de um *impeachment*.

2.5 Conclusão: separação de poderes com partidos e presidencialismo multipartidário

A correta interpretação dessas críticas traz relevantes consequências para a teoria constitucional. A primeira delas é reformular o modelo analítico que comumente se utiliza para interpretar a separação de poderes. Como mencionado anteriormente, no artigo 2º da CRFB/1988 lê-se que os poderes são "independentes e harmônicos", mas essa expressão é desprovida de qualquer sentido apriorístico e deve ser submetido a um exame pragmático.[66] Ainda é usual constatar a utilização do princípio da separação de poderes como um trunfo argumentativo, em debates e análises jurídicas, políticas ou mesmo entre leigos:[67] Diz-se, simplesmente, que determinada ação ou decisão de um poder fere "o princípio da separação de poderes" e desencadeia uma "crise constitucional e política entre os poderes".[68]

---

[66] Não se deve fazer ouvidos moucos ao alerta de Afonso Arinos: as competências e as prerrogativas conferidas aos poderes devem ser analisadas à luz de todo o sistema constitucional e político. No nosso direito constitucional, há uma série de institutos que presumida e acriticamente tornam um ou outro poder "imperial" – talvez, o uso de medidas provisórias seja o exemplo mais emblemático, como discutirei no capítulo seguinte.

[67] Veja-se, por exemplo, o recente artigo de Martins (2020) publicado na Folha de S. Paulo: "A Constituição brasileira determinou que o Estado democrático (artigo 1º) teria três Poderes harmônicos e independentes (artigo 2º) com atribuições bem definidas na lei suprema [...] Os freios e contrapesos estão na lei maior para que os Poderes sejam harmônicos e independentes [...] Em face destes dispositivos, eu me pergunto se ainda os Poderes são harmônicos e independentes no país". Também, em artigo publicado no mesmo periódico e cujo pano de fundo era a agenda de reformas constitucionais acalentada pelo governo do presidente Jair Bolsonaro, o ministro Ricardo Lewandowski (2018) opunha-se, sutilmente, a possíveis reformas, utilizando como argumento a separação de poderes: "No Brasil, candidatos em campanha, como regra, comprometem-se a 'mudar tudo aquilo que está aí. Depois de eleitos, contudo, não obstante o amplo mandato conferido pelo sufrágio popular, acabam esbarrando nas cláusulas pétreas que os impedem, por exemplo, de restringir as competências [...] a autonomia do Legislativo ou Judiciário [...] Se ainda assim o Congresso Nacional, por eventual erro de avaliação, aprovar medidas desse jaez, incumbirá ao Supremo Tribunal Federal recompor a ordem constitucional vulnerada" (LEWANDOWSKI, 2018).

[68] Além do onipresente assunto do ativismo judicial, a literatura jurídica tem historicamente rediscutido a ideia de separação de poderes a partir das mudanças estruturais da sociedade e da redefinição do paradigma estatal. Desse modo, a emergência de um Poder Executivo dotado de maiores poderes legislativos ou a crescente judicialização possuiriam raízes, digamos, sociológicas. Cito algumas passagens de obras clássicas do direito constitucional brasileiro que reproduzem essa perspectiva: "Portanto, falar de separação de poderes agora,

O esforço teórico deste capítulo é justamente demonstrar a insuficiência das clássicas teorizações sobre separação de poderes e freios e contrapesos. Com isso, pretendo inserir este livro em uma agenda de pesquisa mais ampla e contestar a ideia de uma separação de poderes formal, estática e estabelecida *ex-ante*. O diálogo com a ciência política permite revisitar a separação de poderes sob uma perspectiva mais dinâmica, diacrônica e pragmática.[69] A imagem dessa relação está delineada nas epígrafes deste capítulo nas quais se confrontam, em um jogo, luz e sombra e se desnuda uma permanente metamorfose.

Embora situe sua análise no comportamento de cortes constitucionais, as observações de Mendes (2011) parecem-me também pertinentes e extensíveis para todo o quadro da relação entre os poderes:

> (a) A corte é politicamente sensível e testa, de modo ininterrupto, o espaço que pode ocupar na separação de poderes a partir do cálculo da resposta potencial dos outros poderes às suas decisões, e de sua força e capacidade para resistir; (b) a separação de poderes é um fenômeno dinâmico, e uma norma jurídica abstrata não tem como descrever ou capturar essa constante redistribuição de fronteiras; (c) em paralelo a essa interação, a própria legitimidade de cada participante do jogo também oscila, e tal oscilação é responsável, inclusive, pelo espaço maior ou menor que o poder irá ocupar no arranjo de forças (MENDES, 2011, p. 183-184).

---

só guarda sentido quando se está a referir àquele Estado de prestações constitucionalmente regulado e de tal modo regulado a ponto de definir-se como Estado de Direito de orientação social" (CLÈVE, 2011, p. 42) e "[...] Esse primado [a supremacia do Executivo-Governo] resulta de inúmeros fatores. O primeiro deles já foi sugerido logo acima quando se estudou a decadência do Parlamento. De fato, a principal razão do engrandecimento do Executivo, de sua transformação em governo, está nas tarefas novas que o Estado assumiu, desde que interveio no domínio econômico e social. A incapacidade de as assembleias desempenharem as tarefas exigidas do *Welfare State* produziu a multiplicação das missões que o Executivo contemporâneo é chamado a desempenhar" (FERREIRA FILHO, 2009b, p. 124).

[69] Sem pretensão exaustiva, cito alguns trabalhos que introduziram novas abordagens ao antigo tema da separação de poderes. Para uma discussão sobre o papel das cortes constitucionais e sua relação, sobretudo, com o Poder Legislativo, os trabalhos de Mendes (2011; 2013) e Brandão (2017) são essenciais. Arguelhes (2014), por sua vez, analisa a mudança de perfil do Supremo Tribunal Federal (STF), por meio de sua jurisprudência, desde a transição para a democracia, até os fins da década de 1990. Nesse sentido, mas numa perspectiva de história Cruz e Guimarães (2016), Mendes (2011; 2013), Arguelhes e Ribeiro (2018) e Silva (2015) têm também examinado o processo deliberativo interno do Supremo Tribunal Federal e as consequências das ações individuais de seus ministros sobre o sistema político. Sobre a relação entre executivo e legislativo, cito, mais uma vez, os trabalhos de Sampaio (2007) e Victor (2015), que desenvolvem um franco e pioneiro diálogo com a literatura da ciência política para tratar do sistema presidencialista brasileiro.

Note-se que a doutrina *madisoniana* não apregoava uma relação estática e rígida entre os poderes resultante da fixação de competências entendidas como uma "fronteira" ou uma "barreira". Pelo contrário: a dinâmica entre os poderes pressupunha ações-reações, flutuações e acomodações (MENDES, 2011, p. 184). Divirjo, apenas, das causas motivadoras e, portanto, para onde dirigir o olhar.

É preciso levar em consideração as preferências e as estratégias dos atores políticos, em especial dos partidos políticos. A alocação inicial de competências não é fixa. Como afirma Arguelhes (2014, p. 28) o texto constitucional "é ao mesmo tempo *regra do jogo e parte do que está em jogo*" na interação entre os poderes, porque os atores políticos não são "vítimas, espectadores ou simples convidados" (ARGUELHES, 2014, p. 27).[70] Portanto, a interpretação constitucional poderá ativar ou não os mecanismos de *checks and balances*.[71]

Essa abordagem permite compreender como a relação entre Executivo e Legislativo se dá (e se metamorfoseia), legitimamente e em um mesmo marco constitucional, ao longo de um intervalo cujos polos são a máxima cooperação (fusão de poderes) e o máximo confronto (separação de poderes). No capítulo seguinte, discuto como o presidencialismo foi tradicionalmente identificado como um sistema de separação de poderes, enquanto o parlamentarismo com a fusão de poderes. Com base nessa distinção, alguns autores alegam que o presidencialismo tende naturalmente ao conflito e à ruptura institucional e, por isso, seria inferior, em termos normativos, ao parlamentarismo.

A literatura sobre sistemas de governo tem desmistificado macroclassificações como "presidencialismo" e "parlamentarismo". Costuma-se repetir tipos-ideais que não correspondem à realidade. Presume-se haver um "pacote" para cada sistema (escolha o presi-

---

[70] Nas passagens citadas Arguelhes (2014) trata do papel dos ministros do STF exercem na definição das competências do próprio tribunal. Como afirma o autor, a literatura enfatiza a expansão das competências do tribunal sob uma perspectiva institucional, isto é, pelo desenho estabelecido com a Constituição de 1988. Por esse motivo, seriam os ministros meros expectadores. Arguelhes (2014) argumenta, no entanto, que os ministros são parte desse jogo. Apesar de analisar o comportamento de ministros, entendo ser válido argumento, do ponto de vista teórico, para o caso tratado neste livro.

[71] Veja-se, por exemplo, o caso dos vetos. A Constituição de 1988 dá ao Congresso Nacional a competência para conhecer do veto e sobre ele deliberar. Ou seja, a palavra final é do Poder Legislativo. No entanto, essa prerrogativa não foi utilizada por mais de treze anos. Quando os congressistas decidiram por apreciar um veto presidencial havia aproximadamente três mil acumulados. Esse caso é discutido por Maia (2016) e Bispo (2016).

dencialismo e as consequências serão tais).⁷² É importante já fixar que esses sistemas de governo, posto que conservam algumas características específicas, não se organizam de forma uniforme. Também não funcionam nem produzem resultados tão díspares como se costuma veicular nos manuais de teoria do estado e de direito constitucional. Reitero que sistemas de governo não devem ser examinados friamente segundo sua "moldura constitucional" ou seus arquétipos.

Estabelecidas essas premissas, retomo, no capítulo seguinte, o estudo da operação do sistema presidencialista multipartidário brasileiro. Pretendo avaliar se a tese da separação de poderes *com partidos* se aplica a outros contextos institucionais. Apesar de nominalmente presidencialistas, os sistemas de governo brasileiro e americano têm bases institucionais bastante distintas. Por consequência, exige-se redobrada cautela na análise, para se evitarem equívocos comuns nessa "transposição teórica".

---

[72] Sobre a evolução histórica dos sistemas de governo e a imperfeição desses tipos-ideais, vide Cheibub e Elkins (2009), Cheibub, Elkins e Ginsburg (2014) e Carey (2008).

CAPÍTULO 3

O PRESIDENCIALISMO MULTIPARTIDÁRIO BRASILEIRO

Este capítulo analisa o desenho institucional do sistema presidencialista multipartidário adotado a partir da CRFB/1988. Defino como desenho institucional o conjunto de regras que estruturam e moldam o exercício do poder político (NORTH, 2018, p. 13; 28). Nesse sentido, são particularmente relevantes as regras estruturadoras do Poder Executivo e da relação entre Executivo e Legislativo.

No capítulo anterior, discuti a ideia de uma separação de poderes *com* partidos, com base, sobretudo, em Levinson e Pildes (2006). Os autores formularam o conceito à luz do sistema político americano, diferente do brasileiro. Por essa razão, é preciso avaliar se essa proposição é extensível para além de um sistema bipartidário. Minha hipótese aponta para uma resposta afirmativa e sugere que os partidos, por meio de coalizões, podem viabilizar a fusão (cooperação) ou tornar mais acentuada a separação dos poderes (conflito). Com isso, pretendo afirmar que o sistema presidencialista não é *a priori* conflitivo, mas pode se tornar em determinadas circunstâncias. O objetivo, portanto, é descrever a "moldura institucional" da relação entre Executivo e Legislativo de modo a avaliar como ela pode transitar de um polo a outro.

O capítulo sintetiza uma farta literatura da ciência política sobre o "presidencialismo de coalizão". Desde a promulgação da CRFB/1988 os cientistas políticos têm elucidado, por meio de análises teóricas e empíricas, o efetivo desempenho do sistema presidencialista brasileiro. Não obstante soe como um típico clichê acadêmico, a relação entre Executivo e Legislativo tem sido pouco contemplada pela literatura jurídica.[73] Com as exceções de costume, o conhecimento consolidado, até o momento, é resultado dessa bibliografia da ciência política e, por isso, a incursão interdisciplinar é indispensável.[74] A revisão da literatura introduz o estado da arte sobre o sistema presidencialista. Não exaure, contudo, todos os desdobramentos analíticos desse amplo campo de pesquisa.[75]

Apresento essa revisão, opondo deliberadamente dois blocos de interpretação. Embora esquemática, essa exposição facilita a concatenação do raciocínio. As diversas análises, a rigor, não se sucederam de forma estanque e cronologicamente apartadas. Como pretendo demonstrar ao fim deste capítulo, o modelo analítico sobre o funcionamento do sistema presidencialista foi revisto e reformulado, conforme o surgimento de novas evidências e de derivações do campo de pesquisa.

Uma nota conceitual relevante: o significado da expressão "presidencialismo de coalizão" é bastante singelo, senão banal: uma combinação de presidencialismo e coalizões partidárias. Não há um sentido filosófico ou sociológico inato. No entanto, a expressão adquiriu certa plasticidade e passou a designar ou a explicar fenômenos políticos diversos.[76] A expressão também merece reparos. Com efeito, nem o presidencialismo depende de uma coalizão para subsistir, nem a coalizão define presidencialismo. O que há, e não há anomalia alguma nisso, é uma circunstância prática: presumindo-se que governar implica modificar o *status quo* legislativo, é razoável conjecturar situação na qual um presidente minoritário, em sistemas multipartidários, constitua uma

---

[73] Ao resenhar o livro de Melo e Pereira (2013), Silva (2017, p. 519-520) faz a seguinte observação: "The third reason is that Brazilian constitutional scholars have been neglecting the debate on the political and electoral systems established by de 1988 Constitution. Subject such as the system of government, federalism, law-making process, electoral and party systems, to name a few, have been virtually ignored by Brazilian constitutional scholars in recent decades. As a matter of fact, the same seems to apply to the field of comparative constitutional studies in general: in the last fifteen years, subjects related to fundamental rights, courts, and judicial review, as well as to methodological issues concerning constitutional interpretation, have dominated the international journals on constitutional law, relegating the study of comparative political, legislative and electoral systems into a rather marginal role".

[74] Salvo melhor juízo, o Sampaio (2007) é pioneiro a utilizar a literatura do presidencialismo de coalizão para analisar um fenômeno jurídico, no caso o instituto das medidas provisórias. Também adotam esta metodologia interdisciplinar e merecem referência: Abramovay (2012), Amaral Júnior e Amaral (2017), Andrada (2016), Cyrino (2018), Pinto (2018), Schier (2017) e Victor (2015).

[75] Há boas sínteses sobre o histórico intelectual desta literatura: Amorim Neto (2002), Cheibub e Limongi (2010), Elgie (2005) e Power (2010).

[76] Sobre a elasticidade de conceitos, vide Sartori (1970). Limongi e Figueiredo (2017) criticam o uso distorcido do conceito de presidencialismo de coalizão como variável explicativa para todos os fenômenos políticos.

maioria congressual para dar seguimento a sua agenda política. Essa imposição matemática – necessidade de formar maiorias – tem sido prevalente no presidencialismo latino-americano. Voltarei a este ponto ao longo do capítulo, quando abordar as críticas recentes ao consenso positivo da literatura especializada.

Isto posto, o capítulo segue a seguinte estrutura. Inicialmente, apresento as bases da interpretação "pessimista" do sistema político brasileiro. O diagnóstico é conhecido: (i) o presidencialismo é um sistema de dupla legitimidade e independência mútua; (ii) há poucos incentivos à formação de coalizões, que são raras e excepcionais; (iii) impasses e conflitos são o padrão de funcionamento do sistema; (iv) recurso a soluções extraconstitucionais é recorrente (CHEIBUB; PRZEWORSKI; SAIEGH, 2002, p. 187-188; 190).

Em seguida, mostro como esse consenso negativo foi revertido pela literatura, formando-se um consenso positivo ou otimista: (i) o padrão da relação entre executivo e legislativo é semelhante no parlamentarismo e no presidencialismo; (ii) há incentivos para a formação de coalizões partidárias como método de reversão do *status* minoritário do presidente; (iii) presidentes são bem-sucedidos em aprovar a sua agenda; (iv) conflito e o impasse não são a norma do presidencialismo.[77]

Como discutido no capítulo anterior, o presidencialismo está estruturado conforme o princípio da separação de poderes: executivo e legislativo têm origens distintas. A suposta consequência, portanto, seria haver um inevitável conflito entre Executivo e Legislativo. Mas, a evolução institucional do presidencialismo contrariou as conjecturas de seus idealizadores (FIGUEIREDO, 2001, p. 690).

Na última seção, discuto as limitações dessa interpretação positiva e como ela tem sido criticada. Argumento que as críticas, em geral, não contradizem as conclusões trazidas pelos otimistas, mas apontam para o custo e a ausência de legitimidade das decisões. Introduzo, por fim, como a literatura sobre o *impeachment* se relaciona com as discussões sobre sistemas de governo. A pergunta-chave é saber se parlamentarismo e presidencialismo operam de forma semelhante também na resolução

---

[77] Entre outros, Melo e Pereira (2013, p. 1) em sucesso imprevisto do presidencialismo multipartidário: *"In the early 1990s, the critique of presidentialism advanced by Linz and others exercised broad influence, and scholars viewed the coexistence of presidentialism with multipartism as a particularly 'difficult combination'. Experts expected multipartism to exarcebated the 'perils of presidentialism' by increasing the probability of deadlock in executive-legislative relations, by promoting ideological polarization, and by making coalition-building among multiple parties difficult to achieve. The best chances for the survival of presidential democracies, it was argued, lay in adoption of a US-style two-party format".*

de suas crises, em especial se *impeachment* e o voto de desconfiança tornaram-se equivalentes.

3.1 Dos perigos do presidencialismo à difícil combinação: um diagnóstico pessimista

Nas décadas de 1970 e 1980, com a redemocratização de diversos países do sul e do leste europeus e da América Latina, a literatura da ciência política passou a questionar qual seria o sistema de governo mais apropriado a estes novos regimes políticos. A convocação de assembleias constituintes e a redação de textos constitucionais conformavam um contexto propício a essas discussões e muitos estudiosos dedicaram-se a este fenômeno da transição política. Seguramente, o mais influente deles foi Linz (1990; 1994).[78] Para ele, em síntese, o sucesso da consolidação democrática dependeria do sistema de governo adotado por um dado país.

De acordo com Linz (1990), o sistema presidencialista era estruturalmente conflitivo, porque combinava (i) duas fontes democraticamente legítimas (o presidente e o Legislativo) e independentes (em sua formação e sobrevivência) e (ii) mandatos rígidos, tanto para o presidente como para os parlamentares. Em arranjos institucionais com essas características, argumentava, crises governativas se sucederiam, por não haver incentivo institucional à cooperação: um jogo de soma zero entre os agentes políticos. Para agravar a situação, o sistema não contaria com uma instituição mediadora ou um mecanismo arrefecedor, como o voto de confiança ou a dissolução da assembleia. As crises porventura existentes descambariam, ao fim, para a ruptura democrática. Essa seria a evidência mais eloquente da superioridade das democracias parlamentaristas sobre as presidencialistas. A história e a práxis confirmariam essa tendência. O modelo analítico de Linz caracterizava-se por

---

[78] Segundo Limongi, Almeida e Freitas (2016, p. 60-86) este é um ponto de inflexão na ciência política brasileira marcada, até então, pelo paradigma da sociologia política "com sua ênfase nos fundamentos estruturais da distribuição e exercício do poder" cuja maior contribuição teria sido a teoria da modernização. Dali em diante, o paradigma dominante tornou-se o neoinstitucionalismo. Sob essa mesma ótica, Linz, por exemplo, irá explicar a instabilidade política da América Latina, associando-a à adoção do presidencialismo. Os fundamentos econômicos, sociais ou culturais não compunham seu modelo explicativo. Outros autores indicariam o sistema presidencialista como a causa para a dificuldade de se consolidar a democracia, em particular na América Latina: (O'DONNELL, 1998; VALENZUELA, 1993, 2004).

adotar uma única variável explicativa – o sistema de governo – e uma única variável dependente – o sucesso da consolidação democrática.[79] Abranches (1988) publicaria seu artigo "Presidencialismo de coalizão: dilema institucional brasileiro" precisamente nesse contexto político e histórico. Na ocasião de sua publicação, ainda estavam em curso as discussões na assembleia constituinte sobre as bases do sistema de governo a ser adotado no país recém-democratizado. Havia apenas a sinalização de se repetir o esquema estabelecido em 1946. Por essa razão, o objeto de análise era o texto constitucional de 1946 e não o de 1988.[80]

Em seu texto, um misto de análise sociológica e institucional, Abranches critica a incapacidade do sistema político-institucional de 1946-1964 em regular e processar a ascendente "heterogeneidade estrutural da sociedade brasileira" (ABRANCHES, 1988, p. 5) manifestada pela multiplicação de interesses, demandas sociais e pelo agudo conflito distributivo.

O questionamento sobre a eficácia e a legitimidade das instituições representativas e dos meios de participação política decorria dessa realidade conturbada. Esse emaranhado constituiria o "dilema" – citado no título.[81] A pretensão do artigo era decifrar e decompor esse dilema para, então, trazer à tona os elementos definidores do "arranjo constitucional que regula o exercício da autoridade política" (ABRANCHES, 1998, p. 8). O autor preocupava-se, particularmente, com a relação que havia entre Executivo e Legislativo, pois essa teria sido um dado problemático ao longo de toda a história política do Brasil. A crônica combinação de fragmentação política com uma "agenda inflacionada de problemas e demandas impostas ao executivo" comprometeria a estabilidade democrática (ABRANCHES, 1988, p. 8).

O quebra-cabeça era composto de instituições cujas raízes provinham da própria tradição republicana brasileira. Desde as décadas de 1930 e 1940, combinava-se presidencialismo, federalismo, bicameralismo, multipartidarismo e representação proporcional. A heterogeneidade estrutural da sociedade explicaria a escolha desse arranjo institucional

---

[79] Essas assertivas estão presentes em Elgie (2005, p. 107).
[80] O primeiro estudo de Abranches baseado na CRFB/1988 só viria a ser publicado em 2018.
[81] Conforme Abranches (1988, p. 7), "O dilema institucional brasileiro define-se pela necessidade de se encontrar um ordenamento institucional suficientemente eficiente para agregar e processar as pressões derivadas desse quadro heterogêneo, adquirindo, assim, bases mais sólidas para sua legitimidade, que o capacite a intervir de forma mais eficaz na redução das disparidades e na integração da ordem social".

peculiar, que teria efeito desestabilizador e não encontraria paralelo nos demais países democráticos (ABRANCHES, 1988, p. 10; 19).[82] A necessidade de se formar coalizões partidárias governativas seria outra singularidade (ou consequência) do arranjo institucional. O Brasil seria, naquela conjuntura, o único país a organizar um sistema político com base no tripé proporcionalidade, multipartidarismo e "presidencialismo imperial". "A esse traço peculiar da institucionalidade brasileira chamarei, à falta de melhor nome, 'presidencialismo de coalizão'" (ABRANCHES, 1988, p. 21).

A necessidade de se formarem amplas coalizões, em bases partidárias e regionais, agravaria a crônica disfunção do sistema político nacional. A definição "presidencialismo de coalizão" não era apenas um rótulo; guardava uma interpretação pejorativa também.[83] Como qualquer outro modelo presidencialista multipartidário, não haveria um centro para arbitrar os esperados conflitos entre o presidente e a sua base. Faltaria ao presidencialismo brasileiro uma instituição como o poder moderador no Império ou a Suprema Corte americana. A extravagância consistiria em adotar um governo de coalizão, sem os meios institucionais capazes de contornar eventuais impasses e crises. Ao não definir meios para a resolução de impasses na relação entre executivo e legislativo, o sistema político concentrava na presidência todo o eixo decisório, o que a tornava vulnerável e instável (ABRANCHES, 1988, p. 30-31). Duvidava-se, enfim, da viabilidade do presidencialismo de coalizão.

A conclusão de Abranches é, contudo, impressionista. Suas intuições sobre a incompatibilidade *a priori* de presidencialismo e multipartidarismo não seriam confirmadas pelas pesquisas empíricas subsequentes. Deve-se, contudo, dar-lhe os créditos pelo pioneirismo em descrever e analisar o sistema político instaurado em 1946 cujos contornos seriam reproduzidos na CRFB/1988.

Com a transição para a democracia concluída, a agenda de pesquisa em torno dos sistemas de governo tomou novo impulso. As

---

[82] Segundo Abranches (1988, p. 19-20), a maior parte das democracias do pós-guerra era parlamentarista. Além disto, a representação proporcional era característica de regimes parlamentaristas multipartidários.

[83] A formação de coalizões partidárias em sistemas presidencialista estava, à época da elaboração do artigo, subteorizada. O paradigma era o modelo bipartidário americano que dispensa coalizões. O estudo sobre coalizões estava restrito aos sistemas parlamentaristas multipartidários e, só recentemente tornou-se uma agenda de pesquisa relevante no campo presidencialista. Nesse sentido, a crítica feita por Argelina Figueiredo, (DEMOCRACIA..., 2019).

especulações poderiam agora ser testadas. Uma segunda geração surge ainda, na primeira metade da década de 1990, com destaque para a publicação dos trabalhos de Lamounier (1991; 1992; 1994) Lamounier e Nohlen (1993), Mainwaring, (1993a; 1993b) e Shugart e Carey (1992). De acordo com Elgie (2005, p. 107), o modelo analítico torna-se mais complexo com a diversificação das variáveis explicativas. Até então, a literatura enfatizava a correlação entre sistema de governo e consolidação democrática. Nesse momento, sistemas partidário e eleitoral e poderes decisórios atribuídos ao presidente passam a explicar o desempenho governativo e a relação entre Executivo e Legislativo.

Embora signifique uma sofisticação *vis-à-vis* do modelo analítico predominante, até aquele momento, esses autores mantêm uma avaliação negativa a respeito do funcionamento do presidencialismo. Em síntese, a nota "pessimista" reafirmava a ausência de incentivos à cooperação e vaticinava a irremediável incapacidade de se articular e coordenar a ação coletiva (POWER, 2010, p. 21-28). No caso brasileiro, as deficiências inerentes ao presidencialismo seriam agravadas em razão da fragmentação e da indisciplina partidárias e da excessiva concentração de poderes decisório na presidência.

Segundo Mainwaring (1993a, 1993b), a dinâmica política brasileira pós-redemocratização, seria o exemplo perfeito da "difícil combinação": a junção entre democracia, presidencialismo e multipartidarismo tornaria instável um sistema político. O multipartidarismo levaria às últimas consequências a baixa propensão do sistema presidencialista à cooperação. Esse arranjo institucional, presumivelmente, paralisaria o processo decisório entre executivo e legislativo dada a sua inaptidão para formar maiorias ou coalizões partidárias (MAINWARING, 1993b, p. 199-201).

Embora Mainwaring (1993b, p. 201) ressalte a nota conflitiva, sua conclusão se distingue da de Linz (1990), ao desaconselhar apenas a difícil e problemática combinação entre presidencialismo e multipartidarismo.[84] A baixa incidência de democracias presidencialistas multipartidárias não seria acidental. O eixo de sua análise focaliza a incapacidade de se constituir uma coalizão partidária em sistemas presidencialistas multipartidários. O risco de paralisia decisória, e mesmo de ruptura, está na inaptidão estrutural para formar uma maioria governativa.

---

[84] Mainwaring pretendia contestar o consenso dominante segundo o qual o número de partidos não era determinante para avaliar as chances de êxito de se organizar uma democracia estável. Essa correlação se daria de forma probabilística e não causal (MAINWARING, 1993a, p. 222-224).

Três razões são elencadas para explicar essa conclusão (MAINWARING, 1993b, p. 212-213): (i) o apoio partidário ao presidente é mais arredio, pois a responsabilidade de formar o governo é do presidente (e não do Legislativo, como acontece nos sistemas parlamentaristas); (ii) a indisciplina partidária dificulta a adesão individual dos congressistas aos acordos celebrados entre o presidente e as lideranças partidárias; (iii) forte incentivo ao rompimento da coalizão partidária, sobretudo próximo ao ciclo eleitoral.

A consequência advinda desse arranjo institucional é um conflito permanente entre os poderes Executivo e Legislativo, cuja evidência mais palpável seria a proverbial dificuldade dos presidentes em implementar sua agenda de governo. Mesmo a ampliação das prerrogativas do Poder Executivo teria se mostrado insuficiente à luz da experiência brasileira. A notória indisciplina partidária, conhecida desde o regime de 1946, impediria a formação de maiorias estáveis e incentivaria uma postura unilateral do presidente.[85] Em termos objetivos, esse arranjo problemático teria sido incapaz de debelar a crise e a radicalização surgidas entre os anos de 1961 e 1964. A baixa disciplina partidária seria consequência de um processo eleitoral baseado na representação proporcional com lista aberta. Essa regra estimula o comportamento personalista dos deputados consubstanciado na preferência por políticas paroquiais em detrimento de uma agenda nacional. As estratégias nas arenas legislativa e eleitoral estariam, portanto, associadas e se reforçariam mutuamente.[86]

---

[85] Mainwaring (1993a): "As queixas de presidentes brasileiros acerca de sua incapacidade de fazerem o que querem devido a limitações congressionais corresponde à realidade, a despeito do fato de que tanto a Constituição de 1946 como a de 1988 investiram o presidente de amplos poderes formais. O corolário disso é que o Congresso brasileiro foi um importante ator durante o regime de 1946-64, assim como novamente o é desde a promulgação da Constituição de 1988 [...] O papel do Congresso é percebido mais como o de bloquear e moderar a ação presidencial do que o de ser um agente efetivo de legislação [...] Muitos desses debates constitucionais ignoraram que, tanto quanto as prerrogativas constitucionais do presidente, a natureza dos sistemas eleitoral e partidário explica as dificuldades que os presidentes enfrentaram para implementar suas agendas. *Em casos como o do Brasil, em que os partidos do presidente quase nunca desfrutam de maioria no legislativo e nos quais a indisciplina partidária é algo fora de controle, o Congresso pode bloquear as iniciativas presidenciais. O problema é que, quando o Congresso bloqueia o presidente, facilmente se produz um impasse, um e outro debilitando-se no processo*".

[86] De acordo com Amorim Neto (2002, p. 129-130), Mainwaring teria sido o primeiro a demonstrar as consequências sistêmicas e disruptivas da regra da representação proporcional adotada na legislação eleitoral. Mainwaring e outros "pessimistas" do início da década de 1990 culpariam os partidos pelas dificuldades em racionalizar o sistema de governo.

Outro autor relevante nesse "capítulo de negativas" é Bolívar Lamounier[87] cuja contribuição para o debate institucional é bastante singular. Foi integrante da Comissão Afonso Arinos reunida para apresentar um anteprojeto de constituição e organizou diversos seminários e coletâneas de artigos sobre a organização do sistema político. Foi, enfim, um dos principais divulgadores da obra de Juan Linz, no Brasil. Em diferentes ocasiões, Lamounier (1991, 1992, 1994) reiterava a necessidade de se revisitar o "débil modelo institucional" fundado ainda na década de 1930, sob três pilares: (i) corporativismo; (ii) competição política regulada segundo instituições consociativas; e (iii) presidencialismo plebiscitário. Eu me aterei a estas duas últimas características.

A proposição de Lamounier tem como pano de fundo a classificação de regimes políticos idealizada por Lijphart (2008): democracia majoritária e democracia consociativa. No modelo majoritário, o sistema político organiza a competição e o exercício do poder político segundo a regra da maioria: privilegia-se a governabilidade à custa da representatividade. Os vencedores formam o governo e os derrotados, a oposição. A lógica majoritária é o princípio governativo do parlamentarismo inglês – daí, ser apelidado de sistema de Westminster.

O segundo modelo é o consociativo ou consensual. A pretensão desse sistema é maximizar a representatividade incluindo vários pontos de entrada no sistema político. Essa organização é ideal para sociedades plurais com acentuadas clivagens éticas ou culturais. A ordem é dispersar o processo decisório, obrigando a formação de consensos mais robustos. Em termos institucionais, uma democracia consociativa agregaria representação proporcional, multipartidarismo, bicameralismo, controle de constitucionalidade e federalismo.

O presidencialismo plebiscitário pressupõe a concentração de poderes na presidência. O objetivo é garantir-lhe a centralidade no sistema político e dotá-la de meios institucionais capazes de remediar a dispersão decorrente dos traços consociativos do regime (LAMOUNIER *et al.*, p. 23-24). Como é eleito diretamente, e em todo o território nacional, o presidente deve deter capital político suficiente para conferir coerência e racionalidade à cadeia decisória entrecortada de pontos de veto:[88] "o

---

[87] Limongi, Almeida e Freitas (2015), neste capítulo, repassam o percurso teórico da ciência política brasileira, desde o paradigma da sociologia política, até o do neoinstitucionalismo. Neste roteiro bibliográfico, a participação de Bolívar Lamounier é destacada como um neoinstitucionalista *avant la lettre*.

[88] Para Lamounier (1994, p. 38): "Assim, visto globalmente, o mecanismo baseia-se em numerosos vetos e contrapesos, tal como nas democracias consociativas europeias e, ao mesmo tempo, na expectativa ilusória e tipicamente subdesenvolvida de que os impasses

antídoto à fragmentação das forças políticas foi sempre procurado no reforço do Executivo federal" (LAMOUNIER *et al.*, 1993, p. 25).

A história política brasileira, no entanto, teria demonstrado a absoluta impropriedade desse arranjo institucional. A estruturação do tripé seria "gravemente problemática" (LAMOUNIER *et al.*, 1993, p. 25) e responsável pela "síndrome da paralisia hiperativa" (LAMOUNIER, 1994, p. 27) vivida nas décadas de 1980 e 1990. O fenômeno da "paralisia hiperativa" resumiria uma incapacidade de se identificarem as questões-chave e de se estabelecer uma agenda política capaz de resolver esses problemas.[89]

Do ponto de vista institucional, Lamounier (1994, p. 40) enfatizava a precariedade e a fragilidade do sistema partidário brasileiro para constituir uma maioria congressual a favor da agenda presidencial. Ao presidente impossibilitado de reverter sua condição de minoritário, restaria agir de forma imperial à revelia do próprio Poder Legislativo. "Invertebrado", o sistema partidário não desempenharia, com eficiência, sua função de anteparo ao "cesarismo" presidencial (LAMOUNIER, 1994, p. 43-45).

Por último, refiro-me a Shugart e Carey (1992) por desenvolveram uma inédita e extensa pesquisa comparada sobre o presidencialismo e suas diversas conformações institucionais. A propósito, a sinalização dessa variação institucional permitiu uma guinada no campo e serviu como um ponto de partida para a literatura revisionista – dita "otimista".[90] A reviravolta, em termos singelos, pode ser assim sintetizada: não havia um modelo ideal e uniforme de presidencialismo em contraposição a um modelo ideal e uniforme de parlamentarismo. Caberia, portanto, aos analistas observar, com atenção, as variações internas adotadas em cada um dos sistemas (SHUGART; CAREY, 1992, p. 1-2;43).

---

daí resultantes podem ser neutralizados ou superados pelo presidente, na medida em que este é a encarnação do *povo*".

[89] A paralisia hiperativa era descrita nos seguintes termos: "Desde o início da década de 1980, o Brasil tem vivido sob o que se pode chamar de *paralisia hiperativa*: uma síndrome de governabilidade em declínio, causada por um sentimento generalizado de insegurança entre as elites do país a respeito de sua coesão e legitimidade e agravada por uma tendência equivocada a querer solucionar o problema sobrecarregando constantemente a agenda política [...] *As origens mais profundas deste fenômeno encontram-se, como veremos adiante, na debilidade do sistema partidário brasileiro, na fragilidade da arquitetura institucional do país,* e mesmo em alguns traços notavelmente utópicos de nossa emergente cultura política democrática" (LAMOUNIER, 1994, p. 31; 33, grifo nosso).

[90] Nesse sentido, cito Cheibub (2007, p. 5), Figueiredo e Limongi (2007, p. 148), Melo e Pereira (2013, p. 28) e Power (2010, p. 21).

Com base nos estudos empíricos, os autores não viam a adoção do presidencialismo como impertinente ou tendencialmente crítica. Para eles o fundamental era compreender como está estruturada a relação entre executivo e legislativo. A depender dessa variável, seria possível estimar, em termos probabilísticos, qual seria o desempenho governativo de um dado sistema.

Na tipologia sugerida por Shugart e Carey (1992), o regime democrático seria mais instável, se o presidente detivesse muitos poderes, legislativos ou governativos, respectivamente: (i) possibilidade e extensão do poder de veto (parcial ou total; absoluto ou relativo); poderes legislativos unilaterais; iniciativa exclusiva para a propositura de projetos de lei; poderes orçamentários; e poder para convocar instrumentos de democracia direta (plebiscito e referendo); e (ii) nomeação e demissão de ministros; possibilidade de o gabinete ser objeto de censura parlamentar; e poder de dissolver o Poder Legislativo (SHUGART; CAREY, 1992, p. 148-155).

O presidencialismo brasileiro instituído em 1988 foi justamente um dos recordistas na escala adotada pelos autores. O resultado seria uma menor propensão do executivo em cooperar com o Legislativo; inversamente, seria esperada uma tendência à cooperação, quando presidentes detivessem poucas prerrogativas.[91] Apesar de reconhecidamente nuançadas, as conclusões de Shugart e Carey (1992) corroboram a tônica conflitiva alinhavada por Linz.[92]

Essa amostra exemplifica o consenso então vigente sobre instituições políticas até meados da década 1990.[93] Em relação ao sistema

---

[91] Conforme Melo e Pereira (2013, p. 30): *"The bottom line of the analytical perspective inaugurated by Shugart and Carey (1992) is that not all presidential regimes are prone to institutional crises. Crises tend to occur in contexts of multipartism – particularly those with large effective number of (undisciplined) parties – where presidents tend not to count on the support of a stable majority. This is a fortiori true if presidents enjoy significant constitutional powers. Therefore, in this line of analysis, it is the combination of the degree of partisan powers of presidents – the extent to which they can count on stable majority – and theirs constitutional powers that determine the propensity to governance crises. Where presidents have few constitutional powers but strong partisan powers, this propensity is significantly lowered".* Curiosamente, Chile e Brasil compunham o quadro das democracias presidencialistas em que Poder Executivo detinha o maior número de competências. Os dois países, no entanto, tornaram-se exemplos de estabilidade e eficiência governativa (MELO; PEREIRA, 2013, p. 3).

[92] Nesse sentido, cito Cheibub (2007, p. 5) e Freitas (2016, p. 27).

[93] Conforme Power (2010, p. 19): *"It is fair to say that in their skepticism about the adequacy of national political institutions, these Brazilian scholars were joined by the majority of the country´s opinion makers and journalistic establishments. The arguments of both Brazilian and Brazilianists critics alleged several key deficiencies: party fragmentation leading to permanent minority presidentialism, internal weakness of the parties, an electoral system inhibiting democratic accountability, and robust federalism and the concomitant 'excess of veto players'".*

brasileiro, vaticinava-se senão a ruptura democrática um estado permanente de crises. As presidências de José Sarney e Fernando Collor de Mello seriam a inequívoca materialização de um desenho institucional problemático e fadado ao fracasso: incapacidade de suplantar as sucessivas crises econômicas e de aprovar reformas e a instabilidade política configurada no *impeachment* de Collor de Mello, em 1993. A Constituição de 1988 caminhava para repetir o cenário da experiência democrática anterior.

Tudo isso comprovaria, segundo Power (2010, p. 23), duas proposições implícitas ao modelo de Linz: (i) o Poder Executivo não seria compartilhável e as (ii) coalizões interpartidárias seriam raras no presidencialismo, com o Poder Legislativo atuando como um renitente *veto player*.[94]

3.2 A reavaliação teórica e empírica do presidencialismo de coalizão

A reversão deste consenso pessimista deve-se, em especial, a Fernando Limongi e Argelina Figueiredo cujos artigos publicados ao longo da década de 1990 seriam compilados em livro, em 1999.[95] A perplexidade e o prenunciado apocalipse não se confirmaram: particularmente com o sucesso do Plano Real, as bem-sucedidas reformas constitucionais na presidência de Fernando Henrique Cardoso e sua sucessão por um partido oposicionista, com a eleição de Luiz Inácio Lula da Silva, em 2002.

O consenso então hegemônico foi contraditado teórica e empiricamente. O êxito revisionista consistiu em analisar o funcionamento do processo decisório e revelar as bases institucionais da relação entre executivo e legislativo. O "segredo eficiente" do modelo de separação de poderes recém-adotado consistia na articulação de um complexo de normas constitucionais, legais e regimentais até então subteorizada.

A identificação desse complexo permitiu distinguir as bases institucionais dos modelos de 1946 e 1988. Embora formalmente semelhantes,

---

[94] Embora a Constituição de 1934 possuísse elementos institucionais similares aos dos textos de 1946 e 1988, a brevidade daquele regime, somado à inexistência de partidos políticos nacionais, torna difícil a comparação. Sobre os partidos políticos, cuja abrangência nacional passou a ser exigida com o Decreto-Lei nº 7586/1945, Franco (1980, p. 79; 82) e Motta (2008, p. 65; 90).

[95] Amorim Neto (2002, 2006) e Santos (2003) também tiveram participação decisiva nesta fase.

os dois sistemas presidencialistas eram rigorosamente distintos. A partir de 1988, houve uma expressiva ruptura, até então desapercebida,[96] em dois pontos essenciais. Em primeiro lugar, a CRFB/1988 garantiu ao chefe do Poder Executivo competências legislativas e governativas suficientes para torná-lo o principal "legislador *de jure* e de fato" do país. Em segundo lugar, o processo legislativo foi submetido a uma racionalização decisória:[97] às lideranças partidárias e aos órgãos-chave das casas legislativas foram atribuídas prerrogativas regimentais capazes de organizar, centralizar e coordenar a atividade legislativa. Os partidos políticos mostraram-se a unidade de referência do processo decisório. Ao se analisar a dinâmica intramuros[98] do processo decisório, foi revelada uma realidade desconhecida.

O novo consenso teórico na literatura da ciência política formou-se a partir da análise das bases institucionais da relação entre executivo e legislativo. Além da crítica teórica, a pesquisa empírica confirmou a capacidade de o presidencialismo multipartidário de formar maiorias estáveis e gerar governabilidade. A despeito de ser minoritário, o Poder Executivo mostrou-se consistentemente capaz de aprovar sua agenda, atingindo taxas de sucesso e de dominância equiparáveis às dos sistemas parlamentaristas.

3.2.1 As bases institucionais do presidencialismo de coalizão

A simples nomeação de um sistema de governo como presidencialista ou parlamentarista não permite antecipar a estratégia, a lógica e os possíveis resultados da relação entre Executivo e Legislativo (HUBER, 1996b; SHUGART; CAREY, 1992). Essa premissa está assentada desde o trabalho de Shugart e Carey (1992): as múltiplas variações internas do processo decisório importam. Deve-se, portanto, procurar a base institucional do presidencialismo brasileiro. Figueiredo e Limongi (1999, p. 22) explicam que duas causas correlacionadas explicariam a eficiência do presidencialismo. A concentração de poderes legislativos

---

[96] Curiosamente, o projeto coordenado por Argelina Figueiredo e Fernando Limongi foi apelidado de "terra incógnita" (FIGUEIREDO; LIMONGI, 1999, p. 7).
[97] O fenômeno da "racionalização" do processo legislativo foi estudado por Huber (1996a, p. 9-11), com base no regime político instaurado com a Quinta República na França. Este autor chama atenção para as instituições organizadoras do processo legislativo e como elas conformam as estratégias dos agentes políticos.
[98] A expressão é de Power (2010).

na presidência e a centralização do processo de tomada de decisão no interior das casas legislativas tornaram possível a aprovação da agenda política da coalizão governante.

O enfoque da subseção, a seguir, é descrever e analisar (i) as competências atribuídas constitucionalmente ao Poder Executivo e (ii) a organização constitucional e regimental do processo legislativo.

3.2.1.1 As prerrogativas institucionais da presidência

As competências presidenciais são bidimensionais. A CRFB/1988 concede ao presidente o direito de nomear e de destituir livremente os seus ministros.[99] O Senado Federal detém competência apenas para aprovar a nomeação de autoridades listadas no art. 52, III. A formação de seu ministério, independentemente do aval do Poder Legislativo, é regra comum aos regimes presidenciais, embora não o seja, por exemplo, no caso dos Estados Unidos.[100] O Poder Legislativo também não é competente para censurar e destituir um ministro.[101] Além disto, o presidente pode distribuir recursos orçamentários aos parlamentares. Retornarei, mais adiante, a essas ferramentas, ao analisar a formação das coalizões partidárias.

---

[99] Conforme está previsto no Art. 84, I, da CRFB/1988. A discricionariedade do Presidente da República para nomear seus ministros e dirigentes de órgãos estatais tem sido restringida recentemente. A Lei 13.848, de junho de 2019 (BRASIL, 2019a), e a Lei 13.303, de junho de 2016 (BRASIL, 2016a) estabeleceram critérios para a composição de órgãos diretores de agências reguladoras, empresas públicas, sociedades de economia mista e suas subsidiárias federais. O STF, em casos recentes, tem determinado a suspensão do ato de nomeação de ministros de estado. Na Medida Cautelar em Mandado de Segurança 34.070/DF (BRASIL, 2020a) e Medida Cautelar em Mandado de Segurança 34.071/DF (BRASIL, 2020b), o Ministro Relator Gilmar Mendes deferiu a medida cautelar para suspender a eficácia do ato de nomeação de Luiz Inácio Lula da Silva para o cargo de Ministro-Chefe da Casa Civil, em razão de constatar "não apenas os elementos objetivos do desvio de finalidade, mas também a intenção de fraudar". Na Medida Cautelar da Reclamação 29.508/DF (BRASIL, 2018c), a então Presidente do STF Ministra Cármen Lúcia determinou a suspensão do ato de posse de Cristiane Brasil Francisco no cargo de Ministra do Trabalho. Nos dois casos, nenhum dos nomeados viria a ser empossado. Por fim, no Mandado de Segurança 37.097 (BRASIL, 2020d), o Ministro Relator Alexandre de Moraes determinou a suspensão da eficácia do ato de nomeação e posse de Alexandre Ramagem Rodrigues para o cargo de Diretor-Geral da Polícia Federal "uma vez que o *fumus boni iuris* está comprovado pela instauração, no âmbito do Supremo Tribunal Federal, de inquérito para apuração de eventuais práticas de crimes relacionados, inclusive, à própria nomeação futura do comando da Polícia Federal, e o *periculum in mora* correspondente à irreparabilidade do dano [...]".

[100] Shugart e Carey (1992, p. 110) citam ainda os exemplos da Coreia do Sul, da Nigéria e das Filipinas.

[101] A CRFB/1988 atribui ao Senado Federal a competência privativa de julgar determinadas autoridades acusadas de cometer crime de responsabilidade. Esta competência, contudo, difere da censura pura e simples.

O grau e a extensão de poderes legislativos atribuídos à presidência são uma característica bastante relevante do texto constitucional. Essa é uma das diferenças mais decisivas entre as Constituições de 1946 e de 1988. Com efeito, o desenho institucional da presidência extraído da Constituição de 1988 se aproxima mais do modelo vigente na última experiência ditatorial.[102]

O presidente dispõe de inúmeras prerrogativas constitucionais para influir no processo legislativo: (i) iniciativa de lei (ordinária, complementar ou emenda constitucional); (ii) iniciativa exclusiva em matéria administrativa e orçamentária;[103] (iii) requisição unilateral de urgência legislativa;[104] (iv) edição de medida provisória;[105] (v) veto parcial e total;[106] e (vi) solicitação de delegação legislativa.

Esses instrumentos, isolados ou combinados, "determinam o poder de agenda do chefe do Executivo, entendendo-se por agenda a capacidade de determinar não só que propostas serão consideradas pelo

---

[102] É a posição de Figueiredo e Limongi (1999, p. 20; 41) e de Sampaio (2007, p. 157).

[103] O poder de iniciativa presidencial está definido, genericamente, no *caput* do art. 61, e privativamente no §1º, do mesmo artigo. Em relação à legislação orçamentária, a prerrogativa presidencial está prevista no art. 84, XXIII e no art. 165, todos da CRFB/1988. A respeito desta última, ainda, mencione-se a restrição imposta pela Constituição para se apresentar emenda que aumente a despesa nos projetos de iniciativa exclusiva do presidente, salvo nas hipóteses do art. 164, §§3º e 4º. Ademais, a sessão legislativa não será interrompida até se conclua a aprovação do projeto de lei de diretrizes orçamentárias, segundo o art. 57, §2º.

[104] O art. 64, §§1º e 2º, da CRFB/1988 autoriza o presidente a requerer urgência na apreciação dos projetos de sua autoria. Com isso, compele-se o Legislativo a apreciar projetos de iniciativa presidencial, em prazo mais restrito, sob pena de sobrestamento das demais deliberações legislativas, excluídas aquelas que têm prazo constitucional determinado. Mencione-se que, apenas excepcionalmente, as proposições legislativas estão submetidas a prazo. O regime de urgência também restringe o direito parlamentar de apresentar emendas à proposição, nos termos do §3º, art. 64. Conforme esclarece Santos (2003, p. 70, grifo nosso): "O direito de *requerer urgência* para seus projetos, por sua vez, *confere ao presidente recurso de enorme valor em se tratando da atividade parlamentar: tempo*. Tramitação em regime de urgência significa que o pronunciamento da Câmara sobre determinada matéria deve ser feito em prazo estipulado legalmente".

[105] Com a promulgação da Emenda Constitucional nº 32/2001, o rito de tramitação das medidas provisórias foi alterado, com a intenção de impedir sucessivas reedições como ocorria durante a vigência do texto original da Constituição. A reforma permitiu o sobrestamento de todas as demais deliberações caso a medida provisória não fosse apreciada no prazo de quarenta e cinco dias da data de sua publicação. O chamado trancamento de pauta seria revisto pela própria Câmara dos Deputados, por meio da Questão de Ordem nº 411/2009. Nesta ocasião, o Presidente da Câmara dos Deputados, Deputado Michel Temer, restringiu o trancamento às deliberações que pudessem ser objeto de medida provisória. Com isso, a tramitação de projetos de lei complementar ou de matérias de competência exclusiva daquela casa legislativa não ficaria comprometida.

[106] Importante destacar que a sanção ou veto não são etapas do processo legislativo das propostas de emenda à Constituição.

Congresso, mas também quando o serão" (FIGUEIREDO; LIMONGI, 1999, p. 23).

Como argumentei anteriormente, (ANDRADA, 2016, p. 114), em concordância com Figueiredo e Limongi (1999, 2007) e Santos (2003), esse complexo de poderes legislativos tem função estratégica no processo decisório. A iniciativa exclusiva,[107] por exemplo, dá o privilégio ao presidente de manter o *status quo* legislativo em determinadas matérias. As medidas provisórias revertem os custos decisórios e avocam para a presidência o ônus sobre matérias complexas.[108]

Essas competências não devem ser interpretadas como uma subjugação do legislativo ao executivo. O presidente continua dependente da maioria congressual para aprovar seus projetos ou para manter seu veto (SAMPAIO, 2007, p. 158).

Postas em perspectivas, as prerrogativas presidenciais receberam tratamento constitucional diverso no regime de 1946 e durante o período da ditadura militar. Promulgada após o colapso do Estado Novo, a Constituição de 1946 concebia um Poder Executivo com pouca capacidade de influir no processo legislativo.[109] O chefe do executivo não dispunha de instrumentos legislativos capazes de inovar unilateralmente a ordem jurídica, como o decreto-lei ou a medida provisória.[110]

---

[107] O entendimento jurisprudencial de que a sanção presidencial não convalida o vício de iniciativa reforça, neste ponto, o Poder Legislativo do presidente. Decisões nas Ações Diretas de Inconstitucionalidade nº 1381 (BRASIL, 2014) e 2.867 (BRASIL, 2007) afastaram a aplicação da Súmula nº 5, cujo enunciado afirmava que "a sanção do projeto supre a falta de iniciativa do Poder Executivo".

[108] Nesse sentido Figueiredo e Limongi (1999, p. 26), esclarecem: "porque a edição de uma medida provisória implica a imediata alteração do *status quo*. Ao analisá-la, o Congresso não opta entre o *status quo* anterior (SQ) e aquele a ser produzido pela promulgação da medida (SQmp), mas sim entre SQmp e uma situação em que a MP é rejeitada após ter vigorado e surtido efeito (MPrej). Digamos que para a maioria dos legisladores a seguinte relação de preferência seja verdadeira: SQ> SQmp> MPrej, onde o símbolo > significa 'é preferido a'. Logo, a maioria aprova a MP. Se fosse introduzida como um projeto de lei ordinária, a MP seria rejeitada. Por surtir efeito no ato da sua edição, o recurso à edição de MPs é uma arma poderosa nas mãos do Executivo. Os congressistas podem ser induzidos a cooperar".

[109] Abranches (2018b, p. 40) afirma que o modelo então concebido pretendia evitar que o presidente pudesse aprovar reformas institucionais ou alocar recursos orçamentários, sem o apoio dos congressistas. Fez isto, impondo limitações à influência do Poder Executivo no processo legislativo e conferindo autonomia ao legislativo para se imiscuir na política orçamentária.

[110] Conforme esclarece Amaral Júnior (2012, p. 93;105), até a CRFB/1988, somente as Constituições de 1937 e 1967 permitiam ao presidente inovar unilateralmente o ordenamento jurídico, por meio do decreto-lei. Ferreira Filho (2009, p. 167) cita a possibilidade de delegação legislativa no período de 1961 a 1963, quando estava em vigor a emenda parlamentarista.

A iniciativa exclusiva também era restrita[111] e inexistia o pedido de urgência legislativa. A debilidade institucional da presidência dificultava a coordenação do processo decisório.[112] A inexistência de delegação legislativa ao Poder Executivo e um processo legislativo disperso explicariam as baixas taxas de dominância e de sucesso dos presidentes do período. Essa discrepância se torna ainda mais óbvia se comparadas as taxas obtidas pelos presidentes eleitos durante a vigência da CRFB/1988 (FIGUEIREDO; LIMONGI, 2007, p. 156-157; SANTOS, 2007, p. 45-46).[113]

Essa característica do presidencialismo de 1946 deve ser contextualizada. Diversos atores políticos, desde a assembleia constituinte, alertaram para o descompasso entre o texto constitucional debatido e as tendências constitucionais sobre a necessidade de delegação legislativa ao Poder Executivo (PESSANHA, 2002, p. 164).[114] Trigueiro (1959, p. 73) lamentava ser o direito constitucional brasileiro "uma exceção retardatária".

Uma tentativa de reversão surge, em 1956, quando o então Ministro da Justiça Nereu Ramos instaura uma comissão especial de juristas[115] para, entre outras medidas, apresentar sugestões de reforma ao

---

[111] A redação original do §1º, do art. 67, da Constituição de 1946, atribuía à Câmara dos Deputados e ao Presidente da República a iniciativa de projetos de lei sobre todas as matérias financeiras. O inciso XVI, também em sua redação original, do art. 87, dispunha que o Presidente deveria enviar à Câmara dos Deputados, dentro dos dois primeiros meses da sessão legislativa, a proposta orçamentária.

[112] Para Pessanha (2002, p. 166): "A Constituição de 1946 foi a nossa Carta parlamentar por excelência. A participação do Legislativo na iniciativa legal foi ampla e diversificada. Apesar dos registros de uso indevido do poder regulamentar pelo Executivo, durante sua vigência foi aprovado o maior número de leis de iniciativa do Poder Legislativo [...]".

[113] A pesquisa desenvolvida por Figueiredo e Limongi (2007, p. 156-157) indica uma taxa média de sucesso de apenas 29,5% para os presidentes do período iniciado em 1946. O Presidente Getúlio Vargas atingiu a maior marca individual: aprovou 50% dos projetos apresentados. A taxa geral de sucesso para o período posterior à 1988 é 75,8%. Até a consolidação dos dados da pesquisa – encerrada durante o primeiro mandato do Presidente Luiz Inácio Lula da Silva – somente o Presidente Fernando Collor manteve-se abaixo da média, 65,93%. A taxa de dominância do executivo também é bastante destoante em termos comparados: 38,5% para o período entre 1946 e 1964 e 83,3% de 1998 até 2007.

[114] Pessanha (2002, p. 164) menciona as críticas feitas por Hermes Lima, Miguel Reale, Victor Nunes Leal e Themistocles Cavalcanti. Hermes Lima, designado pela Comissão de Juristas instaurada em 1956 para propor reformas constitucionais, cita ainda Afonso Arinos de Melo Franco, Bilac Pinto, Pontes de Miranda e João Mangabeira como defensores da inevitabilidade das delegações legislativas ao Poder Executivo.

[115] Tratava-se comissão composta por San Tiago Dantas, Carlos Medeiros Silva, Antônio Gonçalves de Oliveira, Francisco Brochado da Rocha e Hermes Lima. A comissão propôs onze emendas, para as mais distintas áreas: discriminação de rendas, competência da política federal, elaboração orçamentária, maioria absoluta para a eleição do presidente e

capítulo do processo legislativo de modo a torná-lo "mais consentâneo com a eficiência da ação do Congresso".[116] As sugestões encaminhadas pela relatoria, a cargo de Hermes Lima, no entanto, não foram implementadas pelo Poder Legislativo fato lamentado em suas memórias (LIMA, 1974, p. 170).

Segundo Limongi (2008, p. 36-37) a proposta da Emenda Constitucional sugerida pela comissão especial atestaria "a maré montante das críticas à Carta de 1946". Após dez anos de vigência do texto constitucional, a limitação do Poder Executivo deixava de ser a preocupação central daquela elite política e o objetivo seria tornar mais eficientes o processo decisório e a relação entre Executivo e Legislativo.

Essas discussões reverberariam, segundo Limongi (2008), nos trabalhos constituintes em 1987-1988, quando os parlamentares teriam observado a prática antecedente – a democrática e a ditatorial –, ao assentar as regras do processo decisório e das relações entre Executivo e Legislativo.[117]

Como os críticos da Constituição de 1946 argumentavam, a delegação de poderes legislativos no Executivo, era uma tendência crescente no constitucionalismo latino-americano, já na segunda metade do século XX. A pesquisa elaborada por Negretto (2013, p. 17) confirma essa percepção. Compilando dados sobre as reformas constitucionais realizadas entre os países latino-americanos no período entre 1900 e 2008, distingue-se a configuração de um desenho híbrido para o

---

vice-presidente da República, coincidência dos mandatos eletivos federais, competência do STF, nos recursos ordinário e extraordinário, estágio de juízes de carreira, desapropriação por interesse social e, por último, reversão dos militares ao serviço ativo.

[116] Trigueiro (1959, p. 63-64) faz o seguinte balanço dos trabalhos da comissão e lista as quatro inovações sugeridas: "(i) exigência de maioria qualificada para a aprovação de emenda a projeto de iniciativa presidencial, (ii) aprovação, em globo sem possibilidade de emenda em plenário, de projetos elaborados por comissões especiais das casas do congresso, (iii) a aprovação presumida de projetos elaborados pelo governo, por incumbência especial do congresso e (iv) a aprovação presumida dos projetos de iniciativa presidencial, quando sobre eles as casas do congresso não se pronunciem dentro de prazo determinado".

[117] Em sentido similar, Melo e Pereira (2013, p. 12-13): *"the underlying rationale for the high level of delegation of powers to the executive branch in the 1988 Constitution was to prevent the same institutional instability and deadlock/paralysis between Congress and Executive that had characterized the postwar populist Era (1946-1964). The majority of legislators learned from that period – as they did from the 22 years of dictatorship that followed it – that an institutionally weak president would not survive without a capacity to govern, to enforce the agenda. Legislators decided not to change the electoral rules; that is, not to reform the PR open-list system in the new constitution, because it would create too much uncertainty with respect to legislators' electoral survival".*

presidencialismo (NEGRETTO, 2018).¹¹⁸ Na América Latina, os países paulatinamente reforçavam os poderes legislativos do presidente, enquanto incorporavam regras eleitorais mais inclusivas (NEGRETTO, 2013, p. 17). Esses "poderes governamentais" sempre foram uma nota particular do presidencialismo latino-americano, se comparado ao padrão norte-americano (NEGRETTO, 2013, p. 34-35). Historicamente, os presidentes na América Latina dispuseram de maior autonomia para formar, coordenar e alterar seu ministério. Os presidentes latino-americanos têm também adquirido consistentemente poderes legislativos capazes de intervir na agenda legislativa. Essa ampliação da função presidencial foi recorrentemente introduzida nos textos constitucionais durante períodos autoritários. Contudo, foram mantidos mesmo após os processos de redemocratização (NEGRETTO, 2013, p. 39).¹¹⁹

No caso brasileiro, o reforço institucional da presidência se daria com a ruptura do regime político de 1946 e a instauração da ditadura militar. Daquele momento em diante, as prerrogativas constitucionais do presidente se ampliaram às expensas do Poder Legislativo – com os sucessivos atos institucionais, emendas à Constituição de 1946 e, finalmente, com a edição das Constituições de 1967 e 1969. A medida mais sintomática teria sido o ressurgimento do decreto-lei, instrumento utilizado na vigência do Estado Novo (1930-1945). Reintroduzido com o Ato institucional nº 2, o decreto-lei seria constitucionalizado em 1967 e mantido em 1969.¹²⁰ Com a Constituição de 1969, foi ampliada a iniciativa exclusiva do presidente e restringido o direito parlamentar de apresentar emendas às proposições legislativas.

3.2.1.2 A organização do processo legislativo

O segundo eixo da racionalização do presidencialismo de coalizão é o regramento do processo legislativo. Editado logo após a promul-

---

[118] Negretto (2018) define como "desenho híbrido" este movimento concomitante e contraditório que, de um lado, dificulta a formação de coalizões majoritárias no Legislativo, com a adoção de regras eleitorais mais inclusivas, e aumenta o controle do Poder Executivo; e de outro lado, concede crescentemente ao presidente poderes governativos e legislativos.

[119] Nesse sentido vide: Cheibub, Elkins e Ginsburg (2011).

[120] Para uma comparação entre o decreto-lei e a medida provisória vide: Amaral Júnior (2012, p. 218; 229) e Clève (2010, p. 49-59). Arguelhes (2014) reconstitui as primeiras decisões do STF sobre medidas provisórias e mostra o diálogo desenvolvido pelo tribunal com a sua própria jurisprudência a respeito do instituto do decreto-lei.

gação da CRFB/1988, o Regimento Interno da Câmara dos Deputados (RICD)[121] possui duas premissas: (i) centralização do processo decisório na presidência e mesa diretora[122] e nas lideranças partidárias e no colégio de líderes;[123] e (ii) a indicação dos partidos políticos como unidade de referência para organização das atividades legislativas.

Conforme tem demonstrado a literatura especializada, a centralização organizacional dos trabalhos legislativos é peça-chave para compreender como a maioria está habilitada, regimentalmente, a aprovar as iniciativas do executivo. A organização das atividades está a cargo da mesa diretora e das lideranças partidárias. A definição de quais, como e quando as propostas irão a deliberação está também a cargo desses atores (FIGUEIREDO; LIMONGI, 2007, p. 169). Em sentido oposto, a minoria legislativa e os parlamentares, tomados individualmente, têm poucos recursos regimentais para se opor à maioria ou para bloquear os trabalhos. Ao contrário da suposição dos primeiros críticos do presidencialismo de coalizão, não há evidências de o Poder Legislativo ter se constituído como um sistemático obstrutor da agenda presidencial.

De acordo com Inácio (2007, p. 203-204), a distribuição de recursos parlamentares segue uma lógica assimétrica, atribuindo-se aos líderes partidários relevantes prerrogativas regimentais. Com base nesses recursos, os líderes são capazes de controlar a agenda legislativa, distribuir postos, definir o contexto decisório das deliberações e votações e delimitar a participação dos parlamentares nas discussões (INÁCIO, 2007, p. 209).

Fernando Vieira (2018, p. 92; 115) aborda os principais procedimentos do processo decisório de elaboração legislativa, listando-os

---

[121] O atual RICD foi aprovado em 21 de setembro pela Resolução nº 17, de 1989. (BRASIL, 1989).

[122] O art. 14 do RICD confere à mesa-diretora a direção dos trabalhos legislativos. Sua composição, nos termos do art. 58, §1º, da CRFB/1988, obedecerá, tanto quanto possível, a *representação proporcional dos partidos ou dos blocos parlamentares* constituídos naquela Casa. (BRASIL, 1988, grifo nosso).

[123] O colégio de líderes é uma instância deliberativa composta, nos termos do art. 20, do RICD, pelos líderes da maioria, da minoria, dos partidos, dos blocos parlamentares e do governo. Suas deliberações, sempre que possível, serão tomadas consensualmente entre seus integrantes; caso isto não seja possível, prevalecerá o critério da maioria absoluta, ponderados os votos dos líderes em razão da expressão numérica de cada bancada. Ressalte-se que o colégio de líderes, a teor da alínea "s", inciso I, do art. 17, do RICD, deverá ser ouvido pelo presidente da Câmara dos Deputados, antes de se estabelecer a agenda com a previsão das proposições a serem apreciadas no mês subsequente. Por último, Fernando Vieira (2018, p. 71; 81) relata que a experiência da assembleia constituinte, quando surgiu informalmente esse colegiado, foi determinante para a sua posterior institucionalização regimental.

em regras relativas ao controle: (i) da agenda do plenário; (ii) das alterações das proposições iniciais (emendas, destaques e processamento da votação); e (iii) das votações em plenário. Em todas essas etapas, a presidência da casa e as lideranças partidárias podem manipular as regras procedimentais de modo a fixar estrategicamente os custos decisórios de cada deliberação.

Em relação ao controle da agenda do plenário, o presidente, após ouvidos os líderes partidários, detém a prerrogativa de elaborar a agenda mensal de deliberações do plenário. Os líderes podem requerer que se retirem da pauta determinadas proposições ou podem obstruir uma votação, mitigando o poder da presidência da casa, respectivamente, art. 117, VI, e art. 82, §6º, do RICD (VIEIRA, F., 2018, p. 95).

Outra prerrogativa das lideranças é a requisição de urgência ("urgência urgentíssima") para incluir de forma automática, uma proposição na ordem do dia da sessão imediata (art. 153 a 157, do RICD) A adoção do regime de urgência modifica as regras de apresentação de emendas no plenário e concede à presidência a prerrogativa de apontar o novo relator (e com isso controlar o conteúdo do parecer).[124] Fernando Vieira (2018, p. 97) menciona, ainda, a prerrogativa do presidente da Câmara de convocar sessões deliberativas, ordinárias ou extraordinárias. Por meio desse expediente, o presidente pode impedir o funcionamento das comissões, evitar a apreciação de matérias previstas para a pauta ordinária, escolher as proposições a serem discutidas em cada sessão e definir o horário de votação.

A criação de comissões especiais também é um instrumento de controle de agenda concedido pelo RICD ao presidente e aos líderes partidários. Essas instâncias, definidas no art. 34, do RICD, são instituídas para apreciar: (i) propostas de emenda à Constituição e projetos de código e (ii) proposições sob a competência de mais de três comissões (para pronunciar sobre o mérito). Ao se utilizar esse recurso regimental, altera-se o conjunto de parlamentares inicialmente designados para de-

---

[124] Segundo Fernando Vieira (2018, p. 96), "A concessão do regime de urgência dá, por si só, aos líderes maiores poderes de influenciar a pauta, em detrimento das comissões, por exemplo, e de controlar as alterações ao texto das proposições, por meio das emendas de plenário que passam a depender de apoiamento coletivo, ao mesmo tempo em que confere ao presidente da Câmara maiores poderes para influenciar o mérito das matérias por meio da indicação de relatores de plenário em substituição às comissões e do controle de votações. Assim, esse instrumento regimental funciona em duas etapas: a primeira, a concessão da urgência, que depende basicamente dos líderes; a segunda, a votação da matéria em plenário, que é fortemente condicionada à concordância do presidente quanto à oportunidade de sua inclusão na ordem do dia".

liberar sobre a proposição. O objetivo é assegurar maior controle sobre o parecer a ser dirigido ao plenário para votação (VIERA, F., 2018, p. 98).

Em relação ao controle das alterações das proposições iniciais, Fernando Vieira (2018, p. 101) classifica as regras em três tipos: (i) poder para apresentar emendas às proposições; (ii) prerrogativa para apresentar destaques para votação em separado; e (iii) disciplina do processamento de votação.

Sobre o primeiro item, líderes podem restringir o direito do parlamentar de apresentar emendas, em especial remetendo a matéria à deliberação do plenário. Fazem-no por meio da adoção do regime de urgência (art. 155, do RICD)[125] e do recurso contra apreciação conclusiva das comissões (art. 58, RICD). Por último, Fernando Viera (2018, p. 105) cita a autorização regimental concedida ao presidente da Câmara, nos termos do art. 125 do RICD, de rejeitar, discricionariamente, emendas cujo conteúdo seja estranho ao do projeto original – os chamados "jabutis".[126]

Os destaques para votação em separado permitem aos líderes barganhar, em plenário, tanto pela obstrução como pela apresentação de propostas de modificação.[127]

Finalmente, abordamos as regras sobre o processamento da votação. Por meio deste artifício, é estabelecida a sequência de discussão das proposições em plenário, o que afeta, diretamente, as estratégias e os resultados das votações.

---

[125] Conforme explica Fernando Vieira (2018, p. 102-103): "[…] quase a totalidade dos projetos aprovados no plenário da Câmara nos últimos anos foi apreciada sob o regime de urgência, uma vez que este tem sido instrumento mais frequentemente usado pelos líderes para o controle da agenda. Sob esse regime, as emendas de plenário só podem ser apresentadas por um quinto dos membros da casa ou líderes que representem esse número (RICD/89, artigo 120, §4º). Mais ainda: havendo urgência, as emendas de plenário são examinadas por relatores indicados pelo presidente da Casa, em substituição às comissões competentes (RICD/89, artigo 157), e aquelas emendas que recebem desses relatores pareceres contrários são votados em bloco para rejeição, ressalvados os destaques (RICD/89, artigo 186) [...] os destaques são procedimento de votação fortemente controlados pelos líderes".

[126] A esse respeito vide: a ADI nº 5.127 (BRASIL, 2016).

[127] Fernando Vieira (2018, p. 107): "[…] em seu formato atual, esse procedimento permite promover vários tipos de alteração de conteúdo em matérias em votação. Além do destaque de emendas, inclusive das que tenham sido rejeitadas nas comissões, é possível recuperar textos apresentados em qualquer fase da tramitação, mesmo vencidos, e partes de projetos apensados. Assim, à aprovação de um texto principal, podem-se seguir dezenas de votações pontuais [...] Para os líderes, os destaques representam poderes significativos de barganha em plenário, tanto pela possibilidade de obstrução, quanto pela apresentação de propostas de modificação das proposições a serem decididas diretamente pelo voto da maioria".

A requisição de urgência pelos líderes partidários é a estratégia dominante na tramitação de projetos de iniciativa do Poder Executivo. A mudança do rito de tramitação – ordinário para o urgente – não só o abrevia, como também restringe a possibilidade de apresentação de emendas individuais, pois proposição é deliberada em plenário. Os poderes de agenda do presidente seriam inoperantes, caso não houvesse a colaboração dos líderes partidários. A cooperação entre executivo e legislativo é, portanto, a praxe e não a exceção (FIGUEIREDO; LIMONGI, 2007, p. 167-168). A menção a esses mecanismos regimentais não é irrelevante, porque o processo decisório parlamentar concentra e maximiza os poderes de agenda do presidente e de líderes (FIGUEIREDO; LIMONGI, 2007; INÁCIO, 2007; SANTOS, 2003, 2007; VIERA, F., 2018, p. 151).

A consequência desse arranjo institucional é a disciplina partidária. A literatura supunha que o comportamento dos parlamentares na arena legislativa seria inescapavelmente indisciplinado e orientado a estratégias personalistas, em função, sobretudo, dos incentivos do sistema eleitoral. A evidência empírica, contudo, se contrapõe a este argumento, porquanto as regras internas constrangem os parlamentares a agir coletivamente, e os resultados das votações são, com isso, facilmente antecipados, caso haja indicação de voto pelas lideranças partidárias.

Este não era o modelo adotado à época da Constituição de 1946, conforme argumenta Santos (2003, p. 21), pois o sistema político e o processo legislativo passaram de um sistema dispersivo e fragmentado (1946) para um concentrado e racionalizado (1988).[128] A dispersão decisória pode ser constatada pelas regras regimentais então existentes

---

[128] Santos (2003, p. 21): complementa afirmando: "[...] pretendo argumentar que o sistema político brasileiro passou por uma mudança essencial do primeiro período [1964-1988] para o segundo [1988], e a expressão conceitual mais adequada para caracterizar essa mudança é a de uma transição entre um sistema presidencialista fragmentado em facções para um sistema presidencialista de coalizão racionalizado. A referência ao estudo de John Huber é intencional: a noção de parlamento racionalizado foi usada pelo autor para explicar como a adoção de regras restritivas para a aprovação de leis relevantes conferiu previsibilidade e estabilidade à atividade parlamentar sob a Quinta República Francesa relativamente à situação vigente na Quarta República. O principal objetivo da adoção dessas regras foi, de acordo com Huber, superar os problemas de coordenação endógenos às bancadas majoritárias, que incluíam a implementação sistemática de políticas nacionais pela delegação de poderes decisórios ao Executivo". Neste quadro fragmentado: "o presidente sabe que não poderá contar com a adesão unânime dos partidos formalmente representados no ministério, pois lhe faltam instrumentos de intervenção na agenda legislativa, assim como não há em mãos dos líderes partidários prerrogativas regimentais que os permita coordenar e controlar o comportamento de suas bancadas" (SANTOS, 2007, p. 48).

(FIGUEIREDO; LIMONGI, 2007, p. 154-155; SANTOS, 2007, p. 44-45): não concentrava o poder decisório nas mãos dos líderes partidários. Àquele tempo, não havia ainda sido criado, por exemplo, o colégio de líderes, instituição auxiliar da presidência para a definição da pauta de votações. Era irrestrito o direito parlamentar à apresentação de emendas legislativas individuais. O encaminhamento de voto por parte da liderança partidária não estava previsto. A organização das comissões internas também foi modificada, haja vista a inexistência do poder conclusivo ou da formação de comissões especiais, como ocorre desde 1988.

Estes incentivos institucionais descentralizadores explicam o comportamento errático e dispersivo dos partidos políticos na arena legislativa entre 1946 e 1964. O resultado prático era o insucesso do presidente em ver aprovada a sua agenda. Mesmo integrantes de uma coalizão governativa majoritária, os partidos políticos não votavam favoravelmente às propostas encaminhadas pelo executivo, porque o estímulo era canalizado para a ação individual e não coletiva.

3.2.2 As coalizões partidárias no presidencialismo: formação, gestão e custos

O estudo sobre coalizão é um dos desdobramentos mais originais da agenda de pesquisa sobre o presidencialismo multipartidário. O referencial teórico sobre coalizão foi formulado com base no sistema parlamentarista. O presidencialismo bipartidário americano, objeto preferencial de análise, dispensa a formação de coalizão. Além disso, a própria teoria discutia se haveria incentivos institucionais para a constituição de coalizões no presidencialismo: a independência mútua entre Executivo e Legislativo desestimularia a formação dessas coalizões. Linz (1990), por exemplo, tratava como excepcional essa hipótese. Mais uma vez, a literatura reforçava o inexorável risco de paralisia decisória e o provável recurso a medidas extraconstitucionais como resposta ao impasse.[129]

A tardia consolidação do padrão presidencialista e multipartidário renovou, portanto, o campo de pesquisa. Presidentes enfrentam o mesmo problema matemático de primeiros-ministros: precisam for-

---

[129] Freitas (2016, p. 30) destaca a ruptura radical da literatura. Para uma crítica sobre a improbabilidade teórica e prática de se constituir coalizões em sistemas presidencialistas: Cheibub (2007), Figueiredo, Canello e Vieira (2012) e Cheibub, Przeworski e Saiegh (2002).

mar uma maioria congressual para aprovar sua agenda de governo. A condição minoritária[130] precisa ser revertida e o caminho é a amealhar apoio no interior do Poder Legislativo. Por essas razões, o objetivo desta subseção é discutir como o presidente alcançará essa maioria e como essa maioria atua no sistema político.

A tendência nas democracias presidencialistas contemporâneas é formar governos minoritários: o partido do presidente dificilmente ocupará a maior parte dos assentos no Poder Legislativo, e isto é verdade mesmo em um sistema bipartidário como o americano.[131] Presidentes, portanto, têm que decidir se permanecem minoritários ou se formam uma coalizão partidária majoritária. A literatura da ciência política diverge sobre os motivos que cercam a estratégia do presidente para perseguir sua agenda. Amorim Neto (2006, p. 171-172), por exemplo, argumenta que, pressupondo-se o interesse do presidente em maximizar as chances de implementar sua agenda, ele poderá adotar uma entre duas estratégias: (i) recorrer a procedimentos legislativos ordinários (projetos de lei, *lato sensu*), o que o estimula a formar gabinetes majoritários, com a distribuição de ministérios a partidos proporcionalmente ao seu peso legislativo; (ii) recorrer a instrumentos unilaterais (como medidas provisórias) o que favorece a composição ministerial minoritária, com ministros sem lastro partidário e uma distribuição de posições governamentais menos judiciosa. Em sentido oposto, Figueiredo e Limongi (1999, 2007, 2017) e Figueiredo, Canello e Vieira (2012) afirmam que o poder de agenda presidencial, especificamente, aumenta a influência

---

[130] Uma breve nota sobre a correlação entre governo minoritário, representação proporcional e multipartidarismo. Silva (1999, p. 122-123) argumenta que todo sistema eleitoral possui um efeito redutor variado do número de partidos, sendo que o majoritário é maior que o proporcional. Embora a proporcionalidade não multiplique, *per si*, o número de partidos políticos, também não gera incentivos nem favorece o bipartidarismo. Nicolau (2012, p. 94) pondera que as pesquisas empíricas convergem com a tese de que o número de partidos está associado a inúmeros fatores, e o sistema eleitoral é apenas um deles. E acrescenta que "a melhor maneira de estabelecer a associação entre sistema eleitoral e número de partidos é apresentá-la de maneira probabilística, e não determinística. Por exemplo: há uma alta probabilidade de que países que usam sistemas majoritários em distritos uninominais tenham sistemas partidários com baixa fragmentação".

[131] Chaisty, Cheeseman e Power (2018, p. 1-2) afiram haver um dupla tendência nas democracias contemporâneas: a eleição direta para o cargo de presidente e a crescente fragmentação do sistema partidário. A probabilidade de o partido do presidente possuir maioria na casa legislativa é declinante. Por essa razão, presidentes têm optado por formar coalizões para reverter o *status* minoritário. "Nas democracias parlamentaristas europeias, governos multipartidários são atônica. Coalizões têm surgido mesmo em países tradicionalmente unipartidários, como o Reino Unido" (MARTIN; VANBERG, 2011, p. 2).

que o presidente exerce sobre o processo decisório. Todavia, estes poderes não dispensam ou substituem a maioria.

Determinadas circunstâncias políticas e institucionais podem estimular presidentes a formarem governos minoritários. Quando as preferências do partido formador (no caso do presidencialismo, o partido do presidente) e dos demais partidos são próximas não há incentivo para formar a coalizão e repartir recursos de poder (CHEIBUB; PRZEWORSKI; SAIEGH, 2002, p. 189-190). Para Bertholini e Pereira (2017, p. 536), o apoio junto ao eleitorado pode ser uma variável relevante para o presidente definir sua estratégia. Presidentes com alta popularidade podem utilizar-se de uma ligação direta com o eleitorado (*going public strategy*) como artifício para formar e manter coalizões e constranger os partidos aliados a aderirem à sua agenda. Presidentes, cujo governo esteja com baixa popularidade, entretanto, teriam maior dificuldade para manter sua base de apoio, tornando a relação entre executivo e legislativo mais custosa.

Presidentes, no entanto, não são obrigados a compor maiorias, porque seu mandato independe do respaldo ou da tolerância delas.[132] Dito de outra maneira, o governo de coalizão não é uma camisa-de-força institucional. O contrário, portanto, da ausência de coalizão é um governo minoritário, e não o impasse ou o rompimento institucional.[133] A paralisia decisória só acontece porque não há uma coalizão, a favor ou contrária ao governo, disposta a alterar o *status quo* (CHEIBUB; PRZEWORSKI; SAIEGH, 2002, p. 197).

O que distingue o processo de formação de coalizões no presidencialismo e no parlamentarismo é o ponto de reversão. Comparando as possíveis consequências da formação ou não de coalizões majoritárias nos dois sistemas parlamentaristas e presidencialistas, Cheibub, Przeworski e Saiegh (2002) concluíram que

> a distinção básica está no que resultaria da não-formação de uma aliança, isto é, no 'ponto de reversão'. No parlamentarismo, o ponto de

---

[132] Retorno ao tema mais adiante, no capítulo seguinte. Observo, porém, como salientam Chaisty, Cheeseman e Power (2018, p. 2) uma das consequências da formação de coalizões partidárias é aumentar a probabilidade de um presidente concluir seu mandato. Essa afirmação é compartilhada por Hochstetler (2006), Llanos e Marsteintredet (2010) e Pérez-Liñán (2007).

[133] Segundo Przeworski, Cheibub e Saiegh (2002, p. 190) a pesquisa empírica demonstra que governos unipartidários minoritários não são menos eficientes do que governos de coalizão (majoritária ou não).

reversão é uma eleição antecipada; no presidencialismo, é uma situação em que o partido do presidente controla todas as pastas ministeriais e as políticas são estabelecidas no ponto ideal do presidente. Uma das consequências desse fato é que no parlamentarismo todos os governos têm o respaldo de uma maioria parlamentar; quando isto não acontece, ou bem se reforma a coalizão ou novas eleições devem ser convocadas. No presidencialismo, porém, um governo minoritário pode sofrer oposição de uma maioria parlamentar [...] há três resultados possíveis em sistemas parlamentaristas multipartidários: formação de uma coalizão ministerial majoritária; formação de um governo de minoria apoiado por uma maioria parlamentar; convocação de novas eleições. No presidencialismo, enquanto o terceiro resultado não é possível, uma coalizão ministerial minoritária pode se confrontar com uma maioria parlamentar (CHEIBUB; PRZEWORSKI; SAIEGH, 2002, p. 189).

Levantamento realizado por Figueiredo, Canello e Vieira (2012, p. 847) apurou uma alta incidência de governos minoritários na América Latina: quase metade dos mandatos presidenciais no período entre 1979 e 2011.[134] O Gráfico 1, a seguir, distingue seis tipos de gabinetes: (i) três unipartidários nos quais o partido do presidente monopoliza os ministérios; e (ii) três de coalizão nos quais o gabinete é compartilhado entre partidos apoiadores. Esses gabinetes serão: (a) supermajoritários, se a coalizão ou o partido do presidente ocuparem mais de 55% dos assentos legislativos; (b) majoritários, se coalizão ou partido do presidente ocuparem mais de 50% dos assentos legislativos; e (c) minoritários se a coalizão ou o partido do presidente ocuparem menos de 50% dos assentos legislativos.[135]

---

[134] Convém destacar que parte significativa destes governantes minoritários (59% dos casos) possuía entre 40 /e 50% das cadeiras no legislativo. Isto faz com que, em circunstâncias específicas, estes governantes consigam contar com o apoio legislativo majoritário *ad hoc*. (FIGUEIREDO; CANELLO; VIEIRA, 2012, p. 866).

[135] Segundo os autores, a escolha da estratégia minoritária é associada positivamente à extensão do poder de veto concedido ao Poder Executivo: "[...] o poder de veto é o principal instrumento por meio do qual o presidente que não conta com maioria legislativa formal se torna capaz de bloquear as políticas que mais se afastam de seu ponto ideal" (FIGUEIREDO; CANELLO; VIEIRA, 2012, p. 867). Outros fatores institucionais teriam efeitos negativos: (i) maior fragmentação partidária; (ii) maior extremismo do partido do presidente; (iii) maior dispersão ideológica do parlamento; (iv) partido do presidente na posição de legislador mediano; (v) maior poder de agenda (de forma agregada); (vi) e maior proximidade com as próximas eleições presidenciais.

GRÁFICO 1
Gabinetes unitários e de coalizão na América Latina (1979 a 2011)

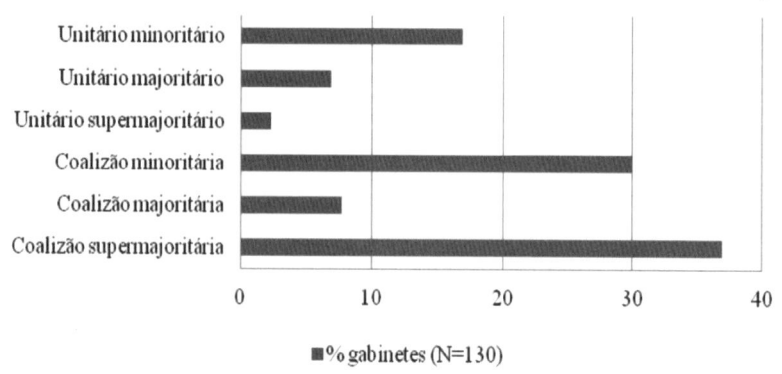

Unitário minoritário
Unitário majoritário
Unitário supermajoritário
Coalizão minoritária
Coalizão majoritária
Coalizão supermajoritária

0   10   20   30   40

■ % gabinetes (N=130)

Fonte: FIGUEIREDO; CANELLO; VIEIRA, 2012, p. 847.

Essa mesma pesquisa confirma ser dominante a decisão por formar coalizões –minoritárias ou majoritárias. Cerca de três quartos dos presidentes minoritários na América Latina adotam essa estratégia.[136] No Brasil, desde 1988, o Presidente Fernando Collor de Mello adotou a estratégia de permanecer minoritário, do início ao fim. Ensaiava a formação de uma coalizão majoritária quando surgiram as primeiras denúncias de corrupção que causariam o seu afastamento. Há registros de coalizões minoritárias no governo do Presidente Fernando Henrique Cardoso, no ano de 2002, com a saída do Partido da Frente Liberal (PFL) da base de apoio, e no governo do Presidente Luiz Inácio Lula da Silva, entre os anos de 2003 e 2004 (FIGUEIREDO; CANELLO; VIEIRA, 2012, p. 169).

A respeito do governo do presidente Jair Bolsonaro, desde o início de seu mandato, o presidente optou por permanecer minoritário e se negou peremptoriamente a organizar uma coalizão governativa majoritária. A análise das votações nominais – nas quais é possível identificar a posição do líder do governo sobre determinada proposição – ocorridas no plenário da Câmara dos Deputados, em 2019, sugere a adesão da maior parte dos partidos políticos à posição defendida pelo presidente. Com exceção de Partido Socialismo e Liberdade (PSOL), Partido dos Trabalhadores (PT), Rede Sustentabilidade (REDE), Partido

---
[136] Nesse mesmo sentido vide: Cheibub, Przeworski e Saiegh (2002) e Chaisty, Cheeseman e Power (2018).

Democrático Trabalhista (PDT) e Partido Socialista Brasileiro (PSB), os demais partidos atingem entre 70 e 90% na Taxa de Adesão ao Governo (TAG). Considerado o índice de sucesso dos presidentes em seus primeiros anos de mandato, o Presidente Jair Bolsonaro atinge a marca mais baixa: índice de 0,44.[137]

Isto posto, é preciso responder a algumas perguntas: o que é uma coalizão? Qual o objetivo dos atores políticos ao formarem uma coalizão governativa? Como é formada e gerida uma coalizão?

Coalizões são arranjos políticos e interpartidários estabelecidos para a implementação de um objetivo comum. Podem assumir duas versões (FREITAS, 2016, p. 44; LAVER; SCHOFIELD, 1998, p. 129). A primeira, chamada legislativa, se dá pela mera associação de parlamentares que votam juntos. Não há intenção de permanência ou de estabilidade. Resultam de "negociações *ad hoc* ou simplesmente de uma identidade de interesses" (FIGUEIREDO; CANELLO; VIEIRA, 2012, p. 161).

O segundo tipo é a coalizão governativa. Nessa hipótese há uma clara pretensão de estabilidade e repercussões institucionais. A premissa é o compartilhamento do processo decisório e o apoio à agenda presidencial intermediados por um duplo acordo entre os atores políticos envolvidos.[138] Freitas (2016) destaca a pretensão de estabilidade do acordo político como a nota caracterizadora da coalizão. Essa estabilidade depende de dois movimentos: (i) um acordo interpartidário, no qual o executivo se compromete a repartir recursos de poder, sobretudo pastas ministeriais, para dois ou mais partidos; e (ii) um acordo intrapartidário entre a liderança partidária e sua bancada. Coalizões são então montadas com partidos e não como indivíduos isoladamente (FREITAS, 2016, p. 44).

---

[137] Esses dados foram extraídos do pesquisador Tavares (2020), do Programa de Pós-graduação em Ciência Política da Universidade Federal do Paraná, a quem agradeço por disponibilizar o acesso ao "Banco de dados de proposições e votações nominais da Câmara dos Deputados".

[138] Operacionalmente, a literatura indica os seguintes critérios como marcos iniciais e finais de uma coalizão governativa: (i) mudança (entrada e saída) de partidos no ministério e (ii) realização de eleição geral para renovação de mandatos (FIGUEIREDO; CANELLO; VIEIRA, 2012, p. 161; FREITAS, 2016; MÜLLER; STRØM, 2000). Como Figueiredo, Canello e Vieira (2012, p. 162) esclarecem o critério partidário não se amolda tão facilmente ao sistema presidencialista como ocorre com o parlamentarista. O presidente pode indicar ministros sem apoio partidário explícito. Pode haver até mesmo, indicação de um ministro e a recusa de seu partido em apoiar o governo. Além disso, "muitas vezes é do interesse do partido manter alguma ambiguidade, especialmente quando ele é dividido" (FIGUEIREDO; CANELLO; VIEIRA, 2012, p. 165). A consequência prática é exigir do pesquisador a verificação do compromisso do partido, se um de seus membros integrar o ministério.

Presidentes e partidos políticos possuem objetivos distintos.[139] O presidente visa a maximizar as chances de aprovação de sua agenda política na arena legislativa. A opção, por formar uma coalizão governativa, pressupõe permitir o acesso de posições na burocracia estatal, em especial os ministérios. Além disso, o presidente deve compartilhar o processo decisório sobre políticas públicas e alocação orçamentária.[140] Os partidos políticos pretendem conquistar posições-chave para influenciar políticas e, com isso, maximizar suas chances eleitorais.[141] A literatura sobre coalizões tem destacado a interdependência da motivação por cargos e por políticas públicas a justificar o comportamento dos partidos políticos (FREITAS, 2012, p. 30).

Essa coalizão governativa tem implicações para os dois polos da relação entre Executivo e Legislativo. Silva (2014), por exemplo, faz uma análise da governança da coalizão no polo executivo, em estágio posterior à formação da coalizão. Sua pesquisa explica como os partidos políticos aliados influem na formulação das iniciativas legislativas encabeçadas pelo Executivo. De forma sintética, seus resultados empíricos, levaram-na às seguintes conclusões: (i) a influência no processo decisório é determinada pelo controle de um ministério; (ii) a influência varia conforme a contiguidade das preferências de presidentes e ministros; e (iii) o partido do presidente concentra a formulação da agenda legislativa, e as decisões sobre alocação orçamentária são mais compartilhadas entre os membros da coalizão (SILVA, 2014, p. 185-186).

Freitas (2016) analisou a governança da coalizão no polo legislativo, segundo à dinâmica de seu processo deliberativo. A coordenação da discussão se faz por meio da coalizão, utilizando-se dos respectivos líderes partidários. Os partidos selecionam os relatores, emendam as

---

[139] Vide Strøm e Müller (1999, p. 1; 36) e Freitas (2016) para uma revisão da literatura sobre a definição das estratégias dos partidos políticos. Em síntese, discute-se se os partidos seriam orientados a buscarem cargos, políticas ou votos.

[140] Como explicado anteriormente, o Poder Executivo possui enorme influência sobre a agenda legislativa e o exerce por meio de diversos instrumentos, como o monopólio na proposição de projetos e alterando unilateralmente a legislação. O Poder Executivo tem, também, amplo controle sobre a alocação de recursos. A ele compete a elaboração da lei orçamentária, e o Congresso pode modificá-la, sem, contudo, criar novos gastos. Além disso, o orçamento é meramente autorizativo e não impositivo, de modo que a decisão final sobre quais gastos serão de fato implementados é do executivo (SILVA, 2014, p. 82). Sobre a política orçamentária no presidencialismo de coalizão, Figueiredo e Limongi (2007).

[141] Silva (2014, p. 81) sintetiza, com precisão, as bases de troca entre presidentes e partidos: "[…] nesta transação o poder é a moeda que é traduzida em termos de apoio e influência, de forma que o presidente e os ministros trocam apoio legislativo por influência nas políticas do governo tendo em vista o ganho eleitoral".

proposições e redigem o texto final.[142] Se a coalizão é majoritária, o controle sobre sua versão definitiva aumenta; se minoritária, decresce. A razão subjacente é bastante singela: o processo legislativo é o reino da maioria.

Esses dois trabalhos, com substancial fundamento empírico, demonstram a presença e o peso da maioria tanto no Executivo e como no Legislativo.[143] A coalizão conforma o presidencialismo, e os partidos consorciados tornam-se corresponsáveis pela agenda política. Em uma analogia biológica, na proposição inicial e no resultado final está a carga genética da maioria. Coalizão, no entanto, não é sinônimo de homogeneidade.

Os seus membros têm preferências distintas, às vezes, opostas e conflitantes, e, por isso, há um permanente processo de barganha entre eles. Coalizões não pressupõem calmaria. Como argumentam Martin e Vanberg (2011), três características dos governos multipartidários podem estimular a tensão entre os membros de uma coalizão. A primeira é a necessidade de se firmar um compromisso entre integrantes que divergem entre si. A segunda é a delegação da elaboração de políticas públicas ao gabinete e à burocracia. A terceira, talvez a mais relevante de todas, é o fato de que os membros da coalizão disputam eleições separadamente.[144]

Consideradas essas peculiaridades dos governos multipartidários, é preciso mensurar o custo para a formação e a manutenção dessa aliança. Bertholini e Pereira (2017) desenvolveram o Índice de Custo de Governança (ICG), para aferir a variação entre estratégia de gerência e seus custos. Partindo dos resultados eleitorais que definem a titularidade da presidência e o número de cadeiras de cada partido no legislativo, os atores políticos passam a estabelecer contatos para a formação de uma coalizão. Presidentes têm de seguir ao menos três padrões para montar e sustentar uma coalizão: (i) tamanho da coalizão;

---

[142] Note-se, como explanado em subseção anterior, que a presidência da casa e líderes partidários possuem a prerrogativa institucional de selecionar os membros das comissões e os relatores das proposições, além da de definir o contexto decisório de determinada deliberação. Estas definições são cruciais para a tramitação de um projeto e para o controle do resultado, em termos temporais e qualitativos.

[143] Daí a razão de Figueiredo e Limongi em diversas ocasiões, falarem em "fusão de poderes".

[144] Embora sua pesquisa esteja baseada em governos multipartidários parlamentaristas, as conclusões de Martin e Vanberg (2011, p. 2-3) se adaptam às dificuldades enfrentadas em coalizões governativas em regimes presidenciais. Em sentido análogo, destacando as dificuldades de se formar e manter coalizões governativas, cito Figueiredo e Limongi (2007) e Limongi (2017) e Laver e Schofield (1998).

(ii) heterogeneidade ideológica; e (iii) alocação proporcional de poder entre os membros da coalizão.

Embora essas escolhas não sejam irrestritas, a palavra final é do presidente. Terá de decidir com quem e quantos serão os parceiros dessa aliança. Ademais, presidentes precisam definir quais recursos institucionais e de poder serão empregados e compartilhados. Em regra, presidentes distribuem cargos ministeriais ou burocráticos e recursos orçamentários como forma de atrair partidos para o governo. O presidente se beneficiará da negociação se (i) tiver suas iniciativas aprovadas, (ii) conquistar apoio nominal entre os legisladores e (iii) bloquear as ações da oposição (BERTHOLINI; PEREIRA, 2017, p. 534).

A eficiência da governabilidade é a relação entre os custos (recursos de poder dispendidos) e os benefícios alcançados. Esse equilíbrio é sempre dinâmico, precário e está sujeito a fatores internos e externos. Para a composição do índice, os autores consideraram como fatores internos as reformas ministeriais, eleições municipais de meio de mandato e os escândalos de corrupção, e, como externos, crises econômicas, desemprego e inflação. Esses choques redimensionam a força dos atores políticos envolvidos e tendem a alterar os parâmetros de governança da coalizão (BERTHOLINI; PEREIRA, 2017, p. 535). Além disso, o equilíbrio também é influenciado pelas decisões e pelo estilo do presidente. As Figuras 1 e 2, a seguir, ilustram a dinâmica do jogo da coalizão e o modelo gerencial de uma coalizão.

FIGURA 1
Dinâmica do jogo da coalizão

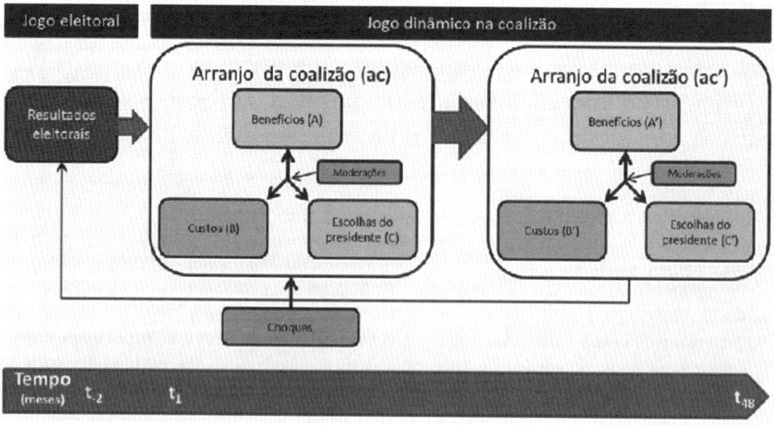

Fonte: BERTHOLINI; PEREIRA, 2017, p. 535.

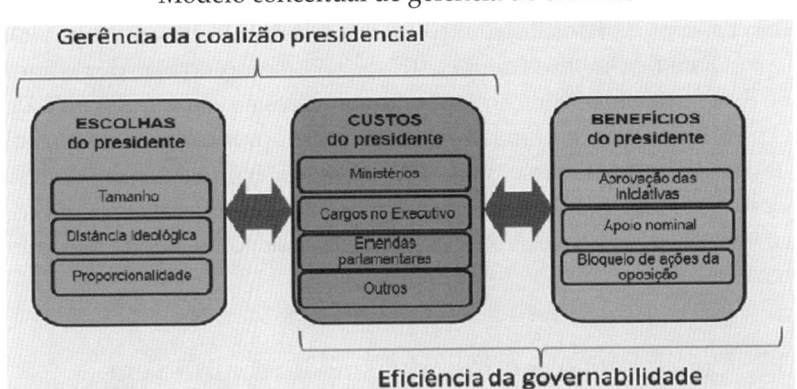

FIGURA 2
Modelo conceitual de gerência de coalizão

Gerência da coalizão presidencial

- **ESCOLHAS do presidente**
  - Tamanho
  - Distância ideológica
  - Proporcionalidade

- **CUSTOS do presidente**
  - Ministérios
  - Cargos no Executivo
  - Emendas parlamentares
  - Outros

- **BENEFÍCIOS do presidente**
  - Aprovação das iniciativas
  - Apoio nominal
  - Bloqueio de ações da oposição

Eficiência da governabilidade

Fonte: BERTHOLINI; PEREIRA, 2017, p. 534.

De acordo com Bertholini e Pereira (2017), as evidências empíricas comprovam uma hipótese geral e três secundárias. Aquela diz que "o processo de formação e gerência das coalizões em sistemas presidencialistas multipartidários implica custos de diferentes ordens para o presidente" (BERTHOLINI; PEREIRA, 2017, p. 533). As hipóteses secundárias sustentadas pelos autores são as seguintes:

> 1) coalizões grandes, com maior número de partidos, demandam mais recursos (bens de troca) para serem mantidas intertemporalmente; 2) coalizões com maior diversidade ideológica seriam mais difíceis de serem coordenadas e gerenciadas e, por consequência, mais custosas e; 3) coalizões com perfil desproporcional de recompensa que privilegiam um dos parceiros demandam do presidente a mobilização de recursos adicionais para garantia de satisfação dos demais membros da coalizão sub-recompensados (BERTHOLINI; PEREIRA, 2017, p. 533-534).

Os autores aplicaram o ICG aos governos de Fernando Henrique Cardoso (Partido da Social Democracia Brasileira – PSDB), de Luiz Inácio Lula da Silva (PT) e de Dilma Rousseff (PT). Os resultados obtidos variaram significativamente e comprovariam a relevância de se avaliarem estilos e estratégias de cada presidente. Em síntese, o governo de Fernando Henrique Cardoso optou por coalizões homogêneas ideologicamente, com um menor número de partidos, próximas do legislador mediano e mais proporcionais em termos de compartilhamento do Poder Executivo. Já os governos petistas formaram coalizões mais heterogêneas, na média, mais à esquerda do legislador mediano e com baixa proporcionalidade[145] (BERTHOLINI; PEREIRA, 2017, p. 536). Para Bertholini e Pereira (2017, p. 547), a concentração de poderes no Executivo não é condição suficiente para a gestão eficiente da coalizão. O presidente deve ser capaz de "diminuir seus problemas [da coalizão] de coordenação". Por isso, suas escolhas e estratégias são fundamentais. Caso não o faça, as maiorias legislativas serão crescentemente instáveis, custosas e imprevisíveis. Nesse cenário, a crise política pode se tornar o padrão governativo.

3.3 Conclusão: o presidencialismo de coalizão em questão

A discussão institucional é recorrente nos debates políticos no Brasil.[146] Além de episódios recentes como a assembleia constituinte anterior à CRFB/1988 e o plebiscito de 1993, eventos passados, mas nem tão longínquos, ocorridos durante o regime inaugurado em 1946, colocaram o sistema de governo no centro da agenda pública. Refiro-me, em especial, à discussão sobre a Emenda Constitucional parlamentarista e à aprovação de afogadilho do sistema semipresidencial em 1963. A disputa sobre a organização e o exercício do poder político foram a tônica, logo após o fim da Primeira República, com a Revolução de 1930.[147] Por último, há uma certa predileção de constitucionalistas e políticos por discutir as vantagens e desvantagens dos sistemas presidencialistas e parlamentaristas. Essa vetusta linhagem reúne diferentes autores como: Assis Brasil (1934), Bastos e Martins (1993), Leal (1924), Medeiros e Albuquerque (1932), Franco e Pilla (1999), Pilla (1992) e Reale (1962).

Há pouco tempo, essa "tentação reformista-institucional" retornou ao palco, ao se cogitar a convocação de uma nova assembleia

---

[145] Sobre estratégias e padrões díspares para a formação e a governança das coalizões vide: Pereira e Pessôa (2015).

[146] Power (2010, p. 18): *"most macropolitical analyses of Brazilian democracy immediately invoke the problem of political institutions. Institutional design — and its policy cousin, 'political reform' — have been dominant themes in social science research on Brazil almost since the military relinquished power in 1985 [...] the question of institutional design continues to lie at the heart of ongoing debates about the sustainability of Brazilian democracy, and 'political reform' remains on the agenda of all three branches of government"*.

[147] Refiro-me, sobretudo, à edição do Código Eleitoral de 1932 e da Constituição de 1934. Para uma análise das alterações introduzidas pelo Código Eleitoral de 1932, vide Ricci (2019).

constituinte – ampla ou restrita ao sistema político –, em resposta às manifestações de 2013.[148] Discutiu-se, na ocasião, incluir o Mandado de Segurança nº 22.972/DF (BRASIL, 1998) na pauta de julgamento do Supremo Tribunal Federal para apreciar a possibilidade jurídica de o Congresso Nacional deliberar proposta de Emenda Constitucional introdutora do sistema parlamentarista.[149] Por fim, houve um debate para se adotar um sistema de governo semipresidencialista.[150]

Conquanto não se saibam bem as razões, há um mal-estar difuso sobre as escolhas institucionais inscritas no texto constitucional. O arranjo institucional ali estabelecido é o suspeito usual. Ele explica todos os altos e baixos da história política brasileira, além de ser um obstáculo para a consolidação do regime democrático (FIGUEIREDO; LIMONGI, 2017). Há uma espécie de estado permanente de crise do sistema político cuja reforma nunca saiu de pauta.[151]

Lessa (2000) estava correto ao afirmar haver, na comunidade acadêmica e na elite política à frente, certa "sustentação *à* infrene e dogmática obsessão governamental de reformismo institucional". Se há esse problema congênito, é preciso investigar suas causas mediatas e imediatas. Deve-se analisar se há, de fato, uma incapacidade própria do sistema presidencialista para processar e organizar os conflitos de poder surgidos na sociedade. A coexistência de crise política, presidencialismo e governos de coalizão não sugere, obrigatoriamente, uma relação causal entre todos esses fenômenos (LIMONGI; FIGUEIREDO, 2017, p. 81). Eventuais críticas e reformas devem basear-se no efetivo

---

[148] No dia 24 de junho de 2013, foi noticiada a pretensão da então de Presidente Dilma Rousseff de convocar uma assembleia constituinte específica. (PROPOSTA..., 2013). Um dia após o anúncio, a Presidente Dilma Rousseff recuou da proposta, vide: Costa e Nalon (2013).

[149] O MS nº 22. 972/DF foi incluído na pauta de julgamentos previstos para o dia 16 de março de 2016. Vide: (BRASIL, 2016b). No dia 8 de junho de 2018, o Ministro Relator Alexandre de Moraes homologou o pedido de desistência do mandado de segurança protocolado por um dos impetrantes, o Deputado Federal Arlindo Chinaglia (PT/SP) (BRASIL, 2018b).

[150] Em 2017, a imprensa noticiou a intenção do então Presidente Michel Temer e do Ministro do STF Gilmar Mendes de articular a apresentação de uma proposta de emenda à Constituição para introduzir o sistema semipresidencialista no país. Vide: (LADEIRA, 2017; STOCHERO, 2017).

[151] Um sem-número de artigos e livros foram escritos com o objetivo de discutir o tema da "reforma política" – conceito suficientemente vago para abranger desde uma mudança no sistema de governo até a legislação eleitoral e partidária. Cito aqui alguns exemplos: Albuquerque e Velloso (1995), Avritzer e Anastasia (2007), Lamounier (1991), Nicolau (2017), Lamounier e Nohlen (1993), Rodrigues (1993), Soares e Rennó (2006), Velloso (1991).

desempenho deste sistema de governo, e não em idealismos, abstrações e caricaturas sem respaldo na literatura especializada e comparada.[152] Toda formulação institucional é uma decisão sobre concentrar ou dispersar pontos de veto ao longo do processo decisório (REIS, 2007; 2008, p. 4). O sistema político estabelecido com a CRFB/1988 congrega instituições ambivalentes, ora inspiradas no princípio majoritário, ora no princípio consociativo. Essa ambivalência é, possivelmente, o padrão nos sistemas políticos contemporâneos. Dificilmente se encontrarão exemplos cabais de regimes puramente majoritários ou consociativos.[153]

Ao longo deste capítulo, descrevi como a literatura especializada analisou o arranjo institucional estruturado, após a promulgação da CRFB/1988. Os primeiros estudiosos enfatizavam a excessiva presença de elementos consociativos. As principais implicações seriam a dificuldade em coordenar a relação entre executivo e legislativo e o risco de paralisia decisória. Embora não houvesse, naquele momento, análises empíricas consistentes, havia um razoável consenso sobre um desenho institucional fadado a tornar-se um obstáculo à formação de maiorias no legislativo.

A revisão dos pressupostos teóricos e a sistematização dos dados empíricos rechaçaram o consenso então vigente. O diagnóstico "pessimista" foi consistentemente falseado. Os "otimistas" observaram a realidade dentro das casas legislativas e viram como os atores políticos efetivamente se comportavam. O desenho institucional mostrou-se capaz de gerar governabilidade e estabilidade. As taxas de sucesso e de dominância do executivo e a disciplina partidária mantiveram-se altas e estáveis independentemente do governo de plantão.[154] Coalizões governativas majoritárias foram instituídas ao longo de todo o período

---

[152] O Ministro do STF Luís Roberto Barroso é um entusiasta exemplar da "obsessão reformista". Em diversas ocasiões, ele argumentou a necessidade de uma ampla revisão do sistema político a englobar o sistema de governo, regras do processo eleitoral e partidárias. No ano de 2006, ele publicou um longo artigo detalhando sua proposta de adoção do sistema semipresidencialista (INSTITUTO IDEIAS, 2018). Posteriormente, em 2015, versão do mesmo texto seria objeto de debate no *Brazil Harvard Conference*. (BARROSO, 2015). Em 2018, o Ministro novamente defendeu sua proposta em seminário organizado pelo jornal Folha de S. Paulo e pelo Centro Brasileiro de Análise e Planejamento (CEBRAP), por ocasião do trigésimo aniversário da Constituição de 1988 (DIÁLOGOS CEBRAP/FOLHA..., 2018).

[153] Cheibub e Elkins (2009) falam em híbrido institucional.

[154] Deve-se notar que desde 1988, a relação entre Executivo e Legislativo manteve-se, praticamente, a mesma. As duas reformas constitucionais, a Emenda Constitucional (EC) nº 16/1997 (reeleição para cargos do executivo) (BRASIL, 1997) e a EC nº 32/2001 (novo regime jurídico das medidas provisórias) (BRASIL, 2001), não alteraram o padrão daquela relação que seguiu estável por vários governos.

democrático. Esse resultado é ainda mais significativo se comparados os dois regimes democráticos, o de 1946 e 1988.

A interpretação "otimista" é o consenso teórico da literatura especializada. As críticas atualmente feitas ao sistema político brasileiro partem dessas conclusões. Não se apregoa o resgate dos autores ditos "pessimistas". O sistema tem sido avaliado sob outras perspectivas, como sua legitimidade, seus custos e a qualidade de suas decisões.

Uma possível limitação teórica, ignorada tanto na interpretação pessimista, quanto na otimista, é a ausência do Poder Judiciário, em geral, e do STF, em específico. Mesmo autores, como Melo e Pereira (2013), que afirmam analisar o conjunto do sistema político pouco ou nada esclarecem sobre como o Judiciário se encaixa nessa equação. O STF é o intérprete final das disposições constitucionais, e os partidos sabem disso. Recorrer ao STF, individualmente ou por meio de partidos, é uma estratégia frequente (ARANTES; COUTO, 2019). O Tribunal Superior Eleitoral também é um centro decisório relevante, pois é ali onde será definido e regulado o processo eleitoral. Decisões desses dois tribunais têm afetado diretamente na relação entre Executivo e Legislativo e nas estratégias partidárias (MARCHETTI, 2015).[155]

A volta de um diáfano "mal-estar político"[156] é uma possível reação à longa sequência de episódios mais ou menos concatenados: as manifestações de rua em 2013, a Operação "Lava Jato, o *impeachment* da Presidente Dilma Rousseff e o governo do Presidente Michel Temer. Parece haver um esforço teórico para compreender essa sucessão de eventos.

Avritzer (2016, p. 11), por exemplo, corrobora a tese de Figueiredo e Limongi (1999) e reconhece haver governabilidade, se esta for entendida como capacidade de o executivo aprovar sua agenda legislativa. No entanto, o autor contesta o conceito estreito de governabilidade predominante. Para ele, as limitações do desenho institucional são notáveis em três aspectos: (i) custos crescentes de fragmentação partidária; (ii) desorganização administrativa gerada pela distribuição de cargos; e (iii) propensão à corrupção gerada pela distribuição destes cargos.

---

[155] Marchetti (2015) menciona as decisões sobre verticalização, cláusula de desempenho, fundo partidário e fidelidade partidária. Além das já citadas decisões sobre a tramitação de veto no Congresso Nacional e sobre nomeações para os cargos de ministro, decisões a respeito do direito da minoria de constituir comissões parlamentares de inquérito definem o jogo entre governo e oposição.
[156] A expressão é de Marcus André Melo (2017).

O argumento central sintetizado por Avritzer (2016, p. 39) é cada vez mais frequente: governabilidade não se resume à capacidade decisória.[157] Deve-se levar também em consideração a aptidão do sistema político para implementar políticas e estabilizar sua própria legitimidade. Voltarei a Avritzer no próximo capítulo. Para ele, o sistema político saiu de um "impasse democrático" para um "momento antidemocrático". Essa mudança, segundo sua leitura, está relacionada ao uso do *impeachment*, em especial no caso da presidente Dilma Rousseff.

Carazza (2018, p. 116-119) afirma categoricamente que o modelo analítico de Figueiredo e Limongi (1999) manteve-se de pé vinte anos após a sua publicação. O autor elaborou pesquisa própria, entre o período de 1999 a 2017, e os seus resultados confirmam a interpretação otimista. O problema é custo proibitivo da governabilidade. O presidente precisa repartir muito recursos de poder e orçamentários para firmar uma coalizão. Até "certa leniência com a corrupção" perpassa essa relação entre executivo e legislativo (CARAZZA, 2018, p. 119).

O próprio Abranches (2018b, p. 341-342) retifica o diagnóstico da incapacidade decisória, embora se mantenha crítico do sistema político em razão de seus déficits de legitimidade, sobretudo a baixa qualidade da democracia e das políticas públicas produzidas e a crise de representatividade do sistema partidário. Essa ponderação, em tons mais ou menos assertivos, conjugada com outras variáveis, pode ser encontrada em diversos autores.[158] Mesmo fora dos círculos acadêmicos fala-se no esgotamento do "presidencialismo de coalizão". O então

---

[157] Esse dado já era mencionado por Ferreira Filho (1995, p. 21) que sugeria um conceito tridimensional para explicar o fenômeno da ingovernabilidade: (a) "crise de sobrecarga", dada a incapacidade do Estado em cumprir todas as suas funções; (b) "crise de inadequação", dada a incompatibilidade do perfil intervencionista do Estado com as características consociativas do sistema político; (c) "crise da estrutura federativa". Segundo o autor, a Constituição poderia não ser a única responsável por este estado de coisas, porém nada fazia para mitigar os problemas destacados.

[158] A título de exemplo, Reis (2007, 2008) insere na equação as regras eleitorais e de financiamento político-partidário. Para ele, o equilíbrio atingido pelo sistema político decorre da combinação extremada de incentivos centralizadores (prerrogativas presidenciais, p.e.) e descentralizadores (regras eleitorais, p.e.). Este extremismo institucional implicaria um enorme custo decisório, que poderia ser revertido com mudanças institucionais tendentes a descentralizar as características centralizadoras e a centralizar, as descentralizadas. Mello e Spektor (2017, 2018) estabelecem um vínculo entre os meios de troca (lícitos e ilícitos) utilizados por um presidente para formar coalizões e práticas como clientelismo, patronagem e corrupção endêmica. Este vínculo é chamado pelos autores como "a lógica perversa do presidencialismo de coalizão" que "condena o país ao atraso". Para outras críticas, vide Amaral Júnior (2012), Amaral Júnior e Amaral (2017), Diálogos Cebrap/Folha (2018), Schier (2017), Victor (2015), Oscar Vieira (2018), Clève (2011).

presidente, Jair Bolsonaro, elegeu-se com a promessa de pôr fim à essa prática governativa.[159] Uma questão particularmente relevante para este livro deriva da conclusão sobre esboroamento das fronteiras entre presidencialismo e parlamentarismo. Após observarem um suposto padrão de interrupção de mandatos presidenciais, em especial na América Latina, vários autores passaram a perguntar se os dois sistemas de governo também se assemelhariam na forma com que resolvem suas crises.[160] *Impeachment* e voto de desconfiança não seriam distintos na prática. Ao se confirmar a hipótese, a possível distinção entre os sistemas deveria basear-se em critério distinto da independência entre Executivo e Legislativo. Esse será o ponto-central da discussão do próximo capítulo.

Dito tudo isso, pretendo retomar alguns pontos relevantes para o desenvolvimento do livro. A ideia de separação de poderes *com partidos* é aplicável ao sistema presidencialista multipartidário brasileiro. A literatura demonstrou consistentemente que não há obstáculo institucional para a formação de maiorias. A consequência prática foi termos um sistema presidencialista com desempenho similar ao de um parlamentarista. A hipótese de a coalizão partidária viabilizar a fusão (cooperação) ou a separação (conflito) se confirmou. O presidente dispõe de recursos institucionais para formar uma maioria.

Como veremos a seguir o processo de *impeachment* trata justamente do esboroamento de uma maioria e a formação de outra. As coalizões não têm como propósito unicamente garantir a aprovação da agenda presidencial. Elas também são um meio de assegurar a sobrevivência do mandatário formando um "escudo legislativo". Isso não significa, contudo, que um presidente minoritário esteja sempre e necessariamente ameaçado por um *impeachment*. Lembrando a conclusão de Cheibub, Przeworski e Saiegh (2002) deve-se atentar para o ponto de reversão do presidencialismo, que é distinto do parlamentarismo. Portanto, haver ou não coalizão não é condição suficiente para afastar um presidente. Se e quando o pêndulo da relação entre executivo e legislativo se aproximar do polo conflitivo, o presidente precisa reunir um número suficiente

---

[159] A respeito do modo de governar anunciado pelo então candidato eleito Jair Bolsonaro vide: Tavares (2018) e Abranches (2018a).
[160] Nesse sentido, vide Llanos e Marsteintredet (2010), Marsteintredt e Berntzen (2008), Kasahara e Marsteintredet (2018), Pérez-Liñán (2007) e Carey (2008).

para barrar o *impeachment*. Esse é o recurso extremo e para debelá-lo é preciso ter mais cabeças a favor do que contra. Nessa situação-limite o presidente precisa demonstrar ainda reunir condições de reverter a crise e evitar a formação de um novo governo liderado pelo vice-presidente.

O livro prossegue com a análise do marco institucional brasileiro, agora com ênfase na regulamentação e na prática do *impeachment*. Meu objetivo é discutir o seu uso e suas implicações para o sistema de separação de poderes e para o presidencialismo. Com base nas premissas desenvolvidas até este capítulo, pretendo argumentar que o *impeachment* é uma decisão política porque está atribuída às casas legislativas. Portanto, a interação entre executivo-legislativo e as preferências dos atores envolvidos são variáveis essenciais para se compreender quando e por que parlamentares recorrem ao *impeachment*.

CAPÍTULO 4

O DESENHO INSTITUCIONAL DO *IMPEACHMENT* E O SEU PROCESSO DECISÓRIO

> *É a arma política definitiva. Mas nunca concordamos sobre para que serve.*[161]
> (LEPORE, 2019).

Um espectro ronda o *impeachment*, o espectro do mistério. Mas, afinal, o que é o *impeachment*? Para alguns, como Lepore (2019), *impeachment* é "uma antiga relíquia"; para outros, "arma nuclear" (KOZICKI; CHUEIRI, 2019, p. 157), "um canhão de cem toneladas, pesado, moroso, complicado, que necessita de muita pólvora de grande alvo"[162] (BRYCE, 1995, p. 211). À semelhança de um capítulo das negativas, Lauro Nogueira encerra sua monografia lamentando a "inanidade" do *impeachment*, atribuindo-lhe termos e expressões como "pilhéria", "comédia", *blague*, "folha seca" e "órgão gangrenado do corpo do constitucionalismo" (NOGUEIRA, 1947, p. 127;131).

Qual seria a finalidade do *impeachment*? Como a espada de Golias, deveria ele permanecer trancafiado no templo para ser usado senão em grandes ocasiões? (LEPORE, 2019). Seria seu propósito dissuasório, qual uma bomba atômica? Existiria para não ser usado? No seu melhor estilo, Rui Barbosa resume a falta de serventia do *impeachment* na Primeira República:[163]

---

[161] *"It's the ultimate political weapon. But we've never agreed on what it's for"*.
[162] A tradução é de Brossard.
[163] Fonseca (1981, p. 87; 90) lista as seguintes denúncias na Primeira República: (i) em 1893, três deputados – Seabra, Jacques Ourique e Espírito Santo – apresentaram denúncia contra

[...] ninguém mais enxergou na responsabilidade política senão um tigre de palha. Não é sequer um canhão de museu, que se pudesse recolher entre as antigualhas históricas, à seção arqueológica de uma armaria. É apenas um monstro de pagode, um grifo oriental, medonho na carranca e nas garras imóveis (BARBOSA, 1991, p. 87).

Apesar das egrégias advertências, a mais formidável arma jamais forjada na artilharia constitucional assumiu, inadvertidamente, estrepitoso protagonismo. Hoje, discute-se não mais a inanidade senão o abuso. Tanto é que, desde a redemocratização dos países latino-americanos iniciada na década de 1980, vários presidentes não terminaram o mandato para o qual haviam sido eleitos. Na contabilidade de Kasahara e Marsteintredet (2018, p. 32), seis presidentes latino-americanos foram afastados após a instauração e a conclusão de um processo de *impeachment*,[164] sendo dois deles brasileiros: Fernando Collor de Mello, em 1992, e Dilma Rousseff, em 2016.

Ampliando este espectro para além da América Latina, Ginsburg, Huq e Landau (2020, p. 29) citam os casos de Albert Zafy (Madagascar, 1996), Joseph Estrada (Filipinas, 2001), Abdurrahman Wadih (Indonésia, 2001), Rolandes Paksas (Lituânia, 2004) e Park Geun-hye (Coreia do Sul, 2017). Retornando ao Brasil, considerando o período de 1946 a 1964, os mandatos presidenciais de Getúlio Vargas (1954), Café Filho (1955),

---

o então vice-presidente, Floriano Peixoto; (ii) em 1901, Custódio de Mello denunciou o então Presidente Campos Salles. O mesmo Custódio de Mello apresentaria nova denúncia no mês e ano contra Campos Salles; (iii) em 1902, o deputado Fausto Cardoso denunciava Campos Salles; (iv) em 1912, Coelho Lisboa apresentaria denúncia contra o presidente Hermes da Fonseca. Houve ainda uma denúncia contra o Presidente Arthur Bernardes, em 1926 (IMPEACHMENT, 2009) Todos esses pedidos foram considerados improcedentes. Assim como Rui Barbosa, Aníbal Freire, escrevendo em 1916, notava a ineficácia do instituto e inculpava o seu desenho como causa para tanto. Exemplo disso seria o pouco uso do *impeachment* nos Estados Unidos.

[164] Kasahara e Marsteintredet (2018, p. 32) citam os seguintes casos de mandatos presidenciais interrompidos, desde 1985: (i) por *impeachment*: Fernando Collor de Mello (Brasil, 1992), Carlos Andres Pérez (Venezuela, 1993), Raul Cubas (Paraguai, 1999), Fernando Lugo (Paraguai, 2015), Pérez Molina (Guatemala, 2015) e Dilma Rousseff (Brasil, 2016); (ii) por declaração de incapacidade ou por abandono de cargo: Bucaram (Equador, 1997) e Gutiérrez (Equador, 2005); (iii) por renúncia: Ricardo Alfonsín (Argentina, 1989), Serrano (Guatemala, 1993), Alberto Fujimori (Peru, 2000), Fernando de la Rúa (Argentina, 2001), Sánchez de Lozada (Bolívia, 2003), Carlos Mesa (Bolívia, 2005); (iv) por renúncia, seguida de antecipação das eleições: Siles Zuazo (Bolívia, 1985), Balaguer (República Dominicana, 1996); e (v) por golpe militar: Mahuad (Equador, 2000) e Manuel Zelaya (Honduras, 2009). Mais recentemente, Pedro Paulo Kuczynski (Peru, 2018) e Evo Morales (Bolívia, 2019) também tiveram seus mandatos abreviados.

Carlos Luz (1955), Jânio Quadros (1961) e João Goulart (1964) foram igualmente interrompidos – devido a causas diversas. Todos esses são casos de interrupção exitosa. O quadro se torna mais interessante, diante do número de pedidos de *impeachment* protocolados na Câmara dos Deputados, a partir do mandato de Fernando Collor de Mello: até junho de 2020, contavam-se 241 pedidos:[165] 29 para Fernando Collor de Mello (1990 a 1992); 04 para Itamar Franco (1992 a 1994); 24 para Fernando Henrique Cardoso (1995 a 2002); 37 para Luiz Inácio Lula da Silva (2003 a 2010); 68 para Dilma Rousseff (2011 a 2016); 31 para Michel Temer (2016 a 2018); e 48 para Jair Bolsonaro (2019 até junho de 2020).

Além dos pedidos de *impeachment*, no ano de 2017, o Procurador-Geral da República, Rodrigo Janot apresentaria duas denúncias contra o Presidente Michel Temer pela prática de crime comum. Nos dois casos, o plenário da Câmara dos Deputados negaria autorização ao Supremo Tribunal Federal para julgar Michel Temer.[166]

Neste capítulo, argumento ser o *impeachment* um instrumento político e jurídico. Essa definição parte de uma premissa bastante simples. O *impeachment* é uma decisão política porque se discute uma mudança no eixo do sistema de governo. O *impeachment* não só destitui o presidente, mas forma um novo governo.[167] A isso, chamarei "efeito destrutivo-construtivo". O *impeachment* é também jurídico porque está definido constitucionalmente. O *impeachment* assume essa dupla feição independentemente do órgão julgador designado pela Constituição. A escolha institucional, no entanto, não é irrelevante e sem consequências. O propósito deste capítulo é precisamente saber como a instituição detentora de autoridade decide sobre o *impeachment*. Estou interessado, em particular, em modelos institucionais nos quais o julgamento é atribuído ao legislativo.

Em sistemas legislativo-dominantes, como entendo ser o brasileiro, a decisão final está a cargo do Poder Legislativo. No desenho

---

[165] O levantamento do número de pedidos de *impeachment* protocolados na Câmara dos Deputados foi-me gentilmente cedido por João Pedro Hoffert Monteiro de Lima, mestrando em Direito do Estado no programa de pós-graduação da Universidade de São Paulo.

[166] Embora a denúncia por crime comum não seja equivalente ao *impeachment*, a eventual condenação do chefe do Poder Executivo também culmina com a interrupção de seu mandato.

[167] Na linguagem de Hirschl (2009, p. 146) O *impeachment* se enquadra na categoria da "megapolítica" porque é uma controvérsia central de uma comunidade. Trata-se de uma disputa que define e muitas vezes divide, de maneira acentuada, uma coletividade.

institucional adotado na CRFB/1988, a admissão, o processamento e o julgamento são competências repartidas entre a Câmara dos Deputados e o Senado Federal. Nessas circunstâncias, o legislativo é o intérprete final da CRFB/1988.[168] Por isto, parte do "mistério" se deve precisamente ao fato de a teoria constitucional ter associado a interpretação e a aplicação da constituição exclusivamente ao Poder Judiciário. O ponto crítico é saber como parlamentares interpretam o texto constitucional. Parlamentares são geralmente vistos como figuras idealmente opostas às dos juízes. Não são imparciais, nem estão obrigados a motivar suas decisões. Uma decisão legislativa se dá em um contexto diferente de uma decisão judicial.

Assim sendo, como, então, podem interpretar a CRFB/1988 e julgar um presidente de forma *justa*? Entregar o *impeachment* nas mãos de políticos, diretamente interessados no resultado, equivaleria a tornar o presidente refém de maiorias circunstanciais? Tornar-se-ia, então, o presidencialismo, pouco a pouco, em um parlamentarismo *de facto*? Decisão legislativa é sinônimo de *arbitrariedade*? Neste capítulo, objetivo responder a estas questões.

Antes de avançar e indicar o percurso deste capítulo, retomo duas ideias elaboradas anteriormente. A primeira é que a definição de sentido do texto constitucional é disputada pelos atores políticos. Nada está posto. As normas constrangem a ação dos atores políticos e eles mesmos interpretam e modificam essas normas. Na relação entre executivo e legislativo, portanto, é essencial entender como o legislativo interpreta o texto constitucional, pois, políticos coordenados por partidos batalham entre si para institucionalizar sua interpretação. Em uma subseção mais adiante, retomarei este ponto, quando discutir as bases autorizadoras do *impeachment*.

A segunda ideia é a necessidade de se constituírem maiorias dentro da arena parlamentar, porque toda ação legislativa está pautada pela regra da maioria. Em sistemas multipartidários e em governos minoritários, formar uma maioria significa constituir uma coalizão de partidos. A coalizão aprova a agenda governativa e bloqueia ações contrárias ao governo. No entanto, formar maioria não é uma condição necessária para a sobrevivência de um presidente. Esta intrincada relação entre executivo e legislativo é o pano de fundo de toda a análise desenvolvida no capítulo. Diferentemente de sistemas bipartidários, nos

---

[168] Na Seção 2.4, analisei o papel desempenhado pelo STF no *impeachment*.

quais situações-limite (máxima coordenação ou máximo conflito) são potencialmente mais frequentes, no multipartidarismo a relação entre executivo e legislativo é pendular. Por isso, a coalizão, na sua função de "escudo legislativo", é um ponto crítico em todo o desenrolar do *impeachment*.

Este capítulo se estrutura da seguinte maneira: (i) na primeira subseção, procedo a uma revisão da literatura jurídica e política sobre o *impeachment* e esclareço os pontos ainda frágeis para a sua compreensão. Na sequência, (ii) discuto os crimes de responsabilidade do *impeachment* no direito brasileiro. Abordo, sobretudo, a pertinência da tese do *contrabando parlamentarista*, segundo a qual a técnica redacional dos crimes de responsabilidade empregada na Lei nº 1.079/50 estimularia o uso (ou abuso) do *impeachment*. Na terceira parte, (iii) discuto, ainda, como as casas legislativas exercem a função de intérpretes finais do *impeachment*. Finalmente, (iv) elaboro uma síntese conclusiva sobre a hipótese levantada neste capítulo.

4.1 *Impeachment*: revisão da literatura política e jurídica

Se parte do mistério a rondar o *impeachment* se devia à sua ocorrência episódica, é de se presumir um revigoramento das análises teóricas, diante da sequência recente de afastamentos presidenciais. De fato, a bibliografia sobre o *impeachment* avolumou-se ao longo dessas últimas três décadas.[169] Uma característica marcante dessa literatura é sua sazonalidade,[170] porque ela surge quase sempre em resposta à ameaça ou à instauração concreta de um processo de *impeachment* – quando muitos se apressam para comentar o episódio.

Esse interesse ocasional e repentino embaralha a análise e compromete a sua qualidade. Com avaliação semelhante, Queiroz (2017, p. 245) afirma que "acadêmicos têm suas preferências políticas, embora se esmerem em ocultá-las". Tribe e Matz (2018, p. 58), citando Thomas Reed Powell, comentam serem os juristas especialistas em discutir um tema, fingindo não o estarem discutindo: "se você acha que pode pensar sobre uma coisa indissociavelmente atrelada a uma outra, sem pensar

---

[169] Não obstante a experiência política recente, muitas perguntas permanecem sem respostas, conforme observa Pereira (2018). Pairam ainda incertezas sobre os fundamentos legais a justificar a abertura de um *impeachment*, sobre o seu processamento e sobre a extensão da competência do STF.
[170] Essa característica é marcante no Brasil e nos Estados Unidos.

também na coisa a que está associada, então, você tem uma mente jurídica".[171] Os autores fizeram este comentário em um livro sobre *impeachment* escrito durante o *impeachment* do Presidente americano Donald Trump. Embora tudo isso amplie o debate no espaço público e acadêmico, o contexto inflamado pode não ser o mais apropriado para a reflexão.

A literatura jurídica possui um clássico sobre o assunto. Trata-se do livro escrito originalmente por Brossard (1992), ainda na vigência da Constituição de 1946, e que receberia nova edição em 1992. Coincidentemente, Brossard compunha o STF durante o processo de *impeachment* do Presidente Fernando Collor de Mello e, por isso, teve a oportunidade de testar seus argumentos e livros. Muito citado, mas pouco compreendido, seu trabalho é um marco importante para este livro. Brossard (1992), talvez, seja quem mais enfaticamente ressaltou a politicidade do *impeachment*. Certamente, é o mais notório crítico da possibilidade de controle judicial de constitucionalidade.

A maior parte das obras jurídicas sobre o *impeachment* conserva o tradicional estilo exegético-dogmático, com pouca, ou nenhuma, abordagem interdisciplinar. Buscam vagamente as origens do *impeachment* no direito inglês e no americano, comentam sua recepção no direito brasileiro e analisam as normas aplicáveis e a jurisprudência do STF.[172] Essas obras estão particularmente interessadas em revelar se o *impeachment* é de natureza jurídica ou política. Pretendem também definir o conceito de crime de responsabilidade. Seria crime em sentido estrito, infração administrativa ou político-administrativa? Essas perguntas são cruciais para essa literatura porque as respostas norteiam a definição dos marcos interpretativos e dogmáticos. O *impeachment*, portanto, deverá ser analisado conforme as regras de direito penal ou administrativo, por exemplo, a depender da categorização feita pelo intérprete. Na Seção 4.2 discuto esse ponto ao tratar dos crimes de responsabilidade previstos na Lei nº 1079/1950.

---

[171] *"If you think that you can think about a thing inextricably attached to something else without thinking of the thing which it is attached to, then you have a legal mind".*
[172] Os mais notáveis exemplos recentes desse modelo de análise são a monografia escrita por Badin (1993), Borja (1992), Chaves (1960), Costa (2000), Cretella Júnior (1992), Ferreira (1901), Galindo (2016), Galuppo (2016), Nogueira (1947), Peixinho (2019), Riccitelli (2006), Silva (2018), Soares (1993), são alguns exemplos de estudos dedicados ao *impeachment* – além dos citados Brossard (1992) e Fonseca (1981). Vários autores escreveram sobre o *impeachment* em obras gerais de direito constitucional, no formato de manuais ou comentários.

Os juristas também intervêm no debate, por meio da elaboração de pareceres. Sob encomenda ou não, esses pareceres são utilizados estrategicamente por ambas acusação e defesa.[173] Alguns deles são publicados posteriormente em formato de livro, como é o caso, por exemplo, de Bustamante (2018), Clève (2012a) e o de Martins (1992). Os pareceristas lidam com questões mais restritas, conforme as solicitações das partes, por exemplo. Em alguns casos, como o de Neves (2015), mistura-se à resolução de questionamentos jurídicos com a exposição de posições marcadamente políticas.[174]

A terceira forma de intervenção é a publicação de discursos, textos e artigos episódicos, em revistas ou sites especializados, ou na imprensa. Essas publicações, por vezes, são reunidas e publicadas em livro. É o caso de Falcão, Arguelhes e Pereira (2017) e Bahia, Silva e Oliveira (2017). Franco (1957) também publicou discurso feito em 1955, às vésperas do julgamento do Mandado de Segurança 3557/DF, interposto pelo Presidente licenciado Café Filho. Na imprensa, cito o conjunto de artigos de Queiroz (2015, 2019, 2020a, 2020b, 2020c). Em linhas gerais, esses trabalhos são escritos em tempo real, em resposta aos momentos decisivos do processo de *impeachment* e são dirigidos ao público em geral, não apenas aos leitores especializados.

Uma última categoria se aproxima mais da abordagem deste livro. São os autores que têm analisado o *impeachment* para além da perspectiva dogmática. Kozicki e Chueiri (2019), por exemplo, avaliam a legitimidade e as consequências políticas e democráticas do processo de *impeachment* da Presidente Dilma Rousseff à luz da teoria constitucional e política.

Em sua dissertação de mestrado, Cortez (2018), mesmo indiretamente, aborda o ocaso do governo da Presidente Dilma Rousseff, sob o ângulo da literatura do presidencialismo de coalizão e da governa-

---

[173] A título de exemplificação: Barroso (1998), Bercovici (2015), Ferreira Filho (1992), Mello e Comparato (2015) e Tavares (2015).

[174] Essas passagens, retiradas da conclusão do parecer, são ilustrativas: "os denunciantes e o receptor da denúncia estão orientados não em argumentos jurídicos seguros e sustentáveis, mas sim em avaliações parciais, de caráter partidário ou espírito de facção" ou "Desconsidera [a denúncia], estrategicamente, que a Presidente tem apoiado, mesmo quando estão envolvidos correligionários próximos, o combate à corrupção de forma veemente, sem qualquer atitude controladora da Polícia Federal, ou mediante a escolha de Procurador-Geral da República leniente com os crimes de 'colarinho branco'. O mesmo não se poderia dizer do governo federal em que um dos denunciantes ocupou o cargo de Ministro da Justiça" [a referência indireta é a Miguel Reale Júnior, subscritor da denúncia e ex-ministro da Justiça no governo do Presidente Fernando Henrique Cardoso] (NEVES, 2015).

bilidade. Oscar Vieira (2018), em um estilo mais ensaístico, aborda a experiência política e constitucional desde 2013, em franco diálogo com a teoria e a ciência política. Arguelhes e Pereira (2019), por fim, analisam a participação do STF em processo de *impeachment* a partir de um reenquadramento da teoria da separação de poderes. O denominador comum, entre esses trabalhos e este livro, é tornar o modelo analítico mais criterioso e interdisciplinar.

Esse padrão editorial brasileiro descrito anteriormente se repete nos Estados Unidos. Comparo os dois países, porque ambos vivenciaram, em tempos recentes, processos de destituição de seus presidentes. Além disso, acertadamente ou não, os juristas brasileiros sempre se reportam à literatura americana sobre o *impeachment*. Tanto o processo de *impeachment* de Bill Clinton, em 1999, quanto o de Donald Trump, em 2020, fizeram despertar o interesse sobre o assunto. Na linha mais dogmática, além dos já clássicos Berger (1974), Black Junior (1998) e Gerhardt (1996), cito Bowman (2019), Sunstein (2017), Tribe e Matz (2018), como trabalhos claramente influenciados pela conjuntura política. Há entre eles um certo padrão: interpretar a expressão constitucional *other high crimes and misdemeanors*, à luz da história constitucional britânica e americana, com uma incursão obrigatória e criteriosa nos debates da Convenção da Filadélfia. Os textos mais recentes discutem também a pertinência do afastamento do Presidente Donald Trump.

Este capítulo enfatiza três trabalhos comparativos. Lee (2005) e Ohnesorge (2019), que, com diferentes métodos, analisam paralelamente os modelos americano e sul-coreano. Cada um desses países adotou uma forma singular de lidar com o *impeachment*, e as consequências do desenho institucional são valiosas para se entenderem os mecanismos do instituto. O artigo de Guinsburg, Huq e Landau (2019) segue a tradição do *Comparative Constitutional Project (CCP)*. Este projeto, grosso modo, é o esforço intenso e extenso para extrair e quantificar dados das constituições escritas. O objetivo é avaliar as consequências das escolhas constitucionais. Para além de todas essas informações, pretendo analisar as formulações teóricas e normativas ali ensaiadas.

A literatura, em particular das ciências sociais e da ciência política, decuplicou-se. Incluo nessa literatura os trabalhos jornalísticos de Conti (2012), cujo objeto é a análise da imprensa durante o *impeachment* de Fernando Collor de Mello; o de Recondo e Weber (2019) sobre os meandros do STF, com um capítulo específico sobre o *impeachment* de

Dilma Rousseff. E, para uma análise do dia a dia do governo de Dilma Rousseff, cito Melo Franco (2018).

O fenômeno da interrupção *lato sensu* dos mandatos presidenciais pôs à prova a teoria de Juan Linz:[175] não há correlação necessária entre presidencialismo, crise governativa e ruptura democrática. Uma geração de estudos dedicou-se a analisar episódios recentes de interrupções de mandatos para identificar seus padrões, suas causas, condições e consequências, e as diversas variáveis institucionais, ou não, mobilizadas para explicar a ocorrência de um *impeachment*. Algumas delas são: as características e o nível de fragmentação do sistema partidário, o número de assentos do partido do presidente no Legislativo, a relação executivo-legislativo, popularidade do presidente, o desempenho econômico do país, as manifestações e os protestos populares. Há divergência, no entanto, sobre o peso relativo de cada uma delas. Entre as possíveis (e controvertidas) consequências do *impeachment* estão a parlamentarização do sistema presidencialista, o fortalecimento dos mecanismos de *accountability* horizontal, a ascendência das manifestações populares como "poder moderador" e a fragilização do regime democrático.

Baumgartner e Kada (2003) organizaram a pioneira coletânea de estudos de casos não limitados à América Latina. Este foi o primeiro esforço para a formulação de uma teoria geral e comparada sobre *impeachment*. Llanos e Marsteindret (2010) seguiram o mesmo caminho, porém, limitando sua análise à América Latina.[176] Pérez-Liñán (2007; 2014; 2020), talvez, seja o mais influente autor no campo da política comparada. Por esta razão, mais adiante, neste texto, retornarei ao seu trabalho, para discutir sua ideia sobre o novo padrão de instabilidade presidencial e escudo legislativo.

Muitos trabalhos foram elaborados com o foco no Brasil. Rosenn e Downes (2000), por exemplo, organizaram a primeira coletânea interdisciplinar dedicada apenas ao *impeachment* do Presidente Fernando Collor de Mello. Por seu lado, Sallum Júnior e Casarões (2011) e Sallum Júnior (2015; 2018) fazem uma análise mais minuciosa do governo

---

[175] Valenzuela (1993; 2004) também está inserido nessa linha de pesquisa e tem sido apontado como um seguidor da tese de Juan Linz.
[176] Merecem referência também Kim e Bahry (2008), Hochstetler (2007), Hochstetler e Samuels (2011), Kim (2013), Marsteintredet (2008), Marsteintredet e Berntzen (2008), Kasahara e Marsteintredet (2018). Com recortes geográficos distintos, esses autores analisaram, comparativamente, diversos sistemas presidencialistas à procura de padrões e causas explicativas.

e do *impeachment* do Presidente Fernando Collor de Mello. Em seus trabalhos individuais, Brasílio Sallum Júnior contextualiza o governo Collor sob uma perspectiva sociológica mais ampla, discorrendo da transição democrática até o encerramento precoce de seu mandato.[177] Uma interpretação do *impeachment* com ênfase institucionalista foi elaborada por Figueiredo (2010) e por Abranches (2018b).

Mais diversificada e controvertida, é a análise sobre o *impeachment* da Presidente Dilma Rousseff. A polêmica em torno de seu afastamento trouxe variáveis desconhecidas das análises feitas sobre o caso do presidente Fernando Collor de Mello. Alguns autores discutem abertamente a ocorrência de um golpe parlamentar (MIGUEL, 2019; SANTOS, 2017; SANTOS; SZWAKO, 2016), ou a consumação *de facto* da parlamentarização do presidencialismo (KASAHARA; MARSTEINTREDET, 2018).

Para Avritzer (2016, 2019), os impasses institucionais e políticos do presidencialismo de coalizão se agravaram de tal forma a reforçar, em demasia, os aspectos antidemocráticos do sistema político. Essa tese será discutida, a seguir, porque o autor aponta o *impeachment* como um destes traços antidemocráticos. Em resumo, o *impeachment* da Presidente Dilma Rousseff fez inverter a ênfase da análise: das causas para as consequências de um processo de *impeachment*.[178]

O resultado pretendido por este livro é a aproximação entre esses dois campos de pesquisa: o *impeachment* seria político, mas delimitado juridicamente. Pretendo responder como essas duas peças da engrenagem se articulam para pôr em movimento, ou bloquear, um *impeachment*.

4.2 Bases para o *impeachment* e o *contrabando parlamentarista*

Que razões autorizariam a instauração de um *impeachment*? Essa é uma pergunta-chave, pois, uma preocupação bastante séria diz respei-

---

[177] Segundo Sallum Júnior e Casarões (2011), em sua revisão da literatura sobre o *impeachment* de Fernando Collor afirmam que ela está agrupada em dois eixos explicativos: as características pessoais do presidente e disputa político-institucional. Em razão da insuficiência interpretativa desses dois eixos, os autores ensaiam uma resposta mais abrangente, envolvendo essas variáveis e outras, como disputas simbólicas e o papel da coalizão oposicionista composta por Partido do Movimento Democrático Brasileiro (PMDB), PSDB e PT.
[178] A preocupação com as consequências políticas do *impeachment* é também objeto de discussão na literatura jurídica. Por exemplo, Kozicki e Chueiri (2019) indicam ter sido o *impeachment* o artifício para a adoção, pelos governos subsequentes, de uma reforma constitucional regressista.

to à redação e à abrangência das causas *autorizadoras de impeachments*. A previsão excessiva de crimes de responsabilidade e a linguagem vaga e indeterminada seriam as principais evidências do mau uso da técnica legislativa. Essa abertura daria ao intérprete e ao aplicador da norma uma indevida discricionariedade decisória. No limite, arranjos institucionais dotados com essas características desfariam as diferenças entre presidencialismo e parlamentarismo. O *impeachment* tornar-se-ia sinônimo de voto de desconfiança, uma vez que o seu desenho, no Brasil, contraria os postulados básicos do manual de boas práticas.

A CRFB/1988, seguindo a tradição do constitucionalismo republicano, manteve a dupla responsabilidade do presidente: (i) por crimes comuns e (ii) por crimes de responsabilidade. Também, em conformidade com a tradição, a CRFB/1988 determinou os parâmetros mínimos, para a posterior definição, em lei especial, da expressão crimes de responsabilidade. Em síntese, nosso constitucionalismo reitera: (a) a distinção entre as infrações de direito penal e os crimes de responsabilidade, e (b) a fixação de regras constitucionais e legais a respeito da definição da expressão crime de responsabilidade e de seu processamento (IMPEACHMENT, 2009). Atualmente, o marco normativo do *impeachment* inclui a CRFB/1988, a Lei nº 1079/50 e as disposições regimentais da Câmara dos Deputados e do Senado Federal.

Esta referida lei tem gerado certa controvérsia, em razão de sua origem e de seus propósitos, ambos supostamente incompatíveis com um sistema presidencialista. Como consequência, sua recepção pela CRFB/1988 seria questionável. Os argumentos são de duas ordens, a saber: (i) a lei teria um código genético parlamentarista; (ii) a lei seria um elemento antidemocrático do sistema político. Na ausência de uma melhor nomenclatura, chamo essa interpretação de *contrabando parlamentarista*.[179] O efeito prático dessa "aparente incompatibilidade ideológica" é assim sintetizado por Bustamante (2018):

> A legislação sobre o *impeachment* em vigor no Brasil parece agravar ainda mais o momento de crise política por que estamos passando, na medida em que *a forma como são tipificados os crimes de responsabilidade, na Lei nº 1079/1950, gera um elemento de desestabilização ainda maior, colocando em*

---

[179] Além dessa expressão, Queiroz (2015) fala também em um "cavalo de Troia parlamentarista" e "armadilha". Neste livro, a expressão "contrabando parlamentarista" adquire uma maior abrangência. Insiro nesta categoria, todas as teses que postulam haver uma incompatibilidade entre a Constituição de 1988 e a Lei nº 1079/1950.

risco a própria sobrevivência do presidencialismo (BUSTAMANTE, 2018, p. 56-57, grifos nossos).

Submeto a tese do *contrabando* a dois testes. Primeiramente, examino como ela dialoga com a tradição constitucional brasileira. Em seguida, procedo a uma análise comparativa sobre como os demais países têm regulado o processo de *impeachment*. Ao final, ensaio uma interpretação oposta: a redação dos crimes de responsabilidade não explica a maior ou menor incidência do *impeachment*. O uso do *impeachment* é mais bem compreendido se se mirar no órgão decisório responsável por dar interpretação e sentido às normas autorizadoras do *impeachment*.

4.2.1 A "armadilha" institucional

A tese da origem espúria da Lei nº 1079/50 foi apresentada por Queiroz (2015).[180] A ininteligibilidade e a acentuada polarização em torno do *impeachment* decorrem de uma "armadilha" institucional: a Constituição, presidencialista, é incompatível com a Lei nº 1079/50, parlamentarista. Para confirmar sua hipótese, Queiroz (2015) retorna à década de 1950, para averiguar a origem desta Lei.

A primeira evidência encontrada é o contexto da discussão e da aprovação do projeto de lei sobre crimes de responsabilidade (PLS 23), que estava relacionado à polêmica em torno da Emenda nº 4, de 29 de março de 1949, a Emenda Parlamentarista.[181]

---

[180] A tese do *contrabando* me parece ter sido revista por seu formulador. Em artigo publicado em 2017, Queiroz (2017) filia-se à corrente que postula ser o crime de responsabilidade uma infração política e não criminal. Ao fim do artigo, o mesmo autor conclui: "a literatura acerca dos determinantes institucionais dos *impeachments* latino-americanos é hoje mais rica. Ela identifica múltiplos fatores que contribuem para a era das presidências fracassadas no continente. Ao contrário das hipóteses dos juristas brasileiros do século XX, *nenhuma delas inclui características da redação dos dispositivos legais ou interpretações doutrinárias para seus conceitos centrais como relevantes para tanto* [...]" (QUEIROZ, 2017, p. 244, grifos nossos). Apesar disso, parece-me relevante contestá-la por ter adquirido vida própria. Alencastro (2016), por exemplo, endossa o argumento para afirmar haver "inconsistência na legislação do *impeachment*". A destituição da Presidente Dilma Rousseff, segundo ele, poderia ser explicada por esse traço parlamentarista da legislação responsável por fundamentar um golpe parlamentar maragato. Villaverde (2019), em dissertação de mestrado, retoma essa discussão e ratifica a tese sobre o *contrabando* parlamentarista.

[181] A emenda viria a ser votada e, enfim, derrotada apenas em 1953. Obteve 116 votos favoráveis e 90 contrários. Paixão e Barbosa (2013) retomam o incessante debate sobre o sistema de governo estabelecido, logo após a promulgação da Constituição de 1946. Os pareceres, a favor e contra a emenda, redigidos por Raul Pilla e Afonso Arinos de Mello Franco foram reunidos, posteriormente, em volume único (FRANCO; PILLA, 1999).

Como a Emenda Parlamentarista foi rejeitada pela comissão especial instaurada para apreciá-la, o PLS 23 foi resgatado por adeptos do parlamentarismo, com o inconfessado propósito de se fazer incluir um *remendo* parlamentarista, no interior do presidencialismo, dessa vez por meio de legislação ordinária. A presença do Deputado Raul Pilla (PL/RS) entre os signatários do projeto de lei e da sua exposição de motivos seria um dos sinais da manobra.[182] Raul Pilla era, então, o mais notório defensor da mudança de sistema de governo e conhecido como "o papa do parlamentarismo".[183]

Além das digitais de Raul Pilla, a exposição de motivos do projeto de lei expunha, às claras, suas reais intenções. Seus subscritores atribuíam à expressão "crime de responsabilidade" deliberada amplitude (QUEIROZ, 2015). O *impeachment* não estaria limitado ao cometimento de um crime em sentido estrito, mas, seria justificável também na hipótese de "mau procedimento". Prosseguindo, Queiroz (2015) cita a conclusão do parecer: "o *impeachment* é caracteristicamente uma instituição política, cujo objeto não consiste propriamente em castigar delitos, mas, principalmente, em substituir um funcionário por outro melhor, no intuito de obter um bom governo" (BRASIL, 1948, p. 293).

Do ponto de vista formal, a "armadilha" materializar-se-ia na longa tipificação de crimes de responsabilidade e na sua redação elástica e abundante, contrariando as boas práticas de tipificação penal: "os tais crimes são muito amplos – às vezes, nem mesmo se parecem com crimes" (QUEIROZ, 2015).

A "parlamentarização" dos crimes de responsabilidade não era gratuita. Os deputados anteviam a vitória de Getúlio Vargas nas eleições presidenciais de 1950 (ALENCASTRO, 2016). Para arrematar, o instituto do *impeachment* teria como principal analista, por coincidência, Paulo Brossard, um correligionário de Raul Pilla. Além da relevante obra acadêmica, Brossard viria a ser ministro do STF, cargo no qual poderia, inclusive, institucionalizar sua interpretação.[184] Em síntese,

---

[182] O projeto de lei e a sua exposição de motivos estão disponíveis nos Anais do Senado (BRASIL, 1948, p. 278 e seguintes).

[183] Raul Pilla participou dos trabalhos da Assembleia Constituinte instaurada após a redemocratização, em 1946. Durante o seu mandato constituinte, já defendia a adoção do regime parlamentarista. Além disso, viria a escrever diversos opúsculos em defesa do parlamentarismo, como, por exemplo, o "Catecismo parlamentarista", cuja primeira edição é de 1949 (PILLA, 2009).

[184] Como apontado no Capítulo 2, Paulo Brossard afirmava de forma categórica ser o *impeachment* um instrumento político. Brossard também se notabilizou por defender a ausência de

a Lei nº 1079/50 chegou até a CRFB/1988 conservando traços e uma interpretação parlamentaristas.

Quanto à segunda interpretação, ou seja, a Lei nº 1079/50 como um instituto antidemocrático do sistema político, resgatou as críticas formuladas por Avritzer (2016; 2019) discutidas no Capítulo 3 deste livro. Segundo ele, o presidencialismo de coalizão caminhava para um impasse dada a sua incapacidade de gerar governabilidade.[185] Passados três anos dessa publicação e concluído o *impeachment* da Presidente Dilma Rousseff, Avritzer (2019) volta à discussão sobre o estado da democracia e do sistema político brasileiros. O impasse teria se consubstanciado em um momento antidemocrático típico da natureza pendular da democracia brasileira.

Vista sob a perspectiva da *longue durée*, a democracia brasileira oscilaria num movimento pendular. Cada período de expansão democrática seria sucedido por um regressista, ou como diz o próprio autor, "um momento de desinstitucionalização do processo de resolução de conflitos políticos no país" (AVRITZER, 2019, p. 22). Os intervalos entre os anos 1950 e 1964 e 2003 e 2014 seriam casos de expansão democrática. Ao fim deles, seguiram-se momentos críticos e não democráticos cuja conjuntura envolve "divisões políticas, crises econômicas e profundo desacordo em relação ao projeto de nação" (AVRITZER, 2019, p. 23; 50).

No modelo teórico delineado por Avritzer (2019), instituições democráticas e *contrademocráticas* conviveriam no interior do sistema político.[186] Essas últimas, quando acionadas, tinham a capacidade de empurrar o pêndulo em direção à regressão democrática. Os três elementos *contrademocráticos* latentes no sistema político são: o *impeachment*, a justiça eleitoral e a possibilidade de intervenção militar em assuntos internos. Neste livro, limitei-me a tratar apenas do elemento *impeachment*.

De acordo com Avritzer (2019, p. 55), o *impeachment*, tal e qual configurado e praticado no Brasil, não seguiria "o padrão internacional do presidencialismo, em particular o anglo-saxão, de acordo com o qual o afastamento deve ser um evento muito raro e, para tal, não deve envolver questões administrativas (*maladiministration*) ou de oposição

---

jurisdição do STF, para controlar os atos praticados durante o processo de afastamento, porque entendia ter a Constituição de 1988 criado uma exceção à regra da inafastabilidade do judiciário.

[185] O conceito de governabilidade de Avritzer (2016) está descrito no Capítulo 3, Subseção 3.3.

[186] O conceito de *contrademocracia* é, segundo Avritzer (2019, p. 18), tomado de Rosanvallon (2008). Todavia, o autor não é claro sobre a interpretação feita da obra de Pierre Rosanvallon.

política". Avritzer (2019, p. 55) ecoa a tese de Queiroz (2015) e afirma ainda não ter havido, com a CRFB/1988 a revisão da Lei nº 1079/50: "não por acaso elaborada meses antes da eleição de Vargas em 1950, que abre um enorme elenco de possibilidades para a retirada de políticos eleitos [...]". Mais adiante, Avritzer (2019 p. 60-61) argumenta ser a Lei nº 1079/50 "fortemente problemática" e uma "maneira de forçar a adaptação dos resultados eleitorais". O Deputado Eduardo Cunha, então Presidente da Câmara dos Deputados, durante a deliberação do pedido de *impeachment* da Presidente Dilma Rousseff, teria conferido à Lei nº 1079/50 o "seu pleno significado". Em resumo, esta lei permitiu o emprego político de um instrumento jurídico (AVRITZER, 2019, p. 41).

Oscar Vieira (2018, p. 58) também fez uma associação entre a previsão de múltiplos crimes de responsabilidade e a amplificação da discricionariedade decisória das casas legislativas. Segundo ele, essa falha no desenho institucional fez com que o processo de *impeachment* "adquirisse uma natureza prevalentemente política". Além disso, Oscar Viera (2018, p. 60) afirma que os casos de Fernando Collor de Mello e Dilma Rousseff impactaram na natureza do sistema presidencialista, porque o *impeachment* deixou de ser um expediente extraordinário e passou a ser ordinário. O sistema político, por sua vez, teria se tornado um "semipresidencialismo manco".

A prática do *impeachment* desde 1988 seria a coroação tardia de um presidencialismo *parlamentarizado* e *antidemocrático*?

4.2.2 A tese do contrabando e a tradição institucional brasileira

Atenho-me, neste primeiro momento, aos aspectos formais da crítica e, retomo, em seguida, alguns pontos, a meu ver problemáticos, como a comparação entre o modelo brasileiro e um edulcorado "padrão anglo-saxão".

A tese do *contrabando* parece-me equivocada sobre a origem artificiosa da Lei nº 1079/50. Para esclarecer essa assertiva, o Quadro 1 lista e compara as passagens das Constituições de 1824, 1891, 1934, 1946 e 1988 sobre crime de responsabilidade imputáveis ao chefe do Poder Executivo. Como explicado na abertura desta subseção, a definição do crime de responsabilidade e sua tipificação em lei especial pertencem à longa tradição do constitucionalismo brasileiro. Suas origens remontam à Constituição de 1824 e à Lei de 15 de outubro de 1827. No caso das

Constituições republicanas, os parâmetros constitucionais são inequivocamente semelhantes, no conteúdo e na forma.

Não bastasse tudo isso, os crimes de responsabilidade tipificados na Lei nº 1079/50 são também, em sua forma e conteúdo, muito semelhantes aos do Decreto nº 30, de 8 de outubro de 1892.[187] Embora extenso, o Quadro 1 constata a coincidência da técnica legislativa adotada nos dispositivos da Lei nº 1079/50 e do Decreto nº 30/1892.

Não estou a discutir, por ora, se esse modelo institucional é ou não adequado. Se há erro, é um erro histórico e não conjuntural.[188] Questiono apenas a ideia de ser a Lei nº 1079/50 um *contrabando parlamentarista* produzido sob medida para conter o presidente Getúlio Vargas. Levada às suas últimas consequências, a procedência dessa tese nos obrigaria a fixar paradoxalmente como marco inicial da parlamentarização o início do período republicano com a implementação do presidencialismo, durante as diatribes que cercavam as relações entre o Marechal Deodoro da Fonseca e o Poder Legislativo.

Bastante duvidável, também, é a alegação de a Lei nº 1079/50 ser parlamentarista, somente por serem seus propositores ou apoiadores parlamentaristas. Endossar essa conclusão, é levar ao paroxismo a ideia de "intenção do legislador". Não nos parece ser razoável chamar uma lei de "comunista" porque proposta por filiados ao Partido Comunista do Brasil (PC do B). Uma lei incentivada por pelos comunistas seria o equivalente a uma fenda no sistema capitalista?

---

[187] Após a promulgação da Constituição de 1891 (BRASIL, [1931]) foram aprovados o Decreto nº 27, de 7 de janeiro de 1892 (BRASIL, 1892a) e o Decreto nº 30, de 8 de janeiro de 1892 (BRASIL, 1892b). O primeiro tratava da regulamentação do processo e do julgamento do Presidente da República e dos Ministros de Estado por crimes comuns. O segundo tipificava os crimes de responsabilidade, conforme previsto na Constituição. Os dois decretos foram promulgados em um contexto bastante crítico das relações entre o Executivo e Legislativo. Os dois decretos, inclusive, foram vetados pelo então Presidente Deodoro da Fonseca. Após a derrubada do veto e a renúncia de Deodoro da Fonseca, o vice-presidente Floriano Peixoto os promulgaria.

[188] Apesar de Queiroz (2015) e Avritzer (2019) associarem a aprovação, às pressas, da Lei nº 1079/1950 à eleição de Getúlio Vargas, em 1950, pode também haver aqui uma incorreção. De acordo com Lira Neto (2014, p. 177-179), o lançamento extraoficial da candidatura de Getúlio Vargas teria ocorrido em 15 junho, de 1950, em discurso feito pelo então Governador do Estado de São Paulo, Adhemar de Barros. Em 18 de junho, Getúlio Vargas discursaria como candidato na convenção nacional de seu partido. A Lei nº 1079/50 foi publicada em 10 de abril de 1950 e o pleito eleitoral aconteceria em outubro daquele ano. Concedo, no entanto, a possibilidade de os congressistas agirem de modo antecipado a uma eventual vitória de Getúlio Vargas. Essa conclusão exige o aprofundamento da pesquisa historiográfica e política.

QUADRO 1
Definição constitucional sobre crimes de responsabilidade[189]

(continua)

	1824	1891	1934	1946	1988
Texto constitucional	Art. 133. Os Ministros de Estado serão responsáveis I. Por traição. II. Por peita, suborno, ou concussão. III. Por abuso do Poder. IV. Pela falta de observância da Lei. V. Pelo que obrarem contra a Liberdade, segurança, ou propriedade dos Cidadãos. VI. Por qualquer dissipação dos bens públicos.	Art. 54 – São crimes de responsabilidade os atos do Presidente que atentarem contra: 1º) a existência política da União; 2º) a Constituição e a forma do Governo federal; 3º) o livre exercício dos Poderes políticos; 4º) o gozo, e exercício legal dos direitos políticos ou individuais; 5º) a segurança interna do País; 6º) a probidade da administração; 7º) a guarda e emprego constitucional dos dinheiros públicos; 8º) as leis orçamentárias votadas pelo Congresso.	Art. 57 – São crimes de responsabilidade os atos do Presidente da República, definidos em lei, que atentarem contra: a) a existência da União; b) a Constituição e a forma de Governo federal; c) o livre exercício dos Poderes políticos; d) o gozo ou exercício legal dos direitos políticos, sociais ou individuais; e) a segurança interna do País; f) a probidade da administração; g) a guarda ou emprego legal dos dinheiros públicos; h) as leis orçamentárias; i) o cumprimento das decisões judiciárias.	Art. 89 – São crimes de responsabilidade os atos do Presidente da República que atentarem contra a Constituição federal e, especialmente, contra: I – a existência da União; II – o livre exercício do Poder Legislativo, do Poder Judiciário e dos Poderes constitucionais dos Estados; III – o exercício dos direitos políticos, individuais e sociais; IV – a segurança interna do País; V – a probidade da administração; VI – a lei orçamentária; VII – a guarda e o legal emprego dos dinheiros públicos; VIII – o cumprimento das decisões judiciárias.	Art. 85. São crimes de responsabilidade os atos do Presidente da República que atentem contra a Constituição Federal e, especialmente, contra: I – a existência da União; II – o livre exercício do Poder Legislativo, do Poder Judiciário, do Ministério Público e dos Poderes constitucionais das unidades da Federação; III – o exercício dos direitos políticos, individuais e sociais; IV – a segurança interna do País; V – a probidade na administração; VI – a lei orçamentária; VII – o cumprimento das leis e das decisões judiciais

[189] Os dispositivos conservam o padrão da língua portuguesa vigente à época de sua edição.

(conclusão)

	1824	1891	1934	1946	1988
Previsão de lei especial	Art. 134. Uma Lei particular especificará a natureza destes delictos, e a maneira de proceder contra elles.	§1º – Esses delitos serão definidos em lei especial. §2º – Outra lei regulará a acusação, o processo e o julgamento. §3º – Ambas essas leis serão feitas na primeira sessão do Primeiro Congresso.	Art. 57 – São crimes de responsabilidade os atos do Presidente da República, definidos em lei, que atentarem contra:	Parágrafo único – Esses crimes serão definidos em lei especial, que estabelecerá as normas de processo e julgamento.	Parágrafo único. Esses crimes serão definidos em lei especial, que estabelecerá as normas de processo e julgamento.
Lei Especial	Lei de 15 de outubro de 1827	Decreto nº 30, de 8 de janeiro de 1892	Decreto nº 30, de 8 de janeiro de 1892	Lei 1079/50	Lei 1079/50

Fonte: Elaborado pelo autor com dados extraídos das Constituições (BRASIL, 1824; 1891; 1934; 1946; 1988).

QUADRO 2
Tipificação dos crimes de responsabilidade (Decreto nº 30, de 8 de janeiro de 1892 e Lei nº 1079/1950)[190]

(continua)

Crimes de responsabilidade tipificados no Decreto nº 30, de 8 de janeiro de 1892	Crimes de responsabilidade tipificados na Lei nº 1079/50
Art. 4º Tentar directamente e por factos submetter a União ou algum dos Estados que della fazem parte ao dominio estrangeiro, ou separar da União qualquer Estado ou forças do territorio nacional.	**Art. 5º São crimes de responsabilidade contra a existência política da União:** 1 – entreter, direta ou indiretamente, inteligência com governo estrangeiro, provocando-o a fazer guerra ou cometer hostilidade contra a República, prometer-lhe assistência ou favor, ou dar-lhe qualquer auxílio nos preparativos ou planos de guerra contra a República;
Art. 5º Entreter directa ou indirectamente intelligencia com um governo estrangeiro para provocal-o ou instigal-o a fazer a guerra ou a commetter hostilidades contra a Republica; prometter-lhe assistencia e favor, ou dar-lhe qualquer auxilio nos preparativos ou planos de guerra contra a Republica.	2 – tentar, diretamente e por fatos, submeter a União ou algum dos Estados ou Territórios a domínio estrangeiro, ou dela separar qualquer Estado ou porção do território nacional;
Art. 6º Auxiliar alguma nação inimiga a fazer a guerra ou a commetter hostilidades contra a Republica:	3 – cometer ato de hostilidade contra nação estrangeira, expondo a República ao perigo da guerra, ou comprometendo-lhe a neutralidade;
1º fornecendo-lhe gente, armas, dinheiro, munições ou embarcações;	
2º communicando-lhe o estado das forças, os meios de defesa, recursos ou planos da Republica ou dos seus alliados;	4 – revelar negócios políticos ou militares, que devam ser mantidos secretos a bem da defesa da segurança externa ou dos interesses da Nação;
3º dando entrada e auxilio a espiões mandados a pesquizar os meios de defesa ou as operações da Republica ou dos seus alliados;	5 – auxiliar, por qualquer modo, nação inimiga a fazer a guerra ou a cometer hostilidade contra a República;
4º favorecendo ou facilitando por qualquer modo e intencionalmente as operações do inimigo.	6 – celebrar tratados, convenções ou ajustes que comprometam a dignidade da Nação;

---

[190] A tabela lista apenas os crimes de responsabilidade previstos na versão original da Lei nº 1079/1950. Posteriormente, novos crimes foram acrescentados por meio da Lei nº 10.028/2000 Todos eles constam do Capítulo VI "Dos crimes contra a lei orçamentária". Os dispositivos conservam o padrão da língua portuguesa vigente à época de sua edição. Para facilitar a identificação, nos dispositivos subdivididos, o *caput* dos artigos foi negritado para diferenciá-lo de seus incisos.

(continua)

Crimes de responsabilidade tipificados no Decreto nº 30, de 8 de janeiro de 1892	Crimes de responsabilidade tipificados na Lei nº 1079/50
Art. 7º: Entregar de facto ao inimigo interno ou externo qualquer porção do território da Republica, ou que ella tenha ocupado, ou quaesquer objectos que lhe pertençam ou de que esteja de posse, tendo meios de defesa, ou não empregar contra o inimgo os meios de defesa que poderia ou deveria empregar.	7 – violar a imunidade dos embaixadores ou ministros estrangeiros acreditados no país;
	8 – declarar a guerra, salvo os casos de invasão ou agressão estrangeira, ou fazer a paz, sem autorização do Congresso Nacional.
Art. 8º Revelar negocios politicos ou militares, que devam ser mantidos secretos, a bem da defesa, da segurança externa ou dos interesses da nação.	9 – não empregar contra o inimigo os meios de defesa de que poderia dispor;
	10 – permitir o Presidente da República, durante as sessões legislativas e sem autorização do Congresso Nacional, que forças estrangeiras transitem pelo território do país, ou, por motivo de guerra, nele permaneçam temporariamente;
Art. 9º Celebrar tratados, ajustes ou convenções que comprometam a honra, a dignidade ou os interesses da nação.	
Art. 10. Decretar a guerra, salvo os casos de invasão ou aggressão de nação estrangeira, ou fazer a paz sem autorisação do Congresso.	11 – violar tratados legitimamente feitos com nações estrangeiras.
Art. 11. Violar tratados legitimamente feitos com as nações estrangeiras.	**Art. 6º São crimes de responsabilidade contra o livre exercício dos poderes legislativo e judiciário e dos poderes constitucionais dos Estados:**
Art. 12. Violar a immunidade dos embaixadores ou ministros estrangeiros.	1 – tentar dissolver o Congresso Nacional, impedir a reunião ou tentar impedir por qualquer modo o funcionamento de qualquer de suas Câmaras;
Art. 13. Commetter actos de hostilidade para com alguma nação estrangeira, que comprometam a neutralidade da Republica ou exponham a Republica ao perigo da guerra	2 – usar de violência ou ameaça contra algum representante da Nação para afastá-lo da Câmara a que pertença ou para coagí-lo no modo de exercer o seu mandato bem como conseguir ou tentar conseguir o mesmo objetivo mediante suborno ou outras formas de corrupção;
Art. 14. Tentar directamente e por factos: 1º Mudar por meios violentos a fórmado Governo Federal;	
2º Mudar no todo, ou em parte e pelos mesmos meios, a Constituição Federal ou a Constituição de algum dos Estados da União.	3 – violar as imunidades asseguradas aos membros do Congresso Nacional, das Assembléias Legislativas dos Estados, da Câmara dos Vereadores do Distrito Federal e das Câmaras Municipais;
Art. 15. Oppor-se directamente e por factos a que o Senado ou a Camara dos Deputados se reunam constitucionalmente; tentar directamente e por factos dissolver o Congresso ou alguma de suas Camaras.	4 – permitir que força estrangeira transite pelo território do país ou nele permaneça quando a isso se oponha o Congresso Nacional;

(continua)

Crimes de responsabilidade tipificados no Decreto nº 30, de 8 de janeiro de 1892	Crimes de responsabilidade tipificados na Lei nº 1079/50
Art. 16. Entrar tumultuariamente no recinto de alguma das Camaras do Congresso; obrigar cada uma dellas a exercer ou a deixar de exercer qualquer das suas funcções constitucionaes, ou a exercel-as de certo modo. Art. 17. Usar de violencia ou de ameaças contra algum senador ou deputado para arredal-o da Camara a que pertence, ou para coagil-o no modo de exercer o seu mandato, ou pelo que tiver dito ou praticado no mesmo exercicio. Art. 18. Usar de violencia ou de ameaças contra os agentes do Poder Executivo para forçal-os a fazer de maneira illegal um acto official, ou a deixar de fazer legalmente um acto official, ou a fazer como official um acto para que não estejam autorisados. Art. 19. Oppor-se directamente e por factos ao livre exercicio do poder judiciario da União; impedir ou obstar, por meios violentos, o effeito dos actos, mandados ou sentenças que forem da competencia do mesmo poder. Art. 20. Usar de violencias ou ameaças para constranger algum juiz ou jurado a proferir ou deixar de proferir algum despacho, sentença ou voto, ou a fazer ou deixar de fazer qualquer acto official. Art. 21. Praticar contra qualquer dos poderes dos Estados da União ou contra as administrações municipaes, ou contra cidadãos investidos nas funcções desses poderes ou administrações, os crimes especificados neste capitulo. Art. 22. Intervir em negocios peculiares aos Estados, fóra dos casos exceptuados no art. 6º da Constituição. Art. 23. Vilipendiar de publico as instituições ou alguma das instituições constitucionaes.	5 – opor-se diretamente e por fatos ao livre exercício do Poder Judiciário, ou obstar, por meios violentos, ao efeito dos seus atos, mandados ou sentenças; 6 – usar de violência ou ameaça, para constranger juiz, ou jurado, a proferir ou deixar de proferir despacho, sentença ou voto, ou a fazer ou deixar de fazer ato do seu ofício; 7 – praticar contra os poderes estaduais ou municipais ato definido como crime neste artigo; 8 – intervir em negócios peculiares aos Estados ou aos Municípios com desobediência às normas constitucionais. **Art. 7º São crimes de responsabilidade contra o livre exercício dos direitos políticos, individuais e sociais:** 1 – impedir por violência, ameaça ou corrupção, o livre exercício do voto; 2 – obstar ao livre exercício das funções dos mesários eleitorais; 3 – violar o escrutínio de seção eleitoral ou inquinar de nulidade o seu resultado pela subtração, desvio ou inutilização do respectivo material; 4 – utilizar o poder federal para impedir a livre execução da lei eleitoral; 5 – servir-se das autoridades sob sua subordinação imediata para praticar abuso do poder, ou tolerar que essas autoridades o pratiquem sem repressão sua; 6 – subverter ou tentar subverter por meios violentos a ordem política e social; 7 – incitar militares à desobediência à lei ou infração à disciplina; 8 – provocar animosidade entre as classes armadas ou contra elas, ou delas contra as instituições civis;

(continua)

Crimes de responsabilidade tipificados no Decreto nº 30, de 8 de janeiro de 1892	Crimes de responsabilidade tipificados na Lei nº 1079/50
Art. 24. Conspirar, concertando-se com uma ou mais pessoas, para a pratica dos crimes especificados nos capitulos 1º e 2º e nos arts. 15 e 16, ainda que o concerto não seja seguido de algum acto preparatorio.	9 – violar patentemente qualquer direito ou garantia individual constante do art. 141 e bem assim os direitos sociais assegurados no artigo 157 da Constituição;
Art. 25. Impedir, por violencias ou ameaças, que o eleitor exerça livremente o seu direito de voto; comprar votos ou solicital-os, usando de promessas ou abusando da influencia do cargo.	10 – tomar ou autorizar durante o estado de sítio, medidas de repressão que excedam os limites estabelecidos na Constituição. **Art. 8º São crimes contra a segurança interna do país:**
Art. 26. Impedir, por violencias, ameaças ou tumulto, que alguma mesa eleitoral ou junta apuradora exerça livremente as suas funcções; violar o escrutinio ou inutilisar ou subtrahir livros e papeis referentes ao processo eleitoral.	1 – tentar mudar por violência a forma de governo da República; 2 – tentar mudar por violência a Constituição Federal ou de algum dos Estados, ou lei da União, de Estado ou Município;
Art. 27. Impedir que o povo se reuna pacificamente nas praças publicas, ou em edificios particulares para exercer o direito de representar sobre os negocios publicos; perturbar a reunião, bem como dissolvel-a fóra dos casos em que a lei o permitte ou sem as formalidades que a lei prescreve.	3 – decretar o estado de sítio, estando reunido o Congresso Nacional, ou no recesso deste, não havendo comoção interna grave nem fatos que evidenciem estar a mesma a irromper ou não ocorrendo guerra externa;
Art. 28. Tolher a liberdade de imprensa, impedindo arbitrariamente a publicação ou a circulação de jornaes ou outros escriptos impressos, ou attentando contra os redactores ou contra os empregados ou o material das officinas typographicas.	4 – praticar ou concorrer para que se perpetre qualquer dos crimes contra a segurança interna, definidos na legislação penal; 5 – não dar as providências de sua competência para impedir ou frustrar a execução desses crimes;
Art. 29. Impedir ou perturbar illegalmente as praticas do culto de qualquer confissão religiosa.	6 – ausentar-se do país sem autorização do Congresso Nacional;
Art. 30. Privar illegalmente alguma pessoa de sua liberdade individual ou obrigar dolosamente alguem a fazer o que a lei não manda ou a deixar de fazer o que a lei permitte.	7 – permitir, de forma expressa ou tácita, a infração de lei federal de ordem pública; 8 – deixar de tomar, nos prazos fixados, as providências determinadas por lei ou tratado federal e necessário a sua execução e cumprimento
Art. 31. Infringir as leis que garantem que inviolabilidade do domicilio, o segredo da correspondencia ou a plenitude do direito de propriedade.	**Art. 9º São crimes de responsabilidade contra a probidade na administração:**
Art. 32. Tomar ou autorisar medidas de repressão durante o estado de sitio, que excedam os limites estabelecidos no art. 80 §2º da Constituição.	1 – omitir ou retardar dolosamente a publicação das leis e resoluções do Poder Legislativo ou dos atos do Poder Executivo;

(continua)

Crimes de responsabilidade tipificados no Decreto n° 30, de 8 de janeiro de 1892	Crimes de responsabilidade tipificados na Lei n° 1079/50
Art. 33. Suspender as garantias constitucionaes, achando-se reunido o Congresso, ou, na ausencia deste, não tendo havido commoção interna ou aggressão de nação estrangeira.	2 – não prestar ao Congresso Nacional dentro de sessenta dias após a abertura da sessão legislativa, as contas relativas ao exercício anterior;
Art. 34. Provocar algum crime por discursos proferidos publicamente ou por escriptos affixados ou postos em circulação.	3 – não tornar efetiva a responsabilidade dos seus subordinados, quando manifesta em delitos funcionais ou na prática de atos contrários à Constituição;
Art. 35. Praticar ou concorrer para que se pratiquem os crimes especificados no tit. 2° da 2ª parte, caps. 2°, 3°, 4° e 5° do Codigo Criminal.	4 – expedir ordens ou fazer requisição de forma contrária às disposições expressas da Constituição;
Art. 36. Não dar as providencias que couberem em suas attribuições para obstar a execução desses crimes ou daquelles a que se refere o art. 34 desta lei, tendo conhecimento delles.	5 – infringir no provimento dos cargos públicos, as normas legais; 6 – Usar de violência ou ameaça contra funcionário público para coagí-lo a proceder ilegalmente, bem como utilizar-se de suborno ou de qualquer outra forma de corrupção para o mesmo fim;
Art. 37. Expedir decretos, instrucções, regulamentos ou ordens, ou fazer requisições contrarias ás disposições expressas da Constituição ou da lei.	7 – proceder de modo incompatível com a dignidade, a honra e o decôro do cargo.
Art. 38. Deixar de cumprir as disposições expressas da Constituição ou da lei.	**Art. 10. São crimes de responsabilidade contra a lei orçamentária:**
Art. 39. Não publicar ou retardar dolosamente a publicação das leis e resoluções do Poder Legislativo.	1 – Não apresentar ao Congresso Nacional a proposta do orçamento da República dentro dos primeiros dois meses de cada sessão legislativa;
Art. 40. Tolerar, dissimular ou encobrir os crimes dos seus subordinados, não procedendo ou não mandando proceder contra elles.	2 – Exceder ou transportar, sem autorização legal, as verbas do orçamento; 3 – Realizar o estorno de verbas; 4 – Infringir, patentemente, e de qualquer modo, dispositivo da lei orçamentária.
Art. 41. Recusar as providencias do seu officio que lhe forem requeridas por pessoa ou por autoridade publica ou determinadas por lei, e nomeadamente as informações, esclarecimentos, exhibição de peças ou documentos que uma ou outra Camara do Congresso solicitar, não havendo segredo.	**Art. 11. São crimes contra a guarda e legal emprego dos dinheiros públicos:** 1 – ordenar despesas não autorizadas por lei ou sem observânciadas prescrições legais relativas às mesmas;
Art. 42. Usurpar alguma das attribuições de outro poder.	2 – Abrir crédito sem fundamento em lei ou sem as formalidades legais;
Art. 43. Usar mal de sua autoridade, commettendo excessos ou abusos não especificados na lei, que tenham produzido damno provado a algum particular ou ao Estado.	3 – Contrair empréstimo, emitir moeda corrente ou apólices, ou efetuar operação de crédito sem autorização legal; 4 – alienar imóveis nacionais ou empenhar rendas públicas sem autorização legal;

(continua)

Crimes de responsabilidade tipificados no Decreto nº 30, de 8 de janeiro de 1892	Crimes de responsabilidade tipificados na Lei nº 1079/50
Art. 44. Receber qualquer donativo ou acceitar promessas directa ou indirectamente para praticar ou deixar de praticar algum acto do officio, contra ou segundo a lei, bem como receber qualquer recompensa por ter praticado ou deixado de praticar um acto official.	5 – negligenciar a arrecadação das rendas impostos e taxas, bem como a conservação do patrimônio nacional. **Art. 12. São crimes contra o cumprimento das decisões judiciárias:** 1 – impedir, por qualquer meio, o efeito dos atos, mandados ou decisões do Poder Judiciário;
Art. 45. Deixar-se corromper por influencia ou peditorio de outrem para proceder contra os deveres do cargo.	2 – Recusar o cumprimento das decisões do Poder Judiciário no que depender do exercício das funções do Poder Executivo;
Art. 46. Subornar ou peitar a outrem para proceder contra o que deve no desempenho de funcções publicas.	3 – deixar de atender a requisição de intervenção federal do Supremo Tribunal Federal ou do Tribunal Superior Eleitoral;
Art. 47. Exigir, para cumprir o seu dever, que alguem dê ou prometta, ou induzir alguem a dar ou a prometter gratificação, emolumento ou premio não determinado por lei, e ainda que seja para a Fazenda Publica.	4 – Impedir ou frustrar pagamento determinado por sentença judiciária.
Art. 48. Comprometter a honra e a dignidade do cargo por incontinencia publica e escandalosa, ou pelo vicio de jogos prohibidos ou de embriaguez repetida, ou portando-se com inaptidão notoria ou desidia habitual no desempenho de suas funcções.	
Art. 49. Dissipar ou gerir mal os bens da União: 1º, ordenando despezas não autorisadas por lei ou contra a fórma ou antes do tempo determinado por lei; 2º, excedendo ou transportando illegalmente as verbas do orçamento; 3º, abrindo creditos sem as formalidades ou fóra dos casos em que as leis os facultam; 4º, celebrando contractos manifestamente lesivos; 5º, contrahindo emprestimos, emittindo apolices, ou effectuando outras operações de credito sem autorisação do Poder Legislativo; 6º, alienando os immoveis nacionaes ou empenhando rendas publicas sem a mesma autorisação;	

(conclusão)

Crimes de responsabilidade tipificados no Decreto nº 30, de 8 de janeiro de 1892	Crimes de responsabilidade tipificados na Lei nº 1079/50
7º, Apropriando-se, consumindo ou extraviando, ou consentindo ou concorrendo para que outrem se aproprie, consuma ou extravie dinheiros ou valores pertencentes á Fazenda Publica;	
8º, negligenciando os meios ao seu alcance para a conservação dos bens moveis ou immoveis, e arrecadação dos impostos e rendas da nação. Art. 50. Não prestar ao Congresso, no prazo legal, as contas da receita ou despeza de cada exercicio, devidamente processadas e documentadas.	
Art. 51. Não apresentar ao Congresso, no prazo legal, a proposta geral da lei do orçamento formulada e instruida de conformidade com a lei.	

Fonte: Elaborado pelo autor com dados extraídos do Decreto nº 30, de 8 de janeiro de 1892 e da Lei nº 1079/1950.

4.2.3 A tese do contrabando em perspectiva comparada

A segunda forma de se avaliar a pretensa anomalia do desenho institucional do *impeachment* é proceder a uma análise comparativa entre aquele desenho e o de outros países. O mais amplo estudo disponível foi desenvolvido por Ginsburg, Huq e Landau (2019), com base nos dados coletados pelo *Comparative Constitutions Project*, que, como esclarecido anteriormente, é a base de dados que compila dispositivos de constituições escritas de estados independentes e elaboradas no intervalo entre 1789 e 2006. Os dados utilizados no artigo foram atualizados até 2017.

De acordo com os três autores até o ano de 2017, em 90% dos sistemas presidencialistas e semipresidencialistas havia meios constitucionais de se remover o chefe do Executivo, por incompetência, por ato criminal e por outros fundamentos (GINSBURG; HUQ; LANDAU, 2019, p. 25). Os autores restringiram sua pesquisa às normas constitucionais e, em assim sendo, normas ordinárias, como a Lei nº 1079/1950, não foram contempladas na pesquisa. O caso brasileiro, inclusive, é citado no artigo como um exemplo de que a legislação ordinária não deve ser ignorada. Devido à limitação das informações disponíveis, não é possível assegurar se a regulamentação do *impeachment* via legislação ordinária é recorrente ou desviante. Não obstante, os resultados obtidos na pesquisa permitem avaliar se os dispositivos constitucionais brasileiros, sobretudo o seu conteúdo, está em sintonia com o padrão. Ginsburg, Huq e Landau (2019) listam as seis bases mais comuns do conjunto de 149 constituições: (i) crimes, (ii) violação da constituição, (iii) incapacidade, (iv) traição, (v) insatisfação geral e (vi) outros.[191] A Tabela 1, a seguir, compila os resultados encontrados. Deve-se considerar a possibilidade de uma mesma Constituição prever diversos fundamentos para o *impeachment*.

TABELA 1
Bases para o *impeachment*

Base constitucional para a remoção	Número de Constituições que regulamentam a remoção (n=149)	% de Constituições	Regimes democráticos (n=68)	% de Constituições
Crime	88	59	43	63
Violação da Constituição	69	46	19	28
Incapacidade	55	37	19	28
Traição	51	34	19	28
Insatisfação geral	20	13	7	10
Outros	29	19	10	15

Fonte: Adaptada pelo autor com dados extraídos de Ginsburg, Huq e Landau (2019)

Segundo Ginsburg, Huq e Landau (2019), poucos países seguem o padrão americano de qualificar "crime" com algum adjetivo, como grave, por exemplo. A Constituição americana diz *other high crimes and misdemeanors*. A pesquisa não é clara se os crimes são entendidos em sentido amplo ou restrito, detalhe reputado como relevante na literatura jurídica. No Brasil, por exemplo, embora a Constituição utilize-se da expressão "crime de responsabilidade", a doutrina diverge quanto ao

---

[191] Ginsburg, Huq e Landau (2019) não indicam quais hipóteses estão arroladas nessa categoria residual.

se tratar de crime em sentido estrito ou de uma imprecisão técnica.¹⁹² Da mesma forma, nos Estados Unidos, o entendimento predominante é de não limitar as possíveis infrações à matéria penal.¹⁹³ Essa discordância semântica e teórica é explorada, estrategicamente, tanto no Brasil, como nos Estados Unidos, ao longo de processos de *impeachment*. Os partidários de ambos os lados utilizam esse recurso para reforçarem seus pontos de vista. Fixar-se na natureza penal é uma forma de reduzir a amplitude da justificativa; buscar motivos além do criminal amplia a base do *impeachment*. Mesmo se houvesse concordância em limitar o *impeachment* a infrações penais, poder-se-ia indagar se uma dada infração seria grave o suficiente para justificar um *impeachment*.

Sobre a expressão "violação à constituição", não necessariamente ela corresponde a uma infração penal. Algumas constituições africanas qualificam essa violação como uma ação deliberada ou dolosa.¹⁹⁴ A Constituição da Coreia do Sul autoriza o *impeachment* em caso de "violação da Constituição e das leis".¹⁹⁵ A brasileira, como descrito no Quadro 1, fala em "atentar contra a Constituição".

Ginsburg, Huq e Landau (2019, p. 33) não esclarecem se o critério da "incapacidade" se refere a casos como os previstos na Vigésima Quinta Emenda da Constituição americana. A incapacidade é entendida, em regra, como física, mental ou mesmo uma impossibilidade fática de exercer o cargo. Usualmente, a incapacidade é um modo para a remoção do presidente, mas não se confunde com o *impeachment*

---

[192] Discutir a "natureza jurídica" do *impeachment* é o exercício predileto de todos quanto estudam o instituto. Mais recentemente, Galuppo (2016, p. 34) argumentou tratar-se de crime em sentido estrito. Segundo ele, o posicionamento contrário se deve à "identificação tradicional (e equivocada) entre crime e pena privativa de liberdade, [...] cometendo-se a falácia do *acidente convertido* (quando se toma uma particularidade pela regra geral)". Além disso, a Lei nº 1079/1950 determina a aplicação subsidiaria do Código de Processo Penal. Por último, a jurisprudência do Supremo Tribunal Federal afirma ser inconstitucional a regulamentação estadual por se tratar de matéria penal reservada à União (Ação Direta de Inconstitucionalidade – ADI nº 1628/SC). Em sentido oposto, Queiroz (2017) rechaça a natureza penal do *impeachment*. A expressão "crime de responsabilidade" possuía, de fato, natureza penal no direito do Império, devido às penas previstas. Com a virada para a República, a expressão adquiriu nova conotação política e administrativa e perdeu seu propósito penal.

[193] De acordo com Gerhardt (1996, p. 103), o desacordo não se situa no fato de as infrações possuírem ou não natureza criminal. O ponto realmente crítico está em saber quais ações são graves o suficiente para justificar o *impeachment*. No mesmo sentido, rejeitando a natureza penal do *impeachment*, cito Black Junior (1998), Sunstein (2017) e Tribe e Matz (2018).

[194] O termo usado pelos autores é intencional (*willful*). Os exemplos citados são da Gâmbia, Uganda, Zimbábue e Gana (GINSBURG; HUQ; LANDAU, 2019, p. 34).

[195] O caso sul-coreano é discutido na subseção seguinte.

(embora o resultado prático seja idêntico). O presidente equatoriano Abdalá Bucaram é o costumeiro exemplo de destituição por incapacidade. Em 1997, o congresso equatoriano o afastou sob o pretexto de sua incapacitação mental. A utilização desse recurso, no entanto, foi a maneira encontrada para contornar o elevado quórum de aprovação do *impeachment*. A destituição por incapacidade poderia ser aprovada, como foi, por maioria simples (GINSBURG; HUQ; LANDAU, 2020; PÉREZ-LIÑÁN, 2007; 2020). A Constituição brasileira não prevê hipótese de remoção para esse caso. Em dois momentos históricos essa forma de remoção poderia ser utilizada. O presidente Delfim Moreira, durante o exercício do seu mandato, teria desenvolvido algum tipo de demência, o que o impedia de governar. Na ausência de um vice-presidente, pois Delfim Moreira assumira o cargo após o falecimento do candidato eleito, Rodrigues Alves, a solução foi delegar o exercício *de facto* da presidência ao então ministro Afrânio de Melo Franco. O segundo episódio se refere ao presidente Costa e Silva. Vítima de um acidente vascular cerebral, sua condição clínica foi ocultada, e suas funções assumidas por uma junta militar. Os militares se negaram a transmitir o cargo ao vice-presidente, o civil Pedro Aleixo.[196]

Em paralelo ao discutido anteriormente, Ginsburg, Huq e Landau (2019, p. 34) chamam atenção para a possibilidade de destituição do presidente baseada na hipótese "insatisfação geral", pois ela apontaria para um caso típico de potencial dissolução das fronteiras entre presidencialismo e parlamentarismo. A utilização de parâmetros como "violação ao juramento", "conduta indigna", "incompetência" e "negligência" conferiria ao Poder Legislativo, em sistemas presidencialistas, discricionariedade semelhante à dos regimes parlamentares.[197] Os congressistas estariam autorizados a destituir o presidente, por haver discordância na condução da política governamental.

Embora não possa ser taxativo, os dados disponíveis permitem articular uma hipótese: as bases constitucionais autorizadoras do

---

[196] Para mais detalhes, Lustosa (2008, p. 129 a 135) e Schwarcz e Starling (2015, p. 450).
[197] Segundo Ginsburg, Huq e Landau (2019, p. 34), as constituições de Gana, Tanzânia, Uganda e Honduras preveem essas hipóteses. Na literatura americana, recusa-se a fundamentação do *impeachment* no mau desempenho do governante. Como justificativa, é comum citar o diálogo entre James Madison e George Mason, durante a Convenção da Filadélfia, quando Madison se posicionou contrariamente à inclusão do termo *maladministration* no texto constitucional, pois temia tornar o presidente dependente do Senado. Para maiores detalhes sobre o debate entre Madison e Mason, vide Tribe e Matz (2018, p. 36).

impeachment são usualmente definidas por meio de normas genéricas e abrangentes.[198] Ao contrário do que supõem os adeptos da tese do *contrabando*, o desenho institucional do *impeachment* no Brasil não parece se desviar, em seus aspectos formais, do padrão. A diferença, de fato, é que, no Brasil, optou-se por formular *ex ante* as premissas constitucionais e o rol de crimes de responsabilidade. Outros países seguiram estratégia diversa: estabeleceram *ex ante* apenas as premissas constitucionais. Os casos dos Estados Unidos e da Coreia do Sul ilustram isso.[199] Trata-se de dois modelos constitucionais bastante diferentes, imersos em culturas jurídicas distintas e redigidos em contextos apartados por quase dois séculos. Mesmo assim, a regulamentação do *impeachment* é redigida em termos vagos,[200] concedendo ao intérprete e ao aplicador da norma razoável discricionariedade.

4.2.4 A tese do contrabando, o padrão "anglo-saxão" e o caso sul-coreano

Gerhardt (2018, p. 69-70) afirma serem incontáveis os motivos para se autorizar um *impeachment* nos Estados Unidos. Apenas caso a caso se poderia cogitar se uma ação é ou não grave o suficiente, a ponto de causar a destituição do presidente. O laconismo do texto constitucional americano não simplificou a tarefa do intérprete, nem tampouco reduziu o espaço para leituras mais cínicas, como a do onipresente Gerald Ford, segundo o qual *impeachment* é tudo aquilo que vier a ser aprovado por dois terços do Senado.[201] Acusações de tentativa de *golpe* e de uso indevido do *impeachment* também foram ouvidas nos Estados Unidos, em particular durante o *impeachment* do Presidente

---

[198] Com base nos dados coletados, Ginsburg, Huq e Landau (2019, p. 42) concluem ser bastante frequente a regulamentação do *impeachment* nos textos constitucionais. A fundamentação de um pedido de *impeachment* em razão de insatisfação genérica é incomum. *Impeachments* não estão restritos à criminalidade penal. As constituições preveem seu uso como instrumento para resolução de crises políticas.

[199] Faço referência aos Estados Unidos, porque este continua sendo – correta ou incorretamente – o paradigma de presidencialismo e de *impeachment*. A Coreia do Sul é a referência do modelo judicial do *impeachment*. Além dessa inovação institucional, dois presidentes nos últimos vinte anos foram alvo de *impeachment*.

[200] Ginsburg, Huq e Landau (2020, p. 7) se referem a "padrão notoriamente enigmático" (*"notoriously cryptic standard"*).

[201] Ohnesorge (2019, p. 18) argumenta que o *impeachment*, na tradição anglo-saxã, é extremamente indeterminado. A situação se tornaria ainda mais complicada porque os métodos clássicos de interpretação, como precedentes, não seriam aplicáveis para o *impeachment* em razão de sua infrequência.

Bill Clinton.[202] Tushnet (2004) utilizou este episódio para exemplificar a prática do "jogo-duro constitucional" (*constitutional harball*) – iniciativas do Executivo ou do Legislativo que desviam do seu uso convencional e empregadas deliberadamente para fins distorcidos. Ninguém discorda que o Poder Legislativo detém o poder constitucional de instaurar o *impeachment*. Entretanto, o seu uso naquela ocasião desviava do padrão conhecido até o momento. O jogo-duro está associado a contextos de intensa animosidade partidária.[203] Diversamente do postulado por Avritzer (2019), mesmo no sistema americano, a dimensão política e interpretativa é substancial (BLACK JUNIOR, 1998, p. 27).[204]

O caso sul-coreano é bastante interessante por duas razões. Em primeiro lugar, a Constituição estipula uma fórmula tão genérica como a americana, pois fala em "violação da Constituição ou das leis".[205] Em segundo lugar porque o órgão responsável pelo julgamento é a corte constitucional.[206] Embora esse modelo não seja objeto de estudo deste livro, é importante demonstrar que o sistema judicial-dependente enfrenta os mesmos problemas de interpretação, que, supostamente, seriam próprios do sistema legislativo-dependente. Além disso, a dimensão política não é atenuada pelo simples fato de o conflito ser processado dentro de uma corte constitucional.

Em março de 2004, pela primeira vez na história daquele país, a Assembleia Nacional aprovou uma moção propondo o *impeachment*

---

[202] Analisando o processo de *impeachment* de Bill Clinton, Ronald Dworkin caracterizou-o como um golpe de Estado (DWORKIN, 1999).

[203] Em sentido similar, Levitsky e Ziblatt (2018, p. 118-144) fazem alusão a duas regras não-escritas que fundamentam a política americana e o seu sistema de *checks and balances:* reserva institucional (*"institutional forbearence"*) e tolerância mútua (*"mutual toleration"*). Por fim, Oscar Vieira (2018, p. 41) também mobiliza o conceito de *constitutional hardball* para se referir a momentos críticos em que prevalece um jogo de "tudo ou nada" e na tentativa de "infligir o maior dano ao adversário".

[204] Nesse sentido, o comentário de Lee (2005, p. 21): *"During the Clinton impeachment saga, a question that as was repeatedly raised was whether President Clinton's misconduct was serious enough to justify his impeachment and conviction, leading to his removal from office. There were congressional hearings, academic conferences, editorials, and law reviews articles that addressed the topic, but once the impeachment process ran its course, we were arguably at the same level of uncertainty about the meaning of 'high Crimes and Misdemeanors' as we were before Clinton was impeached".*

[205] O dispositivo citado é o artigo 65(1): *"In the case President, the Prime Minister, members of the State Council, heads of Executive Ministers, judges of the Constitutional Court, judges, members of the Central Election Management Committee, members of the Board of Audit and Inspection and other public officials designated by law* have violated the Constitution or other laws in the performance of official duties, *the National Assembly may pass motion for their impeachment".*

[206] Na classificação proposta neste livro, a Coreia do Sul se enquadra no modelo judicial-dominante.

do presidente Roh Moo-hyun, o que provocou o seu afastamento provisório imediato. Em maio de 2004, a corte constitucional sul-coreana rejeitou o pedido de *impeachment* e determinou o reestabelecimento de Roh Moo-hyun na presidência (LEE, 2005).

A moção de *impeachment* foi discutida e aprovada em um contexto de acentuada crise política. Desde o início do seu mandato, em 2002, Roh Moo-hyun enfrentava a oposição majoritária do Grande Partido Nacional (GPN) na assembleia nacional.[207] O escasso apoio parlamentar ao governo do presidente Roh Moo-hyun se acentuou com defecções em seu próprio partido, o Partido Democrático Milenar (PDM). A ala do partido pró-Roh Moo-hyun deixaria o PDM e fundaria um novo partido, o governista Partido Uri, em setembro de 2003. Após esse movimento, o PDM aliou-se ao GPN para formar uma coalizão de oposição ao governo. Juntos os dois partidos detinham 212 cadeiras das 272 da assembleia nacional. Em paralelo, Roh Moo-hyun se veria envolvido, direta ou indiretamente, em escândalos relacionados ao financiamento de sua campanha à presidência. Em outubro de 2003, um de seus mais próximos colaboradores seria preso por arrecadar contribuições eleitorais ilegais para a campanha presidencial (LEE, 2005).

Como reação à crise política, Roh Moo-hyun decidiu antecipar para abril de 2004 as eleições para a assembleia nacional. O presidente pretendia reverter o quadro minoritário e declarava publicamente o seu objetivo de fortalecer o Partido Uri. Essa manifestação de apoio ao Partido Uri seria questionada pelo PDM na Comissão Eleitoral Nacional, que, ao fim, concluiu ter o presidente violado o dever de neutralidade dos agentes públicos. Logo em seguida a esta decisão, a coalizão oposicionista apresentaria uma moção de *impeachment*, apontando vinte e um motivos, sintetizados em três blocos: desrespeito ao *rule of law*, corrupção e abuso de poder e má-performance no cargo.[208] Levada à votação, a moção foi aprovada por 193 votos de um total de 272. O Partido Uri, em protesto, se negou a participar da sessão. O *impeachment* foi o assunto predominante na disputa eleitoral. O resultado das eleições reverteu o cenário político, pois o Partido Uri conquistou 152 assentos de um total de 299. Os partidos oposicionistas, GPN e PDM, amealharam 121 e 9 cadeiras, respectivamente (LEE, 2005).

---

[207] O Poder Legislativo sul-coreano é unicameral.
[208] *"distrubance of rule of law, corruption and abuse of power, and maladministration* (Lee, 2005, p. 13).

Esse era o contexto político quando a corte constitucional iniciou a deliberação sobre o pedido de *impeachment*. A Constituição sul-coreana autoriza a destituição do presidente se houver a "violação da Constituição e das leis". Para aprovar o pedido, faz-se necessário a obtenção de seis dos nove votos dos membros da corte. A destituição é seguida de uma nova eleição, no prazo de sessenta dias. Após conduzir a instrução probatória do caso, por cerca de um mês, a corte, como visto, rejeitou o pedido de *impeachment*. De acordo com Lee (2005, p. 14), a corte respondeu a dois questionamentos em sua decisão. O primeiro deles era avaliar se a conduta do presidente violava a Constituição e as leis do país. O veredicto foi positivo. O segundo questionamento dizia respeito à gravidade das violações. Nesse caso, a corte entendeu que a conduta não era ilegal a ponto de justificar a destituição. Para a corte, o *impeachment* seria uma medida necessária para preservar a "ordem constitucional" e a sua "fundação liberal-democrática", em especial, os direitos fundamentais, a separação de poderes, a independência do judiciário, as instituições legislativas, o sistema multipartidário e as regras eleitorais.[209]

Em 2017, a Coreia do Sul discutiria novamente um pedido de *impeachment*, desta vez contra a Presidente Park Geun-hye, filha do ex-ditador Park Chung-hee (1961-1979). A crise política envolvia acusações de corrupção, extorsão, abuso de poder, vazamento de informações confidenciais (SANG-HUN, 2016c). Havia ainda acusações de que uma amiga da presidente seria uma eminência parda no governo e responsável pelas condutas criminosas.[210] A escalada da crise atingiria seu ápice no final de 2016 quando a Coreia do Sul assistiu a maior onda de manifestação popular da sua história recente (SANG-HUN, 2016b). Foi neste contexto que a Assembleia Nacional aprovaria a moção de *impeachment*, em dezembro de 2016, por 234 votos em um total de 300.

Chamada a decidir, a corte sul-coreana reiterou o *standard* estabelecido no caso Roh Moo-hyun. Em primeiro lugar, reafirmou que o *impeachment* poderia ser a consequência de uma violação das (i) normas constitucionais, escritas e não-escritas, (ii) dos precedentes da corte, (iii)

---

[209] "More specifically, the Court equated 'constitutional order' with 'fundamental liberal democratic order [...] The 'fundamental liberal democratic order', the Court explained, consists of respect for fundamental human rights, separation of powers, independence of judiciary, parliamentary institutions, multi-party system, and electoral institutions" (LEE, 2005, p. 19).

[210] Choi Soon-sil, pivô dos escândalos de corrupção, seria presa em outubro de 2016. Vide, Sang-Hun (2016a).

da legislação infraconstitucional e (iv) dos tratados e normas internacionais. A corte também ressaltou que o *impeachment* somente seria a medida adequada se a conduta fosse realmente grave. Competiria à corte avaliar se a gravidade da conduta era maior do que a severidade da sanção.[211] Ao contrário do *impeachment* de Roh Moo-hyun, desta vez a corte decidiu, por unanimidade, pelo afastamento da presidente. Posteriormente, Park Chung-hye viria a ser condenada criminalmente (SANG-HUN, 2018). Como desdobramento do *impeachment*, foram convocadas novas eleições, e a oposição sagrou-se vitoriosa (OHNESORGE, 2019, p. 34).

Qual seriam as lições do caso sul-coreano? O desenho institucional sul-coreano combina uma redação genérica da justificativa para o *impeachment* e um modelo judicial-dominante. As duas decisões da corte deram sentido e concretização às normas do *impeachment*, porém persiste um razoável grau de incerteza para se indicar *ex ante* quais são as causas autorizadoras de um *impeachment* (LEE, 2005, p. 24-25). Apenas caso-a-caso a corte conseguiria avaliar se determinada conduta é grave o suficiente para justificar a destituição. Em sua interpretação constitucional, a corte decidiu que um presidente somente poderia ser afastado por razões jurídicas, isto é, por ter violado a Constituição e as leis do país. Não haveria espaço para uma destituição por fundamentos políticos, como a má performance no cargo. Além disso, a jurisprudência da corte reservou para si mesma uma relevante dose de discricionariedade para aferir quais são as causas e a sua gravidade.

Pode-se conjecturar ainda como a corte decidiria caso o contexto político fosse diverso (LEE, 2005, p. 34). No primeiro *impeachment*, a população mostrava-se favorável à permanência de Roh Moo-hyu. As eleições legislativas comprovavam o apoio ao seu partido recém-criado. No caso de Park Geun-hye, havia forte pressão popular para a sua destituição. As eleições convocadas após o *impeachment* deram vitória a oposição.

Após comparar o desenho institucional e a prática do *impeachment* nos Estados Unidos e na Coreia do Sul, Ohnesorge (2019) conclui que o

---

[211] A passagem é esta: "*For the impeachment of a president to take place, the benefits of upholding the Constitution by removing the President from office on account of the severity of the negative impact on or harm to constitutional order caused by the President's violation of law, should overwhelmingly outweigh the national loss incurred by the removal of the President from office. Therefore, 'the existence of a valid ground for the petition for impeachment adjudication' means the existence of a grave violation of the Constitution or law sufficient to justify the removal of the President from office*" (KOREA, 2017).

sentido das normas constitucionais será discutível assim como o próprio *impeachment*: "A ideia de um *único* significado para um *impeachment* de alto risco *é* uma ficção, porque este significado será tão contestado quanto o próprio *impeachment*" (OHNESORGE, 2019, p. 42, tradução nossa).[212]

4.2.5 Uma interpretação alternativa à tese do contrabando

Neste sentido, então, qual violação seria capaz de destituir o presidente? Qual violação às leis seria grave o suficiente para desencadear um *impeachment*? Nada disso está posto ou explícito. Não há clareza e muito menos consenso *a priori*. Seria, então, preferível uma listagem das hipóteses de crimes de responsabilidade, como faz o Brasil? Gerhardt (2018, p. 69), citando o *Justice Story*, argumenta ser vã a tentativa de pré-fixar em lei ordinária, ou código, todas as possíveis hipóteses.

Como sugere Ohnesorge (2019, p. 18), estamos diante de um caso de subinclusão e sobreinclusão normativas. O texto constitucional, de um lado, parece restringir o campo do *impeachment*, ao autorizá-lo somente se precedido de uma violação à Constituição ou às leis, não havendo, portanto, margem para uma destituição, por exemplo, por motivos de desavença política. Por outro lado, não se diz o que seja uma violação constitucional ou legal suficiente para deflagrar o *impeachment*. Um sem-número de justificativas poderiam surgir. Todo e qualquer ato inconstitucional permitiria o *impeachment*? Violar a legislação de trânsito seria motivo suficiente para destituir um presidente? O caso brasileiro, por exemplo, poderia ser visto como sobreinclusivo por haver definido diversos crimes de responsabilidade; mas, ao mesmo tempo, seria subinclusivo, porque limitaria, previamente, o intérprete àquelas regras.

Do ponto de vista constitucional, o desenho institucional do *impeachment* brasileiro restringe a ação do intérprete, porque fixa parâmetros mínimos para qualificar quais são as violações (ou atentados) mais sérias ao texto constitucional. A amplitude da Lei nº 1.079/1950 deve ser contida pela Constituição e não o oposto. Isto é, o intérprete tem um duplo ônus argumentativo: primeiro deve demonstrar se determinada conduta se enquadra em um crime de responsabilidade e depois, justificar a destituição do presidente. Veja-se, por exemplo,

---

[212] *"The idea of a single meaning of a high-stakes impeachment is a fiction, that meaning will be as contested as the impeachment itself".*

o inciso 7, do artigo 9º, da Lei 1.079/50 (BRASIL, 1950), "proceder de modo incompatível com a dignidade, a honra e o decoro do cargo". Essa é possivelmente a infração com maior potencial de dissenso. Um presidente fotografado com uma mulher seminua em uma festa é agir de "modo incompatível" o decoro do cargo? Pode-se entender que sim. Mas, surge uma segunda pergunta: essa incompatibilidade atenta contra a Constituição e deve ser remediada com a sua destituição?

O crime de responsabilidade é uma condição necessária para o processamento do *impeachment*. Entretanto, esta condição não exaure a questão. Avritzer (2019) se equivoca sobre o propalado "padrão anglo-saxão", por estar observando o fenômeno pelo ângulo errado, em meu entender. Embora soe como um paradoxo, a interpretação isolada e fria do texto constitucional, ou da lei ordinária, não antecipa como o processo de *impeachment* será conduzido. As normas constitucionais limitam e condicionam os atores políticos, mas são os atores políticos que interpretam as normas.[213] O padrão anglo-saxão de não-destituição de presidentes está associado à forma de aplicação do *impeachment* – o sistema de execução, segundo Ohnesorge (2019, p. 20). O mecanismo do *impeachment* é mais bem compreendido se analisado o modo como se relacionam a interpretação e a ação política no interior das casas legislativas, por ali ser o local onde o jogo é jogado e se trava a disputa interpretativa.

Em modelos de *impeachment* centrados no Poder Legislativo, a chave para a análise é a interpretação e a ação dos atores políticos coordenados por meio de partidos. No caso do bipartidarismo americano, isso é visível. A engrenagem dos *checks and balances* é posta em movimento pelos partidos, como discutido no Capítulo 2 deste livro. Como nenhum dos partidos – Democrata ou Republicano americanos – consegue alcançar com frequência a maioria de dois terços dos assentos no Senado, a decisão, necessariamente, tem de ser bipartidária.[214] O alto quórum de dois terços tornou-se ainda mais custoso pela imprevista evolução do sistema partidário. O consenso exigido, portanto, reduz drasticamente a

---

[213] Em um país onde *o impeachment* não está previsto, os atores políticos não podem cogitar seu uso. As instituições condicionam a ação dos atores. No entanto, o fato de o *impeachment* estar previsto em uma constituição não antecipa, integralmente, quando e como os atores políticos farão uso desse instrumento.

[214] Me refiro aqui unicamente ao julgamento no Senado. Na Câmara dos Representantes, a acusação depende de maioria simples. Isto explica porque a Câmara dos Representantes, de maioria opositora, abre uma acusação mesmo sabendo serem escassas ou nulas as chances no Senado.

abrangência do *impeachment*. Ou seja, a política modula a interpretação constitucional. Nesse sentido, Ohnesorge (2019, p. 2;12) enfatiza o fato de o *impeachment* ser sempre um fenômeno resultante da combinação de política e direito. Para o autor, a organização do sistema partidário pode facilitar (multipartidarismo) ou dificultar (bipartidarismo) o uso do *impeachment* (OHNESORGE, 2019, p. 41).

Um teste para a validade desse argumento seria imaginar um cenário no qual o mesmo partido de oposição ao Presidente domine as duas casas legislativas e obtenha dois terços dos assentos no Senado Federal. Embora seja exercício contrafactual, poderíamos nos perguntar se a interpretação da norma constitucional seria tão restritiva assim. Não é o dispositivo constitucional, por si só, que torna a decisão fácil ou difícil. Portanto, se há pretensão de se reformar o *impeachment* para dificultar sua execução, deve-se observar para todo o sistema político, em especial como se dá a relação entre Executivo e Legislativo. A solução seria modificar seu processo decisório, e não a redação dos crimes de responsabilidade. A corroborar minha hipótese, a redação das bases do *impeachment* sequer é mencionada, como uma de suas causas propulsoras nas mais diversas pesquisas empíricas e comparadas realizadas no campo da ciência política.[215]

Ao afirmar tudo isso, não pretendo validar a posição de Gerald Ford e esvaziar o processo de *impeachment* de todo e qualquer grau de normatividade. É fato que o Senado é a última autoridade a dizer se determinada ação é ou não causa suficiente para afastar um presidente. No entanto, seria ingenuidade supor que o Senado toma essa decisão sem nenhuma restrição ou sem calcular suas possíveis consequências. Apenas afirmo e insisto que a norma adquire sentido após sua interpretação e não antes dela. Deve-se evitar combater o "bacharelismo hermenêutico" com o "vale-tudo" da política. Políticos não são seres alheios à realidade. É imprescindível lembrar que no parlamento vige a regra da maioria. Interpretações muito radicais repelem votos, adquirem conotação casuística, oportunista e também afastam o apoio popular. Sem adesão, não se faz *impeachment*. O uso irrefletido do *impeachment* pode, inclusive, se voltar contra o partido propositor em outro contexto. Da mesma forma, cortes constitucionais não estão fechadas em uma redoma e alheias ao mundo a sua volta. O exemplo sul-coreano mostra que a corte decidiu coincidentemente em conformidade com a

---

[215] É esta também a opinião de Queiroz (2017).

opinião majoritária da sociedade.[216] Com efeito, não se deve canonizar desenhos institucionais.

Dito isso, devo avaliar as condições que materializam o *impeachment*. Como sugerido ao longo deste livro, minha hipótese é a de que devemos observar e analisar o papel dos atores políticos e os métodos do processo de *impeachment*. É disto que trata a próxima seção.

4.3 Como se decide o *impeachment*?

Por força e influência do pioneiro modelo americano, é comum associar, automaticamente, o processamento e o julgamento do *impeachment* ao Poder Legislativo. Essa associação, entretanto, não é necessária. O objetivo desta seção é discutir as possíveis consequências de se alocar o poder decisório de processar e julgar o *impeachment* no Poder Legislativo (unicameral ou bicameral). O foco é compreender quem e como se decide sobre o *impeachment*.

No Quadro 3, a seguir, estão consolidados os resultados obtidos por Ginsburg, Huq e Landau (2020, p. 35) em sua pesquisa comparada, com 194 constituições atualizadas até 2017. Na primeira coluna da tabela anterior, onde se lê "quem pode propor?"[217] duas funções distintas podem estar agregadas nessa coluna. Quem pode apresentar um pedido (denunciar) e quem pode instaurar o processo. No caso brasileiro, qualquer cidadão pode apresentar o pedido (denunciar), mas, a autorização para a instauração do processo é de competência exclusiva da Câmara dos Deputados. Em alguns países, como os Estados Unidos, a Câmara baixa é o órgão acusador. Não está claro se o artigo de Ginsburg, Huq e Landau (2020, p. 35) faz essa distinção.

---

[216] Não estou afirmando que a corte decidiu porque a maioria assim preferia. Quero enfatizar apenas o fato de a corte ter agido no mesmo sentido desejado pela maioria.
[217] No original, *"who can propose"*.

QUADRO 3
Procedimentos constitucionais de remoção presidencial mais comuns

Quem pode propor?	Quórum para proposição	Quem julga o impeachment?	Quórum de julgamento
Câmara baixa (100)	2/3 (53)	Corte ou conselho constitucional (61)	2/3 (54)
Deliberação conjunta das duas casas legislativas (19)	Maioria simples (20)	Câmara baixa (50)	3/4 (10)
Corte ou conselho constitucional (9)	3/4 (7)	Câmara Alta (17)	Maioria simples (7)
Câmara Alta (6)	3/5 (3)	Deliberação conjunta das duas casas legislativas (17)	Outros (3)
Gabinete (5)	Outros (30)	Eleitorado por meio de referendo (12)	-
Primeiro-ministro (4)	-	Gabinete (2)	-
Eleitorado por meio de *recall* (4)	-	-	-

Fonte: Adaptado de Ginsburg, Huq e Landau (2019, p. 35).

Essa diversidade institucional é também marca do constitucionalismo brasileiro. O Quadro 4, na sequência, reúne os dados referentes aos modelos institucionais adotados pelas constituições republicanas. Como se pode constatar, a alocação de competências e as regras de quórum variaram ao longo tempo. A breve Constituição de 1934 é o desenho mais desviante do padrão constitucional brasileiro.

QUADRO 4
Procedimento para *impeachment* nas constituições brasileiras

Constituição	Quem pode propor o *impeachment*?	Quem pode autorizar/ acusar o *impeachment*?	Quórum para autorização/ acusação	Quem julga o *impeachment*?	Quórum de julgamento
1891	Qualquer cidadão	Câmara dos Deputados (acusação)	Maioria absoluta	Senado Federal	2/3 dos membros presentes
1934	Qualquer cidadão	Câmara dos Deputados (acusação) ou Tribunal Especial[218]	Maioria absoluta	Tribunal *ad hoc*[219]	Maioria
1946	Qualquer cidadão	Câmara dos Deputados	Maioria absoluta	Senado Federal	2/3
1988	Qualquer cidadão	Câmara dos Deputados	2/3[220]	Senado Federal	2/3

Fonte: Elaborado pelo autor (2020).

Adaptando a classificação utilizada por Baumgartner e Kada (2003, p. 1906),[221] reúno esses arranjos institucionais em três grupos:

---

[218] A denúncia deveria ser oferecida ao Presidente da Corte Suprema a quem competia a convocação de uma Junta Especial de Investigação, composta de um ministro da Corte Suprema, um membro do Senado Federal e um membro da Câmara dos Deputados. A eleição de cada um desses membros era feita anualmente por cada instituição. À Junta competia a investigação, a seu critério, dos fatos alegados e a oitiva do Presidente. Ao fim dos trabalhos, a Junta emitia um relatório para a Câmara dos Deputados. Esta teria 30 dias, contados a partir da emissão de parecer da comissão competente, para decretar ou não a acusação. Na hipótese de a Câmara dos Deputados não se manifestar no prazo de 30 dias, o Presidente da Junta de Investigação remeteria o relatório ao Presidente da Corte Suprema que, por sua vez, convocaria o Tribunal Especial para se manifestar sobre a decretação ou não da acusação.

[219] O Tribunal Especial era composto por nove juízes: três ministros da Suprema Corte, três membros do Senado Federal e três membros da Câmara dos Deputados. A escolha desses membros era feita por sorteio, após cinco dias úteis da decretação da acusação.

[220] O quórum de 2/3 para a deliberação da Câmara dos Deputados foi introduzido durante o regime militar, com a Constituição de 1967, no artigo 85. A Constituição de 1988 manteve esse quórum destoante da tradição constitucional.

[221] Baumgartner e Kada (2003, p. 1906) estabelecem a seguinte classificação: (i) legislativo-dominante, que coincide com a minha definição; (ii) sistemas mistos, nos quais os Poderes Legislativo e Judiciário participam do processo decisório; e (iii) mecanismos de democracia direta. Minha intenção ao adaptar a classificação é enfatizar o modelo judicial-dominante, para fazer uma contraposição com o legislativo-dominante.

(i) legislativo-dominante, para os casos nos quais o Poder Legislativo detém a última palavra; (ii) judicial-dominante, para os casos nos quais a última palavra é a judicial; e (iii) sistemas mistos, para os quais algum mecanismo de democracia direta (plebiscito ou referendo) é adotado para autorizar a instauração, ou para validar a decisão de uma instituição, legislativa ou judiciária.

Em razão do recorte adotado neste livro, minha análise se restringe ao modelo legislativo-dominante por dois motivos: primeiro, porque é o adotado no Brasil; em segundo lugar, porque um dos objetivos do livro é investigar casos de interpretação constitucional do Poder Legislativo. Isso só ocorre em situações nas quais o poder decisório é alocado, em última instância, em uma casa legislativa.

Diversamente das rotulações mais comuns, evito classificar o *impeachment* como político ou jurídico. Essa nomenclatura é confusa e induz a conclusões equivocadas. O *impeachment* é um instituto jurídico e político. É jurídico pelo simples fato de estar normatizado na Constituição ou em lei. Aliás, se não fosse jurídico, o que seria? A única possibilidade é um recurso não-jurídico e, portanto, movido pelo arbítrio. Golpes são recursos não-jurídicos, a menos que, em um experimento teratológico, sejam permitidos por um sistema legal. A meu ver, quando se fala em *impeachment*, como um processo jurídico, pretende-se ressaltar a necessidade de se seguirem os mesmos parâmetros de um processo judicial, inclusive para sistemas nos quais o poder decisório é atribuído ao legislativo.[222] Por destacar o processo decisório, prefiro a palavra "judicial" à "jurídico".

O *impeachment* é político porque lida com uma controvérsia aguda da sociedade. Trata-se de uma situação extraordinária na qual se questiona a legitimidade do presidente, eixo do sistema de governo. Se bem-sucedido o *impeachment* culmina na destituição de um presidente e na formação de um novo governo. Por esse motivo, o *impeachment* é político em qualquer circunstância ou modelo. Pouco importa se a de-

---

[222] Do ponto de vista formal, juízes têm o dever de agir de forma imparcial e motivar todas as suas decisões, sob pena de nulidade dos atos praticados. O dever de fundamentação está inclusive previsto na Constituição, artigo 93, IX. A legislação processual civil e penal impõe também requisitos de validade para decisões judiciais e prevê mecanismos para reparar esses vícios, como os recursos judiciais e a arguição de suspeição e impedimento de julgadores. A aplicação de regras de impedimento e de suspeição, no *impeachment*, foi rejeitada pelo STF no julgamento do Mandado de Segurança (MS) nº 21.623/DF (BRASIL, 1993b) e da Arguição de Descumprimento de Preceito Fundamental (ADPF) nº 378 (BRASIL, 2015b).

cisão será tomada por legisladores ou juízes. Ambos farão uma reflexão política e a sua decisão será mais ou menos legítima de acordo com a forma e a qualidade dos argumentos e procedimentos utilizados. Política, insisto, não é sinônimo de arbitrariedade e "vale-tudo". No entanto, o uso desse vocábulo adquiriu um sentido pejorativo. Se a intenção é criticar, denegrir o *impeachment*, o primeiro passo é rotulá-lo como "político", uma vez que, quando se diz ser o *impeachment* um processo político, pretende-se torná-lo exatamente o reverso do "jurídico": arbitrário, interessado, desvirtuado, partidário e ilegítimo. Ou seja, o rótulo "jurídico" seria superior, mais legítimo e mais imparcial.[223] O binômio jurídico-político também induz a outra falácia. Casas legislativas decidem somente segundo argumentos de política. Cortes decidem somente segundo argumentos jurídicos. Como vimos no exemplo sul-coreano, a corte constitucional, mesmo utilizando uma linguagem jurídica, não deixou de fazer um juízo político, uma vez que condicionou a destituição à uma avaliação sobre sua adequação, oportunidade e consequência. Dito isso, reafirmo que classificação adotada baseia-se, exclusivamente, no critério da última palavra decisória. Com esta explanação, desfaço preconceitos e a intoxicação linguística.

4.3.1 Quem e como se decide o *impeachment* no Brasil

Superada a parte conceitual, retomemos o ponto central da seção: quem e como se decide o *impeachment* no Brasil?

O ponto de partida do *impeachment* é a formulação de uma denúncia, acusando o presidente de ter cometido um crime de responsabilidade. A legislação é bastante permissiva, ao dar a qualquer cidadão o direito de apresentar denúncia.[224] Além disso, os requisitos formais da denúncia não são complexos.[225] Isso não significa serem todos os pedidos equivalentes. As denúncias que iniciaram os processos de

---

[223] Essa contraposição entre político *versus* jurídico, Legislativo *versus* Judiciário não é nova. Ao discutir a legitimidade do controle judicial de constitucionalidade, Mendes (2011) elaborou um exaustivo rol de argumentos a favor e contra cada uma dessas instituições.

[224] Conforme dispõe o artigo 14 da Lei nº 1.079/1950: "É permitido a qualquer cidadão denunciar o Presidente da República ou Ministro de Estado por crime de responsabilidade, perante a Câmara dos Deputados" (BRASIL, 1950).

[225] Artigo 16 da Lei nº 1.079/1950: "A denúncia assinada pelo denunciante e com a firma reconhecida, deve ser acompanhada dos documentos que a comprovem, ou da declaração de apresenta-los, com a indicação do local onde possam ser encontrados, nos crimes de que haja prova testemunhal, a denúncia deverá conter rol das testemunhadas, em número de cinco no mínimo" (BRASIL, 1950).

afastamento dos presidentes Fernando Collor de Mello e Dilma Rousseff foram subscritas por autores com certa notoriedade e relevância sociais, qualidades que conferem legitimidade à denúncia, tornando-a mais impessoal e apartidária.[226] Nesse momento, entra em cena o Presidente da Câmara dos Deputados. Sua posição é estratégica, porque é dele a função de receber a denúncia. A Lei nº 1079/50 dispõe ser a Câmara dos Deputados a destinatária da denúncia, mas não determina como será sua tramitação dentro daquela casa. O artigo 218, §§1º e 2º, do RICD dispõe ser do Presidente da Câmara a atribuição de receber a denúncia, após conferir se estão presentes todos os requisitos exigidos pela lei.[227] A leitura das normas regimentais aponta para uma análise restrita aos aspectos formais da denúncia, por exemplo, se está assinada e com firma reconhecida, se acompanhada da documentação comprobatória e da lista de testemunhas. Para Pereira (2018, p. 86), esta função seria de "cartorário" e não de "juiz". No entanto, a prática e a jurisprudência do STF têm ampliado as margens desse juízo de admissibilidade, ao autorizar o Presidente da Câmara dos Deputados a avaliar se a denúncia é inepta ou desprovida de justa causa.[228] Até o momento, não há clareza sobre a extensão dos poderes do Presidente da Câmara.

---

[226] A denúncia apresentada contra o Presidente Fernando Collor de Mello era assinada por Barbosa Lima Sobrinho, presidente Associação Brasileira de Imprensa, e por Marcelo Lavenère Machado, presidente da Ordem dos Advogados do Brasil. A denúncia apresentada contra a Presidente Dilma Rousseff foi assinada por Hélio Bicudo, Miguel Reale Júnior e Janaína Paschoal.

[227] A redação do artigo 218 e §§1º e 2º, todos do Regimento Interno da Câmara dos Deputados (RICD), é a seguinte: "Art. 218. É permitido a qualquer cidadão denunciar à Câmara dos Deputados o Presidente da República, o Vice-Presidente da República ou Ministro de Estado por crime de responsabilidade. §1º A denúncia, assinada pelo denunciante e com firma reconhecida, deverá ser acompanhada de documentos que a comprovem ou da declaração de impossibilidade de apresentá-los, com indicação do local onde possam ser encontrados, bem como, se for o caso, do rol das testemunhas, em número de cinco, no mínimo. §2º Recebida a denúncia pelo Presidente, verificada a existência dos requisitos de que trata o parágrafo anterior, será lida no expediente da sessão seguinte e despachada à Comissão Especial eleita, da qual participem, observada a respectiva proporção, representantes de todos os Partidos" (BRASIL, 1989).

[228] No julgamento do Agravo Regimental em Mandado de Segurança (MS 30.672 AgR/DF), o STF conclui que "Na linha da jurisprudência firmada pelo Plenário desta Corte, a competência do Presidente da Câmara dos Deputados e da Mesa do Senado Federal para recebimento, ou não, de denúncia no processo de *impeachment* não se restringe a uma admissão meramente burocrática, cabendo-lhes, inclusive, a faculdade de rejeitá-la, de plano, acaso entendam ser patentemente inepta ou despida de justa causa" (BRASIL, 2011). Em sentido idêntico, MS nº 23.885/DF. Com base nessas decisões, o Deputado Eduardo Cunha recebeu parcialmente a denúncia formulada contra a Presidente Dilma Rousseff (BRASIL, 2002).

Em razão do volume de pedidos de *impeachment* dirigidos à Câmara dos Deputados, é compreensível a prática e a jurisprudência terem estendido os poderes do Presidente da Câmara, para impedir o início da tramitação de pedidos absurdos, porém, formalmente adequados. O ponto é saber se essa filtragem usurpa o poder da comissão especial de elaborar o parecer e o do plenário de proferir o juízo de admissibilidade da denúncia.[229] Sob um ângulo operacional, o Presidente da Câmara tornou-se o "senhor do *impeachment*",[230] e passou a concentrar os poderes de agenda. Com efeito, o Presidente pode (i) optar por não decidir – não há prazo para a sua manifestação, nem meios regimentais para obrigar a presidência a decidir; (ii) negar o recebimento – com possibilidade de recurso ao plenário; e (iii) receber a denúncia, na íntegra ou parcialmente, e determinar a formação da comissão especial.

Essa não é uma discussão abstrata. No caso do *impeachment* do presidente Fernando Collor de Mello, não houve um duelo tão beligerante entre ele e o então presidente da Câmara dos Deputados, Ibsen Pinheiro (PMDB/RS), que se dizia neutro, porém não isento na condução da admissibilidade da denúncia. As decisões da presidência da casa eram criticadas e contestas pelo presidente Fernando Collor de Mello, que também afirmava ser vítima de uma tentativa de golpe.

No entanto, os poderes regimentais de Presidente da Câmara dos Deputados subiram para a ribalta devido à atuação do então Deputado Eduardo Cunha, presidente da casa, durante o *impeachment* da Presidente Dilma Rousseff.[231] Enquanto pendia a decisão acerca do processo de *impeachment*, processava-se na Comissão de Ética da Câmara dos Deputados um pedido de cassação do Deputado Eduardo Cunha que se utilizou de todos os meios regimentais ao seu alcance para impedir a sua própria cassação e destituição do cargo de presidente: pedidos de vista sucessivos, troca de relator, adiamento da leitura do parecer, impedir a formação de quórum para abertura dos trabalhos e convocação de sessão de plenário. Com isto, Eduardo Cunha definiu o *timing* do recebimento da denúncia do *impeachment*, atrelando-o ao

---

[229] Nesse sentido, Pereira (2017, p. 85-87).
[230] A expressão é de Esteves (2017, p. 189).
[231] Sobre a relação entre Eduardo Cunha e Dilma Rousseff, vide Jupiara e Otávio (2019, p. 239; 275). Vide a respeito do caso Collor, Sallum Júnior (2015, p. 291;391) e Villa (2016, p. 289; 345).

ritmo da tramitação do pedido de cassação de seu próprio mandato na Comissão de Ética da Câmara dos Deputados.[232]

O estopim da crise se deu no dia 1º de dezembro de 2015, quando o presidente nacional do PT, Rui Falcão, publicou no *Twitter* mensagem dizendo-se confiante de que os membros do partido na Comissão de Ética votariam contra Eduardo Cunha. No dia seguinte, a bancada do partido fecharia voto a favor da admissibilidade da denúncia contra o Deputado Eduardo Cunha. No fim da tarde desse mesmo dia 2 de dezembro, o Deputado Eduardo Cunha proferiu o despacho com o recebimento da denúncia contra a presidente Dilma Rousseff. Note-se que a denúncia recebida havia sido protocolada, na Câmara dos Deputados, em outubro daquele ano (BRAGON; URIBE, 2015).

No despacho de recebimento, decotou da denúncia parte das acusações sob o pretexto de não haver evidências de autoria e materialidade.[233] Eliminou também todas as alegações que remontavam a fatos anteriores ao mandato presidencial em curso de Dilma Rousseff iniciado em 2015. A concentração de poderes não é desconhecida da organização interna da Câmara de Deputados, como discutido no Capítulo 3 deste livro. Em resumo, a atual configuração institucional dá ao presidente da casa a chave para trancar ou destrancar o processo de *impeachment*, pois tem o poder de definir o seu *timing* e o objeto.

A extensão desses poderes da presidência da Câmara seria novamente discutida pelo STF, por ocasião do MS nº 34.087/DF (BRASIL, 2017c). O Ministro Relator Marco Aurélio, em liminar, determinou o seguimento da denúncia apresentada contra o então vice-presidente Michel Temer. Fundamentou sua decisão no fato de estar o Presidente da Câmara dos Deputados limitado apenas à análise dos requisitos formais da entrega da denúncia. No caso, a presidência teria se exce-

---

[232] Depois de onze meses de tramitação, muitas idas-e-vindas, o pedido de cassação de Eduardo Cunha seria votado pelo plenário da Câmara dos Deputados, em 12 de setembro de 2016, após a conclusão do julgamento do *impeachment* da presidente Dilma Rousseff. O placar contabilizava 450 votos contra Eduardo Cunha, 10 votos a favor e 9 abstenções.

[233] O despacho do Deputado Eduardo Cunha negava o recebimento de parte da denúncia, em especial as acusações relacionadas à "corrupção na PETROBRAS, dos empréstimos do Banco Nacional de Desenvolvimento Econômico e Social (BNDES), e do suposto *lobby* do ex-Presidente da República Luiz Inácio Lula da Silva. Não se pode permitir a abertura de um processo tão grave, como é o processo de *impeachment*, com base em mera suposição de que a Presidente da República tenha sido conivente com atos de corrupção". Negava seguimento também aos supostos crimes cometidos contra a Lei Orçamentária, pois baseada em parecer prévio do Tribunal de Contas da União e em fatos anteriores ao mandato da presidente. (BRASIL, 2015).

dido, examinado o mérito da denúncia e, com isso, determinado o seu arquivamento.

A determinação de prosseguimento da tramitação, no entanto, seria contornada com um acordo entre as lideranças partidárias para não indicar os nomes dos integrantes da Comissão Especial. Com o término do mandato do Presidente Michel Temer, antes do julgamento do mérito, o mandado de segurança foi arquivado em virtude da perda de seu objeto. Com esse desfecho, a dúvida a respeito dos poderes da presidência da Câmara dos Deputados permanece, sem uma sinalização clara do STF. A mesma solução aponta, também, os limites da intervenção judicial na dinâmica do Poder Legislativo.

Recebida a denúncia de *impeachment*, sua tramitação segue com a notificação do denunciado e com instalação de uma comissão especial incumbida de elaborar um parecer sobre aquela denúncia. Inicia-se, com essa etapa, uma ostensiva campanha para angariar votos. Isto porque o parecer aprovado nessa comissão — a favor ou contrário à admissão da denúncia — é levado à deliberação do plenário da Câmara dos Deputados. Chamados nominalmente, os deputados manifestam sua concordância com o parecer.

No caso do *impeachment* do presidente Fernando Collor de Mello, a formação da comissão não foi contestada. O então presidente seria fragorosamente derrotado já na votação do parecer, o que indicava o grau de consenso que se estabelecia acerca de seu afastamento. O parecer elaborado pelo Deputado Nelson Jobim (PMDB/RS), a favor da admissibilidade da denúncia, seria aprovado por 32 membros e rejeitado por apenas 1 membro. Catorze membros abstiveram-se. O plenário da Câmara dos Deputados admitiria a denúncia por 441 votos a favor, 38 votos contrários e 1 abstenção.

Já no caso Dilma Rousseff, a questão adquiriu nova dimensão e só seria resolvida com a intervenção do STF seguida da dissolução da comissão sob a justificativa de que sua composição se dera após indevida eleição entre candidaturas oficiais e avulsas e por meio de votação secreta. Nos termos do acórdão da Medida Cautelar na ADPF 378/DF, os membros da comissão especial deveriam ser indiciados pelos líderes partidários, conforme previsto no RICD. Não haveria, portanto, uma disputa. A autonomia partidária estaria ameaçada se permitida a disputa eleitoral entre indicações oficiais e avulsas, porquanto a decisão do plenário poderia se sobrepor à escolha partidária. Além disso, o STF também determinou fossem abertas todas as votações relacionadas ao processamento da denúncia.

Com base nesse rito, Eduardo Cunha esperava ter uma composição mais favorável ao prosseguimento do *impeachment*. Os líderes partidários eram mais alinhados ao governo, porém o plenário já se mostrava mais tendente a votar conforme a orientação de Eduardo Cunha. O uso da votação secreta facilitava derrotar os nomes indicados pelos líderes, como, de fato, viria a acontecer: a chapa articulada por Eduardo Cunha receberia 272 votos, enquanto a chapa oficial, governista, 199 votos. O STF, todavia, julgou inconstitucional essa parte do rito definido por Eduardo Cunha.

A redefinição da composição da comissão especial foi interpretada à época como uma vitória estratégica da presidente Dilma Rousseff.[234] Não obstante todos os esforços, a Comissão Especial aprovaria o parecer do Deputado Jovair Arantes (Partido Trabalhista Brasileiro – PTB/GO), favorável à admissão da denúncia, por 38 a 27 votos. A denúncia seria admitida, em sessão do plenário da Câmara dos Deputados, por 327 votos a favor, 137 votos contrários e 7 abstenções.

Admitida a denúncia, a etapa seguinte, se desenrola no Senado Federal. Nesta ocasião, o que está, de fato, em jogo é um potencial afastamento provisório do presidente. Essa matéria também gerou controvérsia durante o *impeachment* da presidente Dilma Rousseff. A divergência consistia no momento exato do afastamento. Para alguns, ele se daria com o juízo afirmativo da admissibilidade pela Câmara dos Deputados. O Senado Federal seria obrigado a suspender a presidente e a instaurar o processo de *impeachment*. Uma segunda interpretação daria autonomia ao Senado Federal para se recusar a instaurar o processo. Na mesma ADPF 378, o STF decidiu haver uma etapa preliminar e que o Senado Federal, por maioria simples de seus membros, deveria se pronunciar sobre o recebimento da denúncia, após uma comissão especial elaborar um parecer. Recebida a denúncia, o efeito concreto é a suspensão do presidente de suas funções constitucionais, pelo prazo máximo de cento e oitenta dias, e a posse do vice-presidente.

A suspensão do presidente é um ponto crítico do desenho institucional do *impeachment* brasileiro. Ela não acontece, por exemplo, nos Estados Unidos. O denunciado perde acesso a recursos de poder e, por isso, sua posição se torna muito frágil. Mais importante, a suspen-

---

[234] Nesse sentido, Franco (2018, p. 61-62) e Coelho (2015).

são permite a entrada do vice-presidente na presidência, posição, na qual, terá todas as condições institucionais disponíveis para articular a formação de um novo governo, sob a sua liderança. A ascensão do vice-presidente é ainda mais dramática porque usualmente presidente e vice não estão filiados ao mesmo partido. Tanto no *impeachment* do presidente Fernando Collor de Mello, como no da presidente Dilma Rousseff, seus respectivos vice-presidentes posicionaram-se como alternativas de governo.[235] A reversão dos dois terços dos votos dados na Câmara dos Deputados e do governo provisório do vice-presidente é uma realidade muito difícil de ser revertida. E os senadores sabem disso.

Em seguida à instauração, segue-se a apuração dos fatos, com a instrução probatória. Por último, durante a sessão de julgamento, inquirem-se testemunhas, interrogam-se informantes e, finalmente, colhe-se o depoimento do denunciado. O *impeachment* da presidente Dilma Rousseff teve ainda um desfecho inesperado. O Senado Federal decidiu por dissociar as penas de destituição e de inabilitação. No primeiro caso, formou-se uma maioria de 61 votos contra 20. No segundo, a maioria esteve aquém do quórum de dois terços e atingiu somente 42 votos contra 36 e 2 abstenções. A decisão do Senado Federal foi questionada no STF, que, dessa vez, optou por não interferir.

Como afirmado anteriormente, as casas legislativas funcionam conforme a regra da maioria – neste caso, de uma supermaioria de dois terços. Para os apoiadores da denúncia, cabe arregimentar 342 votos a favor. Para os defensores do presidente acusado, 172 votos. Da mesma forma, o que está em jogo no Senado Federal são os 81 votos dos senadores. Trata-se de um jogo de aritmética. No modelo legislativo-dominante, ao fim de um processo de *impeachment*, a condenação ou a absolvição não é justificada. Apesar dos discursos e das manifestações públicas, desconhecem-se as razões pelas quais os senadores votaram de um ou de outro modo. Eles não são obrigados a elaborar um arrazoado expondo os motivos por que julgam devido o *impeachment*. A decisão também não se torna um precedente para vincular futuras deliberações sobre o *impeachment*.[236]

---

[235] Abranches (2018b) compartilha a mesma opinião. Sallum Júnior (2015) relata como o vice-presidente Itamar Franco se deslocava do presidente Fernando Collor de Mello, desde o fim de 1991. Em 1992, antes mesmo da crise atingir o seu auge, Itamar se desvincularia do partido do presidente, o Partido da Reconstrução Nacional (PRN).

[236] No mesmo sentido, vide Lee (2005, p. 21) discutindo o modelo de *impeachment* americano.

Reitero, mais uma vez, que quando proponho ser o *impeachment* uma decisão política, não estou descartando os argumentos jurídicos, pois estes também são relevantes e pautam as discussões desde a admissibilidade até o julgamento.[237] Como visto, a Câmara dos Deputados está, inclusive, obrigada a instalar uma comissão, analisar a manifestação do acusado, avaliar se estão presentes indícios mínimos de autoria e materialidade, e aprovar um parecer circunstanciado. O mesmo acontece no Senado Federal. A deliberação, no entanto, é uma soma de "sims" e de "nãos", sem semelhança alguma com processos judiciais. É verdade que o Senado Federal se transforma em "órgão judiciário", mas os senadores não se apartam de sua condição de legisladores. Em outras palavras, são *legisladores-juízes* e são interessados diretos no resultado do julgamento. O argumento jurídico, portanto, é instrumentalizado pelos agentes políticos envolvidos no processamento do *impeachment*.

Retomando a ideia da "separação de poderes *com partidos*", o mecanismo do *checks and balances* será acionado apenas se o Presidente se tornar superminoritário. Essa condição minoritária não é simples de ser aferida antes de se votar admissibilidade da denúncia. Ela não é medida de acordo com as taxas de aprovação de proposições legislativas, como discutido no capítulo anterior ao abordar o conceito de governabilidade. A taxa de aprovação não é um dado fidedigno porque a votação de uma proposição legislativa não é equivalente à decisão de admissibilidade do *impeachment*. Os custos decisórios são absolutamente distintos e desproporcionais. Embora a taxa possa sinalizar certo desgaste na relação entre Executivo e Legislativo, ela não prediz nem prenuncia o *impeachment*. A formação desta ampla maioria de oposição ao governante se dá ao longo do processo e pressupõe fissuras dentro da própria coalizão governativa.

Sucessivas derrotas na aprovação da agenda do Executivo não trazem consequências institucionais para o mandato do presidente. No presidencialismo, a condição minoritária não é um problema institucional. Os dois terços é um reconhecimento de incapacidade *de facto* de governar. Por isso, o juízo de admissibilidade da Câmara dos Deputados é o momento mais crítico de todo o processo de *impeachment*. Trata-se da primeira ocasião em que o presidente terá sua capacidade de gover-

---

[237] Insisto no exemplo sul-coreano para demonstrar que argumentos políticos também permeiam as decisões de *impeachment* tomadas por cortes.

nar questionada. Nesse momento, dois personagens entram em cena: a coalizão capaz de garantir o escudo legislativo e o vice-presidente.

4.3.2 O *impeachment* e o escudo legislativo

De acordo com Pérez-Liñán (2007, 2014), presidentes podem ter seus mandatos ameaçados por manifestações populares e pela ação de parlamentares. Porém esses mesmos atores também podem proteger o presidente, por meio de um "escudo". O Quadro 5, a seguir, consolida as possíveis combinações:

QUADRO 5
Possíveis cenários de manifestações populares e ação legislativa

Cenário	Manifestação	Legisladores	Risco de remoção
1	Sem ameaça	Sem escudo	Não
2	Sem ameaça	Escudo (potencial)	Não
3	Ameaça	Sem escudo	Sim
4	Ameaça	Escudo	Talvez
5	Sem escudo	Sem ameaça	Não
6	Escudo (potencial)	Sem ameaça	Não
7	Sem escudo	Ameaça	Sim
8	Escudo	Ameaça	Talvez

Fonte: Tabela traduzida e adaptada de Pérez-Liñán (2014, p. 39).

Apenas quando a ameaça for consistente e o escudo débil, estará o mandato presidencial em risco (2 e 7). Dois cenários exigem um detalhamento analítico. No primeiro (4), há uma ameaça decorrente de protestos contra o governo, reunindo um amplo setor da sociedade. De outro lado, o presidente dispõe de uma maioria coesa na arena legislativa. No segundo cenário (8), há uma inversão. A ameaça decorre de uma oposição majoritária e o presidente conta com apoio popular e manifestações a favor. O Quadro 6, a seguir, consolida as condições de operação para esses dois cenários.

QUADRO 6
Condições de operacionalização dos cenários 4 e 8

	Cenário 4	Cenário 8
Ameaça	Manifestações: ampla base social (setores de classe média e baixa) tomam as ruas para protestar contra o governo ou suas políticas.	Legisladores: Poder Legislativo detém poder de remoção do presidente; oposição controla a maioria e pretende assumir o governo.
Escudo	Legisladores: coalizão governista controla a maioria das cadeiras no legislativo e consegue evitar defecções.	Manifestações: Altas taxas de aprovação do presidente; manifestações amplas a favor do presidente.

Fonte: Tabela traduzida e adaptada de Pérez-Liñán (2014, p. 41).

Após submeter suas hipóteses a um teste empírico, Pérez-Liñán (2014, p. 45) concluiu que a formação de um escudo legislativo deve reduzir o risco de instabilidade, diante de uma potencial ameaça popular. A presença de manifestações com ampla base social aumenta o risco de instabilidade, porém, seu efeito é reduzido, se houver um escudo legislativo.

A literatura diverge sobre a relação entre a "arena popular" e a "arena institucional". Para Hochstetler (2006) as manifestações populares dominam todo o processo de *impeachment*. Seu peso é tão significativo que a autora afirma serem as manifestações o "novo poder moderador". Pérez-Liñán (2007), em um primeiro momento, dava também às manifestações peso decisivo para deflagrar a ação contra um presidente. O *impeachment* do presidente paraguaio Fernando Lugo, sem nenhuma intervenção popular prévia, levou Pérez-Liñán (2014) a rever seu posicionamento.

Figueiredo (2010) contesta a tese de que *impeachments* são sempre precedidos de manifestações populares. No caso Collor, estudado por ela, teria ocorrido exatamente o oposto: a atividade institucional estimulou a mobilização social, isto é, os agentes políticos instrumentalizam as manifestações populares para que sua agenda seja exitosa na arena institucional. Sallum Júnior (2015, p. 305-306) argumenta que um "introito do ciclo de mobilização popular em favor do *impeachment*" se formou na reta final dos trabalhos da Comissão Parlamentar Mista de Inquérito, entre os dias 16 e 25 de agosto de 1992.

Novamente, em razão do recorte deste livro, pretendo enfatizar o aspecto institucional, isto é, a formação de maiorias no interior do

Poder Legislativo. Como abordado no capítulo anterior, há razoável consenso na literatura da ciência política sobre a capacidade de se organizar coalizões no presidencialismo. Não parece haver obstáculos institucionais para tanto. No entanto, a formação e a manutenção das coalizões partidárias têm um custo, e ele pode variar a depender da estratégia adotada pelo presidente. Além disso, como esclarecem Martin e Vanberg (2011), os membros da coalizão possuem interesses e preferências distintas, senão conflitantes. Isso faz com que o escudo legislativo, em sistemas multipartidários, seja mais suscetível a deserções, se comparado ao sistema bipartidário.[238] Com efeito, é mais provável a ocorrência de *impeachments* naqueles sistemas do que nestes. A maior incidência de *impeachments*, a meu ver, está diretamente associada à maior dificuldade institucional de se organizar e gerir uma coalizão e nela forjar um escudo. Além disso, a constituição de um escudo é presumivelmente mais custosa do que uma coalizão partidária em "tempos normais". Isto porque (i) o "prêmio" em disputa é muito elevado e (ii) o presidente concorre com o vice-presidente na busca por votos.

Devido a estratégia empregada desde o início de seu mandato, o presidente Fernando Collor de Mello inviabilizou a montagem de um escudo legislativo. Seu partido foi criado sob medida para a eleição presidencial e possuía poucos assentos no congresso. Além disso, o presidente deliberadamente evitou a formação de uma coalizão partidária majoritária. De acordo com Figueiredo (2010, p. 117), Collor montou quatro coalizões cuja presença na Câmara dos Deputados variou de 29,7% a 42,15%. A quarta coalizão atingiu o pico, porém foi montada no último ano do mandato presidencial e durou apenas seis meses. A total negligência do presidente em estabelecer uma rede estável de apoio legislativo explica, em parte, o avassalador resultado do juízo de admissibilidade, na Câmara dos Deputados, e do julgamento, no Senado Federal.

O caso de Dilma Rousseff é mais complexo. No início de seu segundo mandato, a presidente Dilma Rousseff contava com uma coalizão partidária amplamente majoritária. Considerados os partidos com pastas ministeriais, a coalizão possuía formalmente cerca de 308 deputados de 513 (60%). Isso significa que a eventual admissão de um pedido de *impeachment* dependeria necessariamente da adesão de parcela da coalizão ("trânsfugas"), porque o *impeachment* é um instrumento

---
[238] Nesse sentido, vide Ohnesorge (2019).

à disposição de uma supermaioria. A presidente, no entanto, não foi capaz de transformar esse apoio em escudo.[239] Na próxima subseção, discuto um aspecto determinante na formação do escudo legislativo: o papel desempenhado pelo vice-presidente.

Além dos casos de *impeachment* de Fernando Collor de Mello e de Dilma Rousseff, outras duas tentativas de afastamento de presidentes de seus cargos foram discutidas, sem êxito, no plenário da Câmara dos Deputados. Os dois exemplos abaixo mostram como presidentes impopulares e contestados mantiveram-se no cargo, por meio do apoio de uma robusta coalizão partidária.

O primeiro episódio envolve o presidente Fernando Henrique Cardoso. Em abril de 1999, o Deputado Milton Temer (PT) protocolou denúncia, acusando o então presidente de ter cometido diversos crimes tipificados na Lei nº 1.079/1950. O contexto da denúncia era a investigação capitaneada pelo Ministério Público Federal e a Polícia Federal contra Francisco Lopes, ex-presidente do Banco Central, e Salvatore Cacciola. Segundo o Deputado Milton Temer, o presidente Fernando Henrique Cardoso praticara crime de responsabilidade por ter declarado serem arbitrárias as investigações e as medidas judiciais tomadas, como a busca e apreensão. A conduta presidencial seria agravada, por ele não ter repelido as declarações do então Ministro da Justiça, Renan Calheiros, também crítico das investigações. A denúncia sugeria haver uma tentativa de constranger os órgãos de investigação e de controle.

Após a decisão do Presidente da Câmara dos Deputados, Deputado Michel Temer (PMDB/SP), de negar o recebimento de denúncia contra o Presidente Fernando Henrique Cardoso, os Deputados Milton Temer (PT/RJ), Arlindo Chinaglia (PT/SP) e José Dirceu (PT/SP) protocolaram, em maio de 1999, o Recurso nº 20/1999. Levado à votação, no mesmo mês, a Câmara dos Deputados manteve a decisão de seu presidente, por 342 votos a 100, e arquivou a denúncia.[240] Embora vivenciasse dificuldades na condução da política econômica e a aprovação de seu governo fosse declinante, o Presidente Fernando Henrique Cardoso mantinha uma

---

[239] Vide Limongi (2017) e Rambourg Júnior (2019) para uma análise da debacle da presidente Dilma Rousseff, com ênfase na paulatina deterioração das relações entre Executivo e Legislativo.

[240] Para maior detalhamento, inclusive com a divulgação dos vídeos da sessão da Câmara dos Deputados em que se rejeitou o Recurso nº 20/1999, ver Rodrigues (2015).

base de apoio na Câmara dos Deputados bastante sólida.[241] Apenas os partidos de oposição – PT, PDT, PSB e PCdoB – orientaram voto a favor do recurso.

O segundo exemplo é o do Presidente Michel Temer. No ano de 2017, o Ministério Público Federal formulou duas denúncias inéditas, acusando-o de ter cometido crime comum. Seguindo o procedimento constitucional, a Câmara dos Deputados deveria conceder, ou não, autorização para o STF processar e julgar o presidente. A primeira Solicitação para Instauração de Processo (SIP nº 1/2017) (BRASIL, 2017a) foi à votação do plenário em 2 de agosto de 2017. Foram dados 263 votos contrários ao prosseguimento da denúncia e 227 votos a favor. A segunda Solicitação para instrução de processo (SIP nº 2/2017) (BRASIL, 2017b) foi à votação em 25 de outubro de 2017. Duzentos e cinquenta e um deputados votaram contra o prosseguimento da denúncia e 233, a favor. Nos dois casos, o quórum de dois terços de votos a favor da denúncia ficou distante de ser atingido – 342 deputados.

O Presidente Michel Temer ostentava à época baixíssimos índices de popularidade. Em julho e dezembro de 2017, segundo dados do instituto IBOPE, a avaliação positiva do governo oscilou de 5% para 6%. Já a avaliação negativa passou de 70% para 74%, com um pico de 77%, no mês de setembro (MODZELESKI, 2018). Além da sua capacidade de articular um escudo legislativo eficiente, havia uma particularidade: o Presidente Michel Temer não contava com um vice-presidente. Como explicarei adiante, um aspecto pouco discutido do *impeachment* é o seu duplo efeito, destrutivo e construtivo. Ao mesmo tempo em que termina antecipadamente um mandato, entroniza um novo governante.

4.3.3 O vice-presidente e as consequências do *impeachment*

Se minha hipótese estiver correta, um elemento essencial da equação é saber a consequência institucional do afastamento definitivo do presidente. Este me parece um aspecto pouco abordado na literatura. No caso brasileiro, a destituição do presidente é seguida da posse

---

[241] Conforme pesquisa realizada pelo instituto Datafolha, entre fevereiro e junho de 1999, a avalição como "ótimo ou bom" do governo caiu de 21% para 16%. A avaliação como "ruim ou péssimo" subiu de 36% para 44% (AVALIAÇÃO..., 2011). Lembre-se que em outubro de 1998, o Presidente Fernando Henrique Cardoso vencera a eleição presidencial, no primeiro turno, com 53,06% dos votos. O segundo colocado, Luiz Inácio Lula da Silva obteve 31,7% dos votos.

do vice-presidente. Na ausência deste, haverá a convocação de novas eleições, diretas, se a vacância se der nos primeiros dois anos do mandato, ou indiretas, se esta ocorrer nos dois últimos anos do mandato. O *impeachment*, portanto, destitui um governo (efeito destrutivo), mas, ao mesmo tempo, constitui um novo governo (efeito construtivo).

A presença de um vice-presidente é um elemento extremamente relevante nos cálculos dos julgadores. Para além das discussões técnicas sobre a ocorrência ou não de um crime de responsabilidade, os parlamentares também discutem a viabilidade de um hipotético governo conduzido pelo vice-presidente. A montagem do escudo legislativo fica mais custosa na medida em que os parlamentares passam a preferir o vice-presidente ao presidente. O governo provisório do vice-presidente, após o juízo de admissibilidade feito pela Câmara dos Deputados, funciona como um teste de credibilidade de seus compromissos. Em outras palavras, ao montar seu escudo legislativo, o presidente sofre a concorrência, explícita ou não, do vice-presidente.

Como ressalta Limongi (2017, p. 6), "parlamentares não agem em uma redoma. Tomam decisões baseados em avaliações sobre seus destinos, respondendo a pressões sociais". O prosseguimento de uma denúncia dependerá, então, de o governo perder sua "capacidade de atração".[242] Na subseção anterior, discuti o caso do presidente Michel Temer, porque ele me parece bastante elucidativo sobre como os parlamentares avaliam as consequências de uma destituição presidencial.

O presidente Michel Temer foi empossado após o *impeachment* da presidente Dilma Rousseff e, por isso, não possuía um vice-presidente. O seu afastamento definitivo levaria à convocação de nova eleição presidencial, no caso indireta porque já iniciada a segunda metade do mandato presidencial. Além do ineditismo desta hipótese, não havia mínima clareza ou consenso sobre as regras de uma eleição indireta. A CRFB/1988 indica apenas que a vaga será suprida no prazo de noventa dias em eleição realizada pelo Congresso Nacional.[243] Caso concretizada

---

[242] No mesmo sentido, Abranches (2018b, p. 352): "Nos casos de Collor e Dilma, a deposição prosperou porque a articulação política prévia no Congresso foi conduzida por lideranças capazes de realizar a expectativa de compartilhamento no novo esquema de poder. E o *impeachment* só se viabilizou após a adesão dos vice-presidentes, que abriram a discussão sobre a possível composição do futuro ministério. Não por acaso, Itamar e Temer qualificaram seus governos de 'parlamentaristas'".

[243] "Art. 81. Vagando os cargos de Presidente e Vice-Presidente da República, far-se-á eleição noventa dias depois de aberta a última vaga. §1º Ocorrendo a vacância nos últimos dois anos do período presidencial, a eleição para ambos os cargos será feita trinta dias depois

a dupla vacância, fatalmente a discussão seria levada ao STF. O grau de incerteza aproximava-se do absoluto. Com isso, pretendo dizer que o par "destruição-construção" ficava prejudicado, o que tornava improvável a destituição do presidente.

A esta altura pode-se perguntar se a figura do vice-presidente é mesmo desejável ou se é possível aventar outros desdobramentos para o *impeachment*. Para a primeira questão, é difícil afirmar categoricamente se o vice-presidente é fator de desestabilização. É possível que seja em determinadas circunstâncias. Em outras situações, a sua presença pode arrefecer as disputas em curso porque é sabido de antemão qual será o desfecho de um eventual *impeachment*. A assunção do vice-presidente não é uma saída incomum.

Alternativas, no entanto, são possíveis. Ginsburg, Huq e Landau (2020, p. 42) mencionam 51 casos em que a Constituição determina a imediata convocação de eleição para presidente. Poder-se-ia cogitar também de se submeter a referendo popular a decisão de se afastar o presidente. Em um sistema legislativo-dominante, estas duas alterações elevariam o custo decisório dos parlamentares, tornando incertas as consequências de um *impeachment*. Para aqueles que veem traços parlamentaristas no sistema de *impeachment* brasileiro, essas medidas poderiam remediar essa suposta falha institucional. Deve-se considerar, contudo, que dificultar excessivamente o uso do *impeachment* pode induzir o sistema político a encontrar outras saídas, mais ou menos legítimas, como, por exemplo, a cassação da chapa presidencial no Tribunal Superior Eleitoral, ou uso de estratagemas como a declaração de incapacidade.

4.4 O *impeachment* como voto de desconfiança?

A principal crítica dos teóricos do *contrabando* ao *impeachment* diz respeito ao seu uso. Como discutido na Seção 4.2 deste capítulo, o desenho institucional estimularia ilegitimamente uma prática nos moldes do sistema parlamentarista. "*Impeachment* não é voto de desconfiança" é o mote repetido à exaustão. Levado às últimas consequências, a destituição pode ser vista até como um "golpe parlamentar" (KOZICKI; CHUEIRI, 2019). Na Subseção 3.3 deste livro, mencionei alguns autores que

---

da última vaga, pelo Congresso Nacional, na forma da lei. §2º Em qualquer dos casos, os eleitos deverão completar o período de seus antecessores".

alegam ter o *impeachment* desfeito as diferenças porventura existentes entre os sistemas presidencialista e parlamentarista. As duas técnicas de governo se pareceriam não apenas em seu funcionamento ordinário, mas também na forma de resolução de suas crises políticas.[244] No caso brasileiro, o *impeachment* tornou-se um anátema devido ao caso da Presidente Dilma Rousseff. Mesmo o episódio do Presidente Fernando Collor de Mello passou a ser relido. Para Abranches (2018b, p. 147), por exemplo, se houve golpe no afastamento de Dilma Rousseff, também teria havido no de Fernando Collor de Mello, porque ambos se deram sob um idêntico contexto institucional.

Como avaliar estas críticas? Devido ao recorte feito neste livro, ative-me à crítica da *parlamentarização* do sistema presidencialista. Em vez de traçar prognósticos a respeito do sistema presidencialista, analisei como o *impeachment* foi empregado no sistema político brasileiro. A meu ver, a literatura não é convincente no diagnóstico: o problema institucional estaria no sistema presidencialista, na formação de coalizões (leia-se no multipartidarismo) ou no desenho institucional do *impeachment*?[245] Antes de avançar, permito-me estabelecer algumas premissas conceituais.

De acordo com Oscar Vieira (2018, p. 52-53), o *impeachment* teria uma tripla função em um sistema constitucional: (i) gerar incentivos contra o abuso de poder; (ii) gerar incentivos para a resolução de crises políticas dentro do marco institucional; e (iii) corresponsabilizar a sociedade, partidos e parlamentares pela "definição de padrões legais e éticos" de exercício do poder presidencial. Oscar Vieira (2018, p. 54) afirma ainda ser o *impeachment*, instrumento a ser utilizado apenas em momentos extraordinários, pois sua banalização desvirtua a natureza do presidencialismo. Desta definição dois elementos são essenciais, "crises políticas" e "momentos extraordinários".

Ginsburg, Huq e Landau (2019, p. 45) distinguem dois tipos ideais de *impeachment*. O primeiro é o "modelo do ator repugnante" (*bad actor model*), ou seja, o mecanismo se prestaria a remover presidentes devido a infrações graves. O segundo tipo-ideal é o "modelo do problema sistêmico" (*systemic problem model*), isto é, o *impeachment* é um instrumento para resolução de crises políticas, e independe de

---

[244] Nesse sentido, vide Llanos e Marsteintredt (2010), Marsteintredt e Berntzen (2008), Kasahara e Marsteintredet (2018), Pérez-Liñán (2007) e Carey (2008).
[245] Limongi e Figueiredo (2017) fazem pergunta semelhante ao responderem as críticas ao presidencialismo de coalizão.

uma conduta criminosa por parte do presidente. Segundo Ginsburg, Huq e Landau (2019, p. 45), as evidências empíricas e os estudos de caso têm demonstrado que o *impeachment* sempre envolverá uma crise sistêmica, mas nem sempre haverá o componente da "criminalidade invidual" do presidente.[246] Minha hipótese se aproxima bastante da constatação de Ginsburg, Huq e Landau (2019) e converge, em parte, com a de Oscar Vieira (2018). O *impeachment* envolverá sempre uma crise política. A presença de um presidente como um malfeitor é dispensável. Há uma certa associação automática entre *impeachment* e "criminalidade", mas ela não é correta. O *impeachment* pressupõe uma grave infração (crime de responsabilidade) por parte do presidente, mas isto não é equivalente à prática de um crime, no sentido estrito, ou de um ato repugnante. O *impeachment* se torna mais ou menos consensual, quando os atores políticos envolvidos são capazes de demonstrar que o presidente é a causa da crise política. Sua legitimidade também será medida, conforme se torne mais ou menos evidente a responsabilidade política do presidente.

Tanto o *impeachment*, como o voto de desconfiança são mecanismos de resolução de crises políticas e são utilizados em momentos pontuais e raros.[247] O que os distingue é o grau e a natureza da crise e o ônus para a sua aprovação. O voto de desconfiança, nos sistemas parlamentaristas, objetiva pôr fim a uma crise de governo.[248] Pode estar, por exemplo, associado à condição minoritária do governo, à dificuldade de aprovar proposições legislativas ou à uma derrota efetiva na arena legislativa. No parlamentarismo, crises de governo são mais fáceis de

---

[246] Reproduzo a passagem de Ginsburg, Huq e Landau (2019, 45): "*One of the major lessons of the case studies and empirical evidence reviewed above is that impeachment is not, or at least not only, about the bad actor model. Thus, theories of impeachment, such as those common in the United States, that focus exclusively on individual wrongdoing may miss some of the core functions played by impeachment in constitutional democracies. Impeachment will always be about systemic problems in the political environment, either in addition to, or instead of evidence of serious individual wrongdoing by the chief executive*".

[247] O propósito do *impeachment* e do voto de desconfiança é resolver crises políticas. Isso não significa que efetivamente resolvam-nas.

[248] De acordo com Huber (1996b, p. 270), embora a moção de censura ou de desconfiança não sejam idênticas em todos os sistemas parlamentaristas, elas conservam uma característica comum. Com base neste mecanismo, se confere às maiorias parlamentares o poder de votar pela manutenção ou destituição do primeiro-ministro e do gabinete. Huber (1996b, p. 269) distingue o voto de desconfiança do voto de confiança, instrumento à disposição do primeiro-ministro ou gabinete para atar a sobrevivência do governo à votação de um projeto de lei ou política. Para maiores detalhes sobre a estruturação do voto de desconfiança no parlamentarismo, Strøm, Müller e Bergman (2006).

serem observadas e identificadas. Além disso, o voto de desconfiança não impõe um custo significativo, sendo suficiente, em regra, a manifestação da maioria de uma casa legislativa, acompanhada ou não do apontamento de um novo governo (voto de desconfiança construtivo). O voto de desconfiança, por fim, não provoca um efeito desestabilizador sobre o próprio sistema, porque é sabido de antemão que o cargo de primeiro-ministro está vinculado à maioria parlamentar.

No caso do *impeachment*, a situação é bastante diversa. Em primeiro lugar, não se trata de uma crise de governo corriqueira. O que está em pauta é a incapacidade, *de facto*, do presidente de exercer a presidência. Ao contrário do parlamentarismo, essa incapacidade *de facto* é difícil de ser constatada objetivamente. Mais do que isso, cada crise assume feição e dinâmica próprias. Inexiste uma cartilha a orientar os parlamentares sobre como identificar o momento exato e adequado de acionar o *impeachment*. Os parlamentares usufruem de ampla discricionariedade para tomar esta decisão. Os cientistas políticos têm tentado estabelecer padrões, mas ainda há muita incerteza sobre como essas variáveis interagem e o peso relativo de cada uma delas.[249]

Mesmo diante de situações críticas, deve-se ponderar que o recurso ao *impeachment* não é a única alternativa institucional e política possível. É bastante razoável especular que os partidos prefiram aguardar o próximo ciclo eleitoral ou utilizar-se de outros meios menos custosos, cuja implementação requeira um quórum mais baixo, como as comissões parlamentares de inquérito.

Também são discutíveis as possíveis consequências do uso do *impeachment*. Regressão democrática? Realinhamento da separação de poderes? Consolidação do *rule of law*? Não há uma métrica minimamente consensual para confirmar para constatar quaisquer desses fenômenos.[250]

O que se sabe, efetivamente, é o seu custo. O *impeachment* do presidente Fernando Collor de Mello, sempre visto como exemplar

---

[249] Como analisado na Subseção 4.1, as variáveis mais recorrentes para a explicar o uso do *impeachment* são: as características do sistema partidário, o número de assentos do partido do presidente no legislativo, a relação executivo-legislativo, popularidade do presidente, o desempenho econômico do país, as manifestações e os protestos populares.

[250] Ginsburg, Huq e Landau (2019, p. 25) argumentam que todos os países onde um *impeachment* foi bem-sucedido permaneceram democráticos. Baseados no índice *Polity2*, os autores argumentam que, em regra, sequer houve variação no nível da qualidade democrática destes países. A título de exemplo, o Brasil permaneceu com a mesma pontuação após os afastamentos de Fernando Collor de Mello e de Dilma Rousseff. A conclusão, portanto, parece divergir daqueles que caracterizam o último *impeachment* de abusivo ou golpista. Sobre o *Polity2*, vide *Sustainable Competitiveness Observatory* (SCO, 2015).

e altamente consensual, durou 122 dias,[251] sem mencionar o tempo dispendido com as atividades da Comissão Parlamentar Mista de Inquérito. O *impeachment* de Dilma Rousseff, por sua vez, alongou-se por 273 dias. Além do custo temporal, o afastamento de um presidente exige a mobilização de outros recursos, como o recrutamento de apoio legislativo e popular. E, neste clima beligerante, Executivo e Legislativo têm de manter o governo em funcionamento. Por tudo isso, *impeachment* e voto de desconfiança não são equivalentes, embora sejam instrumentos apropriados para a resolução de crises políticas.

Uma segunda tentativa de equiparação seria verificar se o *impeachment* é um evento ordinário ou extraordinário. Mais uma vez, é um exercício inconclusivo, a meu ver. O afastamento de dois presidentes brasileiros, em um conjunto de sete de presidentes, seria muito ou pouco? O êxito de dois pedidos, em um universo de 241, é muito ou pouco? Os números em si mesmos nada dizem. Mesmo em uma base comparada, procurar pela frequência e êxito do *impeachment* não nos leva a conclusões relevantes. Nos Estados Unidos, o padrão de excelência de Avritzer (2019), de 1974 a 2020, os mandatos de Richard Nixon (1974), Bill Clinton (1999) e Donald Trump (2020) foram questionados com base na cláusula constitucional do *impeachment*, sem mencionar diversos outros casos nos quais se cogitou o acionamento desse dispositivo.[252] Na Coreia do Sul, o presidente Roh Moo-hyun e a presidente Park Geun-hye foram alvos de processo de *impeachment* nos anos de 2004 e 2017, respectivamente. De acordo com Ginsburg, Huq e Landau (2019, p. 26), do ponto de vista quantitativo, pedidos de *impeachment* são raramente bem-sucedidos.[253]

Por fim, a análise qualitativa poderia explicar se o uso do *impeachment* se banalizou. O *impeachment* está previsto constitucionalmente porque se pressupõe uma medida necessária para pôr fim ao cometimento de um crime de responsabilidade e a uma crise política. A dúvida, portanto, é saber quais são os limites de seu uso. Uma resposta adequada exigiria um estudo de caso dos episódios envolvendo

---

[251] Para Abranches (2018b, p. 353), "um rito sumário".
[252] Keyvig (2008) e Tribe e Matz (2018) argumentam, por exemplo, que o fenômeno do *impeachment talk* se tornou moeda corrente na política americana, devido à acentuada polarização partidária.
[253] Ginsburg, Huq e Landau (2019, p. 25-26) argumentam que pedidos de *impeachment* não são raros e são mais comuns em alguns casos, como no Brasil. Na contagem dos autores, houve onze pedidos no período entre 1990 e 2018. O artigo não cita quais são esses casos e por que foram classificados como "tentativas de *impeachment*".

o afastamento de Fernando Collor de Mello e de Dilma Rousseff. Por não ser este o propósito deste livro, valho-me das análises disponíveis na literatura e discutidas ao longo deste capítulo.

O *impeachment* de Fernando Collor de Mello é recorrentemente indicado como um exemplo de correção, sobretudo porque foi o primeiro após a redemocratização iniciada com a terceira onda.[254] É difícil encontrar quem faça reparos ao processo. Como discuti em outras passagens deste capítulo, o *impeachment* de Collor atingiu um amplo consenso institucional, político e social. Para utilizar a linguagem de Ginsburg, Huq e Landau (2019), o caso Collor é um clássico exemplo de um problema sistêmico (*systemic problem*) combinado com um presidente repugnante (*bad actor*). Já o caso Dilma Rousseff se deu em um contexto absolutamente distinto. A conjuntura política alcançara uma escala, possivelmente, inédita, desde a redemocratização, devido à "Operação Lava Jato". As dificuldades crescentes do governo Dilma Rousseff e o seu relacionamento conflituoso com o Legislativo, em especial com o presidente da Câmara dos Deputados, Eduardo Cunha, culminaram no afastamento da presidente. Este, talvez, seja o exemplo mais marcante de um *impeachment* decorrente de uma crise política sistêmica (*systemic problem*).

Desde a redemocratização não foi visto nada semelhante aos casos de Café Filho (1955) e Carlos Luz (1955), em que dois presidentes foram destituídos às pressas, em poucas horas, sem direito de defesa, e com forças militares dentro do Poder Legislativo acompanhando as sessões.[255] O afastamento dos dois presidentes estava relacionado à

---

[254] Ginsburg, Huq e Landau (2019, p. 58) dizem ser o Brasil um dos poucos casos em que o uso do *impeachment* teria sido justo: "*Brazil is one of the few countries in the world to have made fairly frequent use of impeachment in modern times [...]*". Hochstetler (2015) classificou o *impeachment* de Collor como "um manual". Barroso (2017, p. 13) também menciona, de forma positiva, o *impeachment* ao se referir ao sucesso da Constituição de 1988 em resolver crises que anteriormente levariam à ruptura institucional. Para este assunto, vide ainda Marsteintredet e Kasahara (2018) e Figueiredo (2010).

[255] Uma breve nota explicativa sobre o porquê de não incluir João Goulart nessa lista. Após a renúncia do Presidente Jânio Quadros, em 25 de agosto de 1961, desencadeou-se uma crise política acerca da posse do então vice-presidente João Goulart. Na ocasião, João Goulart encontrava-se fora do Brasil, em missão diplomática, e o seu retorno para o país era duvidoso. Os ministros militares vetavam seu nome, ameaçavam-no de prisão e instigavam o Congresso a aprovar o seu impedimento. Sem o apoio dos partidos políticos, a fórmula militar não prosseguiu. Diferentemente dos casos envolvendo Carlos Luz e Café Filho, não se levou ao plenário um requerimento para o afastamento de João Goulart. A decisão alinhavada foi aprovar uma Emenda Constitucional – a Emenda Parlamentarista de 1961 –, alterando o sistema de governo. Promulgada a emenda, em 2 de setembro de 1961, João Goulart seria empossado cinco dias depois, em 7 de setembro de 1961. Para uma abrangente

sucessão do presidente Getúlio Vargas. Em 1955, o então candidato Juscelino Kubitschek (PSD) se elegeria presidente com 36% dos votos obtidos no primeiro turno. João Goulart (PTB) seria o vitorioso para a vice-presidência. A vitória da chapa foi amplamente contestada por partidos oposicionistas.[256] Uma das teses urdidas pelos udenistas – Carlos Lacerda à frente – para contestar o resultado das eleições era a da maioria absoluta dos votos. De fato, o então candidato Juscelino Kubitschek ficara aquém da maioria absoluta, porém a Constituição de 1946 não estabelecia esse critério eleitoral. Além disso, afirmava-se ter Juscelino obtido o apoio de lideranças do Partido Comunista, à época proscrito.

Nesse contexto, o presidente Café Filho, que assumira o cargo após o suicídio de Getúlio Vargas, alega problemas de saúde e se licencia do cargo. No dia 9 de novembro, assume interinamente a presidência, seguindo a ordem constitucional, o Deputado Carlos Luz (PSD), Presidente da Câmara dos Deputados, que, apesar de pessedista e mineiro, era opositor de Juscelino Kubitschek. Essa movimentação foi interpretada como uma tentativa de viabilizar as supostas tratativas de impedir a posse do candidato eleito.

A animosidade se acentuaria com uma crise militar, envolvendo o Ministro da Guerra, Marechal Henrique Teixeira Lott.[257] No dia do funeral do general Canrobert Pereira da Costa, o coronel Jurandir Mamede fez, em discurso fúnebre, críticas consideradas ofensivas à hierarquia e à disciplina militares. O Marechal Lott, então, decidiu punir o seu subordinado, mas, para tanto, precisava de autorização do presidente Carlos Luz a quem Mamede estava funcionalmente vinculado naquele no momento. Diante da recusa do presidente, o Marechal Lott se demitiria do Ministério da Guerra. Antevendo uma conspiração golpista, para impedir a posse do candidato eleito, Juscelino Kubitschek, Lott insurgiria contra Carlos Luz e daria um *golpe preventivo* ou *contragolpe* para garantir a ordem constitucional e democrática.

O Marechal Henrique Lott então interdita o Palácio do Catete, sede da presidência, no dia 11 de novembro. Nessa mesma data, Carlos Luz, presidente em exercício, embarca no cruzador Tamandaré com

---

reconstituição dos fatos, Ferreira (2011, p. 227-258). Os anais das sessões realizadas na Câmara dos Deputados estão disponíveis em: (BRASIL, 1961).

[256] Para uma reconstrução do contexto político do período, consultar Schwarcz e Starling (2015, p. 412; 414) e Ferreira (2003, p. 315 e seguintes).

[257] Consultar Schwarcz e Starling (2015, p. 412; 414) e Ferreira (2003, p. 315 e seguintes).

seus apoiadores com destino ao Estado de São Paulo em busca de apoio político para resistir às ações lideradas pelo Marechal Henrique Lott. No mesmo dia 11 de novembro, o Congresso é instado a deliberar sobre o impedimento de Carlos Luz da presidência. Durante a sessão extraordinária convocada por requisição de lideranças partidárias, o deputado Afonso Arinos leu o documento enviado pelo presidente Carlos Luz, no qual dizia manter-se no exercício da presidência, a bordo de uma unidade da Marinha em águas territoriais (BRASIL, 1955, p. 8372). A maioria advogava o impedimento do presidente dada a sua impossibilidade de exercer o seu cargo, além de se encontrar em local desconhecido. Em razão disso, propunha-se o seu afastamento, com base no art. 79, §1º, da Constituição de 1946.[258] À aprovação, em poucas horas, do requerimento pelas duas casas, seguiu-se a posse do Senador Nereu Ramos[259] na presidência. A votação na Câmara dos Deputados terminou em 185 a 72 votos a favor do afastamento. No Senado, foram 43 a 9 votos. O Senador Nereu Ramos (PSD) ocupava à época a vice-presidência do Senado. O cargo de presidente do Senado Federal era exercido pelo vice-presidente da República, na ocasião vago desde a ascensão de Café Filho à presidência.

Nos dias seguintes, Café Filho solicita seu regresso ao cargo por já encontrar-se restabelecido de seus problemas de saúde. Seu pedido, contudo, é negado. Nova resolução é aprovada por Câmara dos Deputados, e o Senado Federal por 35 a 16 votos, afasta definitivamente Café Filho da presidência. Ato contínuo, o Presidente Nereu Ramos decreta o estado de sítio por trinta dias. Irresignado, Café Filho recorre ao STF para reestabelecer seu mandato presidencial. O STF nega os pedidos,[260] e Nereu Ramos mantém-se à frente da presidência e transmite o cargo a Juscelino Kubitschek, em janeiro de 1956. Encerrava-se, enfim, a *novembrada*. Embora a historiografia divirja sobre como classificar estes

---

[258] Artigo 79: Substitui o Presidente, em caso de impedimento, e sucede-lhe, no de vaga, o Vice-Presidente da República. §1º: Em caso de impedimento ou vaga do Presidente e do Vice-Presidente da República, serão sucessivamente chamados ao exercício da Presidência o Presidente da Câmara dos Deputados, o Vice-Presidente do Senado Federal e o Presidente do Supremo Tribunal Federal (redação original da Constituição de 1946, anterior à aprovação da Emenda Constitucional nº 6, de 1963)" (BRASIL, 1946).

[259] Para a reconstituição dos fatos, Ferreira (2003, p. 315 e seguintes), Franco (1965, p. 379 e seguintes), Cardoso (2019, p. 269 e seguintes) e Callado (1955).

[260] O Presidente Café Filho impetrou o Mandado de Segurança nº 3.557/DF (BRASIL, 1957) e o Habeas Corpus nº 33.908/DF (BRASIL, 1956). O STF julgou os dois casos prejudicados, em razão da vigência de estado de sítio. Sobre a decisão e o contexto político, Recondo (2018, p. 17; 20).

episódios – golpe preventivo ou contragolpe – parece-me razoável considerar esses dois episódios como processos de *impeachment*, apesar de não ter sido seguido o rito processual previsto na legislação vigente à época.[261]

Por todas essas razões não me parecem convincentes as alegações de que a prática do *impeachment* no Brasil tenha assumido uma feição parlamentarista.[262] Apenas o caso de Dilma Rousseff suscitou, para alguns analistas, esta conclusão. A controvérsia sobre a parlamentarização do presidencialismo está diretamente associada a este episódio. Este não foi um assunto contemplado nos estudos sobre o *impeachment* de Fernando Collor de Mello. Este não era um assunto comum na literatura sobre o presidencialismo. Houvesse ocorrido a parlamentarização, o *impeachment* teria sido o meio para resolver as crises ocorridas nos governos de Fernando Henrique Cardoso, Luiz Inácio Lula da Silva ou Michel Temer.

Qual a mensagem deste capítulo? Em uma palavra: prudência. Para se discutir desenhos e escolhas institucionais deve-se despir de idealismos. Não existe modelo institucional perfeito. Como dizia Brossard nenhum modelo previne o abuso. A discussão sobre a reforma do *impeachment* pressupõe clareza sobre quais seriam suas falhas institucionais. O primeiro passo, portanto, é aperfeiçoar o diagnóstico. Neste livro, tenho reiterado que o *impeachment* deve ser analisado dentro de um contexto mais amplo que considere como estão estabelecidas as relações entre Executivo e Legislativo. Este me parece o caminho quando se trata de um modelo legislativo-dominante. Embora estejam na mesma categoria, os sistemas presidencialistas do Brasil e dos Estados Unidos respondem a incentivos institucionais diversos e têm resultados distintos. Se minha interpretação estiver correta, sob a perspectiva institucional, duas peças da engrenagem devem ser observadas porque são elas que movem o pêndulo da relação de um polo a outro: (i) os

---

[261] Pérez-Liñán (2010, p. 50-51) trata os dois episódios de afastamento como um golpe legislativo, por meio do qual os parlamentares simplesmente apoiaram a conspiração militar. De acordo com o autor, a adoção de procedimentos duvidosos e a ativa participação (ou iniciativa) de militares são os dois componentes típicos de um golpe legislativo. Em outro texto, contudo, Pérez-Liñán (2020, p. 9) trata o afastamento de Carlos Luz como uma remoção por incapacidade, à maneira da Vigésima Quinta Emenda da Constituição americana.

[262] Neste sentido, discordo em absoluto com a conclusão de Ginsburg, Huq e Landau (2020, p. 17): "*In effect, then, the Paraguayan impeachment process operated as a (super-majoritarian) vote of no confidence in the president. There are similar regime dynamics in the South Korean and (especially) Brazil contexts as well, where the criminal allegations sometimes seem to be used as cover to remove unpopular presidents who had lost an enormous amount of congressional support*".

recursos institucionais disponíveis para o presidente formar e manter uma coalizão e (ii) o sistema partidário.

A análise institucional, obviamente, não dá conta sozinha da realidade. O melhor arranjo possível não é um seguro contra crises políticas decorrentes de estratégias irrefletidas ou de choques externos colossais. Penso no *impeachment* de Dilma Rousseff. À crise governativa, somou-se a ação do Deputado Eduardo Cunha e a "Operação Lava Jato". Esses fatores devem ser considerados ao se avaliar o desempenho do *impeachment*.

Por último, não basta cautela para identificar o problema. É preciso também cuidado na prescrição. Comentei no Capítulo 3 como o debate institucional está permanentemente aberto. Reformas institucionais trazem consigo efeitos previsíveis e imprevisíveis. Alterar o processo decisório do *impeachment* elevando o quórum de deliberação ou incluindo expressamente uma terceira etapa (p.ex.: manifestação de um tribunal) podem levar os atores políticos a buscarem atalhos institucionais. Podem, inclusive, criar situações em que um presidente *merecedor* de um *impeachment* se torne imune a ele em razão da rigidez do sistema. Deve-se considerar, portanto, que eventuais reformas possam tornar o *impeachment* muito fácil ou muito difícil.

A possibilidade de se incluir expressamente mais uma etapa no processo decisório vincula a qualidade da decisão ao número de *veto players* presentes na cadeia de decisão. O STF tem, de certo modo, desempenhado esta função ao afirmar a sua jurisdição sobre o *impeachment*. A experiência sul-coreana demonstra, no entanto, que as decisões da corte estavam em sintonia com a maioria popular. O *impeachment*, reitero, não perde sua feição política porque é decidido por juízes. O modo de decidir de juízes apenas é diferente do de parlamentares. Não se deve ignorar também o risco de tribunais ou cortes se partidarizarem em demasia na hipótese de virem a participar de um processo de destituição presidencial.

CAPÍTULO 5

CONCLUSÃO

Neste livro, discuti como se fazem *impeachments* em sistemas institucionais em que o legislativo detém a competência para julgar uma denúncia contra o presidente. Baseei minha análise na premissa de ser sempre o *impeachment* um processo político e jurídico, independentemente de quem seja responsável por seu julgamento. Disto, contudo, não se conclui que a escolha do órgão competente por decidir sobre o *impeachment* seja irrelevante.

Com estas premissas, verifiquei que o *impeachment* é acionado em contextos nos quais a relação entre executivo e legislativo se encontra na máxima tensão conflitiva. O sistema presidencialista brasileiro oferece ao chefe do Poder Executivo as condições e os recursos necessários para reverter uma posição minoritária e construir uma coalizão partidária majoritária. O presidente poderá, inclusive, optar por se manter minoritário, porque o seu cargo não está vinculado à formação de maioria. Esta estratégia presidencial poderá vir a ser testada, se houver um pedido de *impeachment*. Nestas ocasiões, os parlamentares deverão admitir, processar e julgar o presidente e eles desincumbem estas tarefas mirando para o resultado, isto é, no eventual governo a ser liderado pelo vice-presidente. Parlamentares estão interessados no desfecho, porque suas preferências também estão em jogo.

Nada disto parlamentariza o presidencialismo. A resolução de crises políticas em cada sistema de governo segue lógica distinta e tem consequências diversas. No parlamentarismo, as crises são governativas e decorrem da incapacidade de o primeiro-ministro aprovar sua agenda. No presidencialismo, por sua vez, a crise é da própria legitimidade do presidente, que se torna incapacitado, *de facto*, de seguir no cargo. O *impeachment* imobiliza a relação entre Executivo e Legislativo devido à gravidade da crise. Há, em síntese, um problema sistêmico a ser resolvido.

Precisamente por suas consequências, o *impeachment* é um instrumento restrito a supermaiorias. Exige alto grau de consenso entre os atores políticos. Em sistemas bipartidários, como o dos Estados Unidos, o quórum pressupõe a adesão do próprio partido governista. Por esta razão, as chances de se destituir um presidente são bastante remotas. A raridade do *impeachment* nos Estados Unidos se deve ao formato do sistema partidário e não à forma que este país optou para definir as bases autorizadoras do afastamento do presidente ou à uma superioridade moral e política.

Em sistemas multipartidários, persiste a necessidade de se atingir um quórum elevado, mas, em regra, o partido governista não é capaz, isoladamente, de bloquear a denúncia. Assim sendo, é a coalizão partidária que assume a função de "escudo legislativo". As coalizões partidárias, no entanto, não devotam ao presidente a mesma lealdade que se espera do partido governista. Por este motivo, as chances de se aprovar o *impeachment* crescem. Para que isto ocorra, o presidente deve perder a capacidade de atrair apoio partidário, tornando-se superminoritário. Isto, contudo, não torna o *impeachment* um evento frequente em sistemas multipartidários. O *impeachment* permanece um fenômeno raro e condicionado a circunstâncias não triviais e a custos decisórios elevados.

Os dois *impeachments* ocorridos no Brasil não são explicados em função da forma como são tipificados os crimes de responsabilidade. Este livro rechaça a hipótese de haver uma debilidade institucional inata no sistema presidencialista brasileiro. O presidente dispõe dos instrumentos institucionais necessários para governar e o desenho institucional do *impeachment* não difere substancialmente de seus análogos.

A indicação de um crime de responsabilidade é condição necessária, porém insuficiente, para o afastamento do presidente. O *impeachment* somente será aprovado se os parlamentares souberem como será o dia seguinte à sua decisão. Isto, porque deputados e senadores não apenas destituem governantes, mas instituem outros. Não basta que o presidente se torne superminoritário; o vice-presidente deve demonstrar possuir condições políticas para iniciar um novo governo. O momento mais crítico de um processo de *impeachment* é a suspensão do presidente e a assunção provisória do vice-presidente à presidência. Este não é um desdobramento necessário, uma vez que há sistemas presidencialistas que permitem ao presidente manter-se no cargo até o seu julgamento (p.ex. Estados Unidos). Este momento é extremamente delicado, porque os legisladores poderão aferir se os compromissos assumidos pelo vice-presidente têm credibilidade.

A máquina do *impeachment* não está insulada ou fechada em uma redoma. Políticos não farão uso deste recurso senão em conjuntura favorável. O *impeachment* não é tampouco a única alternativa à disposição dos agentes políticos, pois estes conhecem os custos decisórios decorrentes do processamento e da aprovação de um pedido de afastamento. O fato de haver no Brasil um quórum elevado tanto para o juízo de admissibilidade, quanto para o julgamento desincentiva tentativas irreais de destituição.

O afastamento do presidente Fernando Collor de Mello foi precedido de um amplo alinhamento de forças políticas e sociais. Sua queda não era prevista e necessária; foi, sim, construída paulatinamente pela articulação de uma frente parlamentar supermajoritária. Os governos seguintes, de Itamar Franco a Luiz Inácio Lula da Silva, enfrentaram crises políticas sérias, porém o *impeachment* não foi uma ameaça concreta. A debacle da presidente Dilma Rousseff, por sua vez, pouco se compara à do caso Collor. A difícil relação com o Legislativo e ruptura de sua coalizão fragilizou o escudo legislativo, tornando-a superminoritária no contexto de uma crise política sem precedentes deflagrada pela Operação Lava Jato.

O objetivo central deste livro era oferecer ao leitor um mapa que descrevesse como e por que o mecanismo do *impeachment* é acionado pelos agentes políticos. Como dito, esta reflexão pressupõe uma análise sobre o funcionamento do sistema presidencialista e a operação da separação de poderes. Espero ter apresentado um diagnóstico claro que auxilie na elaboração de reformas ao sistema político brasileiro e nas futuras discussões do *impeachment*.

REFERÊNCIAS

ABRAMOVAY, Pedro. *Separação de poderes e medidas provisórias*. Rio de Janeiro: Campus, 2012.

ABRANCHES, Sérgio Henrique Hudson de. Presidencialismo de coalizão: o dilema institucional brasileiro. *Revista de Ciências Sociais*, Rio de Janeiro, v. 31, n. 1, p. 5-34, 1988. Disponível em: https://politica3unifesp.files.wordpress.com/2013/01/74783229-presidencialismo-de-coalizao-sergio-abranches.pdf. Acesso em: 20 jul. 2020.

ABRANCHES, Sérgio. Artigo: uma coalizão para chamar de sua. *O Globo*, Rio de Janeiro, 24 nov. 2018a. Política. Disponível em: https://oglobo.globo.com/brasil/artigo-uma-coalizao-para-chamar-de-sua-23257009. Acesso em: 20 jul. 2020.

ABRANCHES, Sérgio Henrique Hudson de. *Presidencialismo de coalizão*: raízes e evolução do modelo político brasileiro. São Paulo: Companhia das Letras, 2018b.

ACKERMAN, Bruce. *The failure of the founding fathers*: Jefferson, Marshall and the rise of presidential democracy. Oxford: OUP USA, 2007.

ALBUQUERQUE, Roberto Cavalcanti de; VELLOSO, João Paulo dos Reis. *Governabilidade e reformas*. Rio de Janeiro: José Olympio, 1995.

ALENCASTRO, Luiz Felipe de. O Cavalo de Troia do parlamentarismo: O afastamento de Dilma Rousseff pode ser entendido como um acordo jurídico perfeito ou um golpe urdido por políticos derrotados. *Estadão*, 6 jun. 2016. Disponível em: https://www.estadao.com.br/alias/o-cavalo-de-troia-do-parlamentarismo/ Acesso em: 23 jul. 2020.

AMARAL JÚNIOR, José Levi Mello do. *Medida provisória*: edição e conversão em lei. São Paulo: Saraiva, 2012.

AMARAL JÚNIOR, José Levi Mello do; AMARAL, João Marcos. Multipartidarismo atomístico e (semi) presidencialismo de coalizão. *Revista de Estudos Constitucionais, Hermenêutica e Teoria do Direito (RECHTD)*, [s. l.], v. 9, n. 3, p. 355-365, set./dez. 2017. Disponível em: http://revistas.unisinos.br/index.php/RECHTD/article/view/rechtd.2017.93.13/6438. Acesso em: 28 jul. 2020.

AMORIM NETO, Octavio. The puzzle of party discipline in Brazil. *Latin American Politics and Society*, v. 4, n. 1, p. 127-144, 2002.

AMORIM NETO, Octavio. *Presidencialismo e governabilidade nas Américas*. Rio de Janeiro: Fundação Getulio Vargas, 2006.

ANDRADA, Bonifácio. *Controle judicial de constitucionalidade*: constitucionalismo entre o direito e a política. Curitiba: Juruá Editora, 2016.

ANDRADA, Bonifácio José Suppes de; CRUZ, Álvaro Ricardo de Souza. Legisladores juízes? Ensaio sobre o exercício da função jurisdicional pelo Parlamento. In: BARACHO JÚNIOR, José Alfredo de Oliveira; PEREIRA, Bruno Cláudio Penna Amorim (Ed.). Direito parlamentar: discussões contemporâneas. Belo Horizonte: Editora Vorto, 2018. p. 151-185.

ARANTES, Rogério B.; COUTO, Cláudio G. 1988-2018: trinta anos de constitucionalização permanente. In: MENEZES FILHO, Naércio; SOUSA, Andre Portela (Org.). A Carta: para entender a Constituição brasileira. São Paulo: Todavia, 2019. p. 13-52.

ARGUELHES, Diego Werneck. Poder não é querer: preferências restritivas e redesenho institucional no Supremo Tribunal Federal pós-democratização. Universitas/Jus, Brasília, DF, v. 25, n. 1, p. 25-45, jan. 2014.

ARGUELHES, Diego Werneck; PEREIRA, Thomaz. Separação de poderes como alocação de autoridade. In: LEAL, Fernando (Coord.). Constitucionalismo de realidade: democracia, direitos e instituições. São Paulo: Fórum, 2019. p. 103-124.

ARGUELHES, Diego Werneck; RECONDO, Felipe. Impeachment: a maldição de Paulo Brossard. In: FALCÃO, Joaquim; ARGUELHES, Diego Werneck; PEREORA, Thomaz (Org.). Impeachment de Dilma Rouseff: entre o Congresso e o Supremo. Belo Horizonte: Letramento, 2017. p. 167-170.

ARGUELHES, Diego Werneck; RIBEIRO, Leandro Molhano. Ministrocracia: O Supremo Tribunal individual e o processo democrático brasileiro. Novos estudos CEBRAP, São Paulo, v. 37, n. 1, p. 13-32, jan./abr. 2018.

ASSIS BRASIL, Joaquim Francisco de. Do governo presidencial na república brasileira. 2. ed. Rio de Janeiro: Calvino Filho, 1934.

AVALIAÇÃO do Governo. Governo Fernando Henrique Cardoso. [Primeiro mandato: 01. jan. 1995 a 31 dez. 1998, Segundo mandato: 01. jan. 1999 a 31. dez. 2002]. [São Paulo]: UOL Notícias, 2011. Disponível em: https://noticias.uol.com.br/fernandorodrigues/arquivos/pesquisas/datafolha/fhc-popularidade.jhtm. Acesso em: 7 ago. 2020.

AVRITZER, Leonardo. Impasses da democracia no Brasil. Rio de Janeiro: Civilização Brasileira, 2016.

AVRITZER, Leonardo. O pêndulo da democracia. São Paulo: Civilização Brasileira, 2019.

AVRITZER, Leonardo; ANASTASIA, Fátima (Org.). Reforma política no Brasil. Belo Horizonte, MG: UFMG, 2007.

BADIN, Luiz. La justice pénale-politique au Brésil. 1996. Monografia (Especialização em Direito Público) – Universidade de Paris I, Panthéon-Sorbonne, UP1, França, 1993.

BAHIA, Alexandre Gustavo Melo Franco de Moraes; SILVA, Diogo Bacha e; OLIVEIRA, Marcelo Andrade Cattoni de. O impeachment e o Supremo Tribunal Federal: história e teoria constitucional brasileira. 2. ed. São Paulo: Empório do Direito, 2017.

BARBOSA, Rui. *Trabalhos diversos 1913*. Rio de Janeiro: Secretaria da Cultura; Fundação Casa de Rui Barbosa, 1991. v. XL, T. IV (Obras completas de Rui Barbosa). Disponível em: http://docvirt.com/docreader.net/docreader.aspx?bib=ObrasCompletasRuiBarbosa&pasta=Vol.%20XL%20(1913)\Tomo%20VI&pesq=&pagfis=40097. Acesso em: 18 ago. 2020.

BARROSO, Luís Roberto. Impeachment: crime de responsabilidade – Exoneração do cargo. *Revista de Direito Administrativo*, Rio de Janeiro, v. 212, p. 161-174, abr./jun. 1998. Disponível em: http://bibliotecadigital.fgv.br/ojs/index.php/rda/article/view/47174. Acesso em: 18 ago. 2020.

BARROSO, Luís Roberto. *Reforma política no Brasil*: os consensos possíveis e o caminho do meio. [São Paulo]: Conjur, 2015. [Texto-base da tradução para o português de apresentação feita na Faculdade de Direito da Universidade de Harvard, no painel Political Reforms: Towards a more representative democracy?, no Brazil Harvard Conference, realizado em 17 de maio de 2015]. Disponível em: https://www.conjur.com.br/dl/reforma-politica-harvard-ministro-luis.pdf. Acesso em: 23 jul. 2020.

BARROSO, Luís Roberto. *Vinte anos da Constituição brasileira de 1988:* o estado a que chegamos. Rio de Janeiro: Do Autor, 2017. Disponível em: http://www.luisrobertobarroso.com.br/wp-content/uploads/2017/09/vinte_e_um_anos da_constituicao_brasileira_o_estado_a_que_chegamos_pt.pdf. Acesso em: 18 ago. 2020.

BASTOS, Celso Ribeiro; MARTINS, Ives Gandra da Silva. *Parlamentarismo ou presidencialismo?* 2. ed. Rio de Janeiro: Forense; Academia Internacional de Direito e Economia, 1993.

BAUMGARTNER, Jody; KADA, Naoko. *Checking executive power*: presidential impeachment in comparative perspective. São Paulo: Praeger, 2003.

BERCOVICI, Gilberto. *[Parecer]*. São Paulo: Politica Estadão, 2015. https://politica.estadao.com.br/blogs/fausto-macedo/wp-content/uploads/sites/41/ 2015/10/Parecer_Impeachment_Bercovici.pdf. Acesso em: 23 jul. 2020.

BERGER, Raoul. *Impeachment*: the constitutional problems. Cambridge, Mass.: Harvard University Press, 1974.

BERTHOLINI, Frederico; PEREIRA, Carlos. Pagando o preço de governar: custos de gerência de coalizão no presidencialismo brasileiro. *Revista de Administração Pública*, Rio de Janeiro v. 51, n. 4, p. 528-550, 2017. Disponível em: http://bibliotecadigital.fgv.br/ojs/index.php/rap/article/view/71171. Acesso em: 20 jul. 2020.

BISPO, Nikolay Henrique. *O veto presidencial no STF*: estudo de um caso de tensão entre os poderes. 2016. 182 f. Dissertação (Mestrado em Direito e Desenvolvimento) – Programa de Pós Graduação em Direito e Desenvolvimento, Escola de Direito, Fundação Getulio Vargas, São Paulo, 2016.

BLACK JUNIOR, Charles L. *Impeachment:* a handbook. New Haven: Yale Univ Press, 1998.

BOBBIO, Norberto. *A teoria das formas de governo na história do pensamento político.* Tradução de Luís Sérgio Henriques. Brasília: Ed. UnB, 2017.

BORJA, Sérgio. *Impeachment*. Porto Alegre: Ortiz, 1992.

BOWMAN, Frank O. *High Crimes and Misdemeanors*: A History of Impeachment for the Age of Trump. New York: Cambridge University Press, 2019.

BRAGON, Ranier; URIBE, Gustavo. PT decide votar contra Cunha, que pode deflagrar impeachment de Dilma. *Folha de S.Paulo*, Brasília, 2 dez. 2015. Disponível em: https://www1.folha.uol.com.br/poder/2015/12/1713918-bancada-petista-decide-votar-contra-cunha-no-conselho-de-etica-da-camara.shtml. Acesso em: 9 ago. 2020.

BRANDÃO, Rodrigo. *Supremacia judicial versus diálogos constitucionais*: a quem cabe a última palavra sobre o sentido da Constituição? Rio de Janeiro: Lumen Juris, 2017.

BRASIL. [Constituição (1824)]. *Constituição Política do Império do Brasil*. Constituição Política do Império do Brasil, elaborada por um Conselho de Estado e outorgada pelo Imperador D. Pedro I, em 25.03.1824. Manda observar a Constituição Politica do Imperio, offerecida e jurada por Sua Magestade o Imperador. Rio de Janeiro, DF: Presidência da República, 1824. Disponível em: http://www.planalto.gov.br/ccivil_03/Constituicao/Constituicao24.htm. Acesso em: 10 ago. 2020.

BRASIL. [Constituição (1891)]. *Constituição da República dos Estados Unidos do Brasil, de 24 de fevereiro de 1891*. Nós, os representantes do povo brasileiro, reunidos em Congresso Constituinte, para organizar um regime livre e democrático, estabelecemos, decretamos e promulgamos a seguinte. Rio de Janeiro, DF: Presidência da República, 1891. Disponível em: http://www.planalto. gov.br/ccivil_03/constituicao/constituicao91.htm. Acesso em: 10 ago. 2020.

BRASIL. *Decreto nº 27, de 7 de janeiro de 1892*. Regula o processo e julgamento do Presidente da Republica e dos Ministros de Estado nos crimes communs. Rio de Janeiro, DF: Presidência da República, 1892a. Disponível em: http://www.planalto.gov.br/ccivil_03/decreto/historicos/dpl/DPL0027-1892.htm. Acesso em: 7 ago. 2020.

BRASIL. *Decreto nº 30, de 8 de janeiro de 1892*. Promulga a lei sobre os crimes de responsabilidade do Presidente da Republica. Rio de Janeiro, DF: Presidência da República, 1892b. Disponível em: http://www.planalto.gov.br/ccivil_03/Leis/1851-1900/L0030-1892.htm#:~:text=LEI%20N%C2%BA%2030%2C%20DE%208,responsabilidade%20do%20Presidente%20da%20Republica.&text=3%C2%BA%20O%20Presidente%20da%20Republica,lei%2C%20quando%20perpetrados%20por%20outrem. Acesso em: 7 ago. 2020.

BRASIL. Leis, decretos, etc. *Código eleitoral da Republica dos Estados Unidos do Brasil*. Rio de Janeiro: Freitas Bastos, 1932.

BRASIL. [Constituição (1934)]. *Constituição da República dos Estados Unidos do Brasil, de 16 de julho de 1934*. Nós, os representantes do povo brasileiro, pondo a nossa confiança em Deus, reunidos em Assembléia Nacional Constituinte para organizar um regime democrático, que assegure à Nação a unidade, a liberdade, a justiça e o bem-estar social e econômico, decretamos e promulgamos a seguinte. Rio de Janeiro, DF: Presidência da República, 1934. Disponível em: http://www.planalto.gov.br/ccivil_03/constituicao/constituicao34.htm. Acesso em: 15 ago. 2019.

BRASIL. [Constituição (1946)]. *Constituição dos Estados Unidos do Brasil (de 18 de setembro de 1946)*. Mesa da Assembléia Constituinte promulga a Constituição dos Estados Unidos do Brasil e o Ato das Disposições Constitucionais Transitórias, nos termos dos seus arts. 218 e 36, respectivamente, e manda a todas as autoridades, às quais couber o conhecimento e a execução desses atos, que os executem e façam executar e observar fiel e inteiramente como neles se contêm. Rio de Janeiro, DF: Presidência da República, 1946. Disponível em: http://www.planalto.gov.br/ccivil_03/constituicao/constituicao46.htm. Acesso em: 10 ago. 2020.

BRASIL. Congresso Nacional. *Anais do Senado*: sessões de junho de 1948. Rio de Janeiro: Departamento de Imprensa Nacional, 1948.

BRASIL. *Lei nº 1.079, de 10 de abril de 1950*. Define os crimes de responsabilidade e regula o respectivo processo de julgamento. Rio de Janeiro, DF: Presidência da República, 1950. Disponível em: http://www.planalto.gov.br/ccivil_03/leis/l1079.htm. Acesso em: 7 ago. 2020.

BRASIL. *Diário do Congresso Nacional*. Brasília: DCN, Seção 1, 12 nov. 1955, p. 8372.

BRASIL. Supremo Tribunal Federal. HC 33.908/DF. Relator: Min. Afrânio Costa, *Diário de Justiça*, Rio de Janeiro, 26 de julho de 1956. Rio de Janeiro, DF: STF, [1956]. Disponível em: https://jurisprudencia.stf.jus.br/pages/search/sjur19130/false. Acesso em: 7 ago. 2020.

BRASIL. Supremo Tribunal Federal. MSegurança 3.557/DF. Relator: Min.: Hahnemann Guimarães, 7 de novembro de 1956. Rio de Janeiro, *Diário de Justiça*, 4 abr. 1957. Rio de Janeiro, DF: STF, [1957]. Disponível em: https://jurisprudencia.stf.jus.br/pages/search/sjur19063/false. Acesso em: 23 jul. 2020.

BRASIL. Câmara dos Deputados. Registros das sessões. Escrevendo a história – Emenda Parlamentarista – 50 ANOS. Brasília: Câmara dos Deputados, [1961]. Disponível em: https://www2.camara.leg.br/atividade-legislativa/plenario/discursos/escrevendohistoria/destaque-de-materias/emenda-parlamentarista. Acesso em: 4 ago. 2020.

BRASIL. Supremo Tribunal Federal (Sessão Plenária). *Súmula nº 5, de 13 de dezembro de 1963*. A sanção do projeto supre a falta de iniciativa do Poder Executivo. Brasília, DF: STF, [1964]. Disponível em: https://jurisprudencia.stf.jus.br/pages/search/seq-sumula5/false. Acesso em: 23 jul. 2020.

BRASIL. [Constituição (1988)]. *Constituição da República Federativa do Brasil de 1988*. Nós, representantes do povo brasileiro, reunidos em Assembléia Nacional Constituinte para instituir um Estado Democrático, destinado a assegurar o exercício dos direitos sociais e individuais, a liberdade, a segurança, o bem-estar, o desenvolvimento, a igualdade e a justiça como valores supremos de uma sociedade fraterna, pluralista e sem preconceitos, fundada na harmonia social e comprometida, na ordem interna e internacional, com a solução pacífica das controvérsias, promulgamos, sob a proteção de Deus, a seguinte Constituição da República Federativa do Brasil. Brasília, DF: Presidência da República, 1988. Disponível em: http://www.planalto.gov.br/ccivil_03/Constituicao/Constituicao.htm. Acesso em: 17 jul. 2020.

BRASIL. Câmara dos Deputados. *Resolução nº 17, de 1989*. Aprova o Regimento Interno da Câmara dos Deputados. Brasília, DF: Câmara dos Deputados, 1989. Disponível em: https://www2.camara.leg.br/atividade-legislativa/legislacao/regimento-interno-da-camara-dos-deputados/arquivos-1/RICD%20atualizado%20ate%20RCD%2012-2019%20A.pdf. Acesso em: 17 jul. 2020.

BRASIL. Supremo Tribunal Federal. MS 21.564/DF. Relator: Min. Octavio Gallotti, 23 de setembro de 1992. *Diário de Justiça*, Brasília, 27 ago. 1993. Brasília, DF: STF, [1993a]. Disponível em: https://jurisprudencia.stf.jus.br/ pages/search?base=acordaos&sinonimo=true&plural=true&page=1&pageSize=10&queryString=MS%2021.564&sort=_score&sortBy=desc Acesso em: 17 ago. 2020.

BRASIL. Supremo Tribunal Federal. MS 21.623/DF. Relator: Min. Carlos Velloso, 17 de dezembro de 1992. *Diário de Justiça*, Brasília, 28 maio 1993. Brasília, DF: STF, [1993b]. Disponível em: https://jurisprudencia.stf.jus.br/pages/search?base=acordaos&sinonimo=true&plural=true&page=1&pageSize=10&queryString=MS%2021.623&sort=_score&sortBy=desc. Acesso em: 17 ago. 2020.

BRASIL. Supremo Tribunal Federal. MS 21.689/DF. Relator: Min. Carlos Velloso, 16 de dezembro de 1993. *Diário de Justiça*, Brasília, 7 abr. 1995. Brasília, DF: STF, [1995b]. Disponível em: https://jurisprudencia.stf.jus.br/pages/search/sjur20291/false. Acesso em: 7 ago. 2020.

BRASIL. *Emenda Constitucional nº 16, de 04 de junho de 1997*. Dá nova redação ao §5º do art. 14, ao caput do art. 28, ao inciso II do art. 29, ao caput do art. 77 e ao art. 82 da Constituição Federal. Brasília, DF: Presidência da República, 1997. Disponível em: http://www.planalto.gov.br/ccivil_03/constituicao/Emendas/Emc/emc16.htm. Acesso em: 3 ago. 2020.

BRASIL. Supremo Tribunal Federal. MS 22.972/DF. Relator: Min.: Neri da Silveira, 18 de dezembro de 1997. Brasília, *Diário de Justiça*, 2 fev. 1998. Brasília, DF: STF, [1998]. Disponível em: https://stf.jusbrasil.com.br/jurisprudencia/14758257/mandado-de-seguranca-ms-22972-df-stf. Acesso em: 23 jul. 2020.

BRASIL. *Emenda Constitucional nº 32, de 11 de setembro de 2001*. Altera dispositivos dos arts. 48, 57, 61, 62, 64, 66, 84, 88 e 246 da Constituição Federal, e dá outras providências. Brasília, DF: Presidência da República, 2001. Disponível em: http://www.planalto.gov.br/ccivil_03/constituicao/Emendas/Emc/emc32.htm. Acesso em: 3 ago. 2020.

BRASIL. Supremo Tribunal Federal. MS 23.885/DF. Relator: Min. Carlos Velloso, 28 de agosto de 2002. *Diário de Justiça*, Brasília, 20 set. 2002. Brasília, DF: STF, [2002]. Disponível em: https://jurisprudencia.stf.jus.br/pages/search/sjur16135/false. Acesso em: 7 ago. 2020.

BRASIL. Supremo Tribunal Federal. ADI nº 2.867 de 2003. Relator: Min. Celso de Mello, 03 de dezembro de 2003. *Diário de Justiça*, Brasília, 09 fev. 2007. Brasília, DF: STF, [2007]. Disponível em: http://www.stf.jus.br/portal/peticaoInicial/verPeticaoInicial.asp?base=ADI&documento=&s1=2867%20&processo=2867. Acesso em: 23 jul. 2020.

BRASIL. Supremo Tribunal Federal. MS 30.672 AgR/DF. Relator: Min. Ricardo Lewandowski, 15 de setembro de 2011. *Diário de Justiça Eletrônico*, Brasília, 18 out. 2011. Brasília, DF: STF, [2011]. Disponível em: https://jurisprudencia.stf.jus.br/pages/search/sjur200176/false. Acesso em: 7 ago. 2020.

BRASIL. Supremo Tribunal Federal. ADI nº 1.381 de 1995. Relator: Min. Dias Toffoli, 21 de agosto de 2014. *Diário de Justiça*, Brasília, 09 out. 2014. Brasília, DF: STF, [2014]. Disponível em: https://jurisprudencia.stf.jus.br/pages/search/sjur279708/false. Acesso em: 23 jul. 2020.

BRASIL. Supremo Tribunal Federal. ADI nº 5.127 de 2014. Relator: Min. Rosa Weber, 15 de outubro de 2015. *Diário de Justiça*, Brasília, 11 maio 2016. Brasília, DF: STF, [2016]. Disponível em: http://www.stf.jus.br/portal/peticaoInicial/verPeticaoInicial.asp?base=ADI&documento=&s1=5127&processo=5127. Acesso em: 23 jul. 2020.

BRASIL. Câmara dos Deputados. Departamento de taquigrafia, revisão e redação. *Sessão Deliberativa Ordinária – CD nº 378.1.55.O*, 3 dez. 2015. Brasília: Câmara dos Deputados, 2015a. Disponível em: https://www2.camara.leg.br/atividade-legislativa/plenario/discursos/escrevendohistoria/destaque-de-materias/impeachment-da-presidente-dilma/sessao-378-de-031215. Acesso em: 9 ago. 2020.

BRASIL. Supremo Tribunal Federal. ADPF/DF nº 378. *Diário de Justiça*, Brasília, 3 dez. 2015b. Brasília, DF: STF, [2015b]. Disponível em: http://www.stf.jus.br/portal/peticaoInicial/verPeticaoInicial.asp? base=ADPF&documento=&s1=378&processo=378. Acesso em: 7 ago. 2020.

BRASIL. *Lei nº 13.303, de 30 de junho de 2016*. Dispõe sobre o estatuto jurídico da empresa pública, da sociedade de economia mista e de suas subsidiárias, no âmbito da União, dos Estados, do Distrito Federal e dos Municípios. Brasília, DF: Presidência da República, 2016a. Disponível em: http://www.planalto.gov.br/ccivil_03/_ato2015-2018/2016/lei/l13303.htm. Acesso em: 17 jul. 2020.

BRASIL. Supremo Tribunal Federal. *Notícias STF*. Brasília, DF: STF, 15 mar. 2016b. Disponível em: http://www.stf.jus.br/portal/cms/verNoticiaDetalhe.asp?idConteudo=312128. Acesso em: 23 jul. 2020.

BRASIL. Câmara dos Deputados. *SIP 1/2017* – Solicitação para Instauração de Processo. Encaminha, para os fins do artigo 51, inciso I, da Constituição Federal, denúncia formulada pelo Ministério Público Federal em desfavor do Excelentíssimo Senhor Presidente da República, Michel Miguel Elias Temer Lulia, nos autos do Inquérito n. 4.517. Brasília: Câmara dos Deputados, 2017a. Disponível em: https://www.camara.leg.br/proposicoesWeb/fichadetramitacao?idProposicao=2143164. Acesso em: 18 ago. 2020.

BRASIL. Câmara dos Deputados. *SIP 2/2017* – Solicitação para Instauração de Processo. Encaminha, para os fins do artigo 51, inciso I, da Constituição Federal, denúncia formulada pelo Ministério Público Federal em desfavor do Excelentíssimo Senhor Presidente da República, Michel Miguel Elias Temer Lulia, e dos Senhores Ministros de Estado Eliseu Lemos Padilha e Wellington Moreira Franco, nos autos dos Inquéritos n. 4.483 e 4.327. Brasília: Câmara dos Deputados, 2017b. Disponível em: https://www.camara.leg.br/proposicoesWeb/fichadetramitacao?idProposicao=2152748. Acesso em: 18 ago. 2020.

BRASIL. Supremo Tribunal Federal. MS 34.087/DF. Relator: Min. Marco Aurélio, 5 de setembro de 2016. *Diário de Justiça Eletrônico*, Brasília, 2017. Brasília, DF: STF, [2017c]. Disponível em: https://jurisprudencia.stf.jus.br/pages/search/despacho670195/false. Acesso em: 7 ago. 2020.

BRASIL. Supremo Tribunal Federal. MS 34.193/DF. Relator: Min. Alexandre de Moraes, 7 de dezembro de 2018. *Diário de Justiça Eletrônico*, Brasília, 12 dez. 2018. Brasília, DF: STF, [2018a]. Disponível em: https://jurisprudencia.stf.jus.br/pages/search/despacho935896/false. Acesso em: 7 ago. 2020.

BRASIL. Supremo Tribunal Federal. *Relator homologa desistência de mandado de segurança contra PEC sobre parlamentarismo*. Brasília, 08 jun. 2018. Notícias. Brasília, DF: STF, [2018b]. Disponível em: http://www.stf.jus.br/portal/cms/verNoticiaDetalhe.asp?id Conteudo=380829. Acesso em: 23 jul. 2020.

BRASIL. Supremo Tribunal Federal. Rcl 29.508 MC/DF. Relator: Min.: Cármen Lúcia, 21 de janeiro de 2018. *Diário de Justiça*, Brasília, 1 fev. 2018. Brasília, DF: STF, [2018c]. Disponível em: https://jurisprudencia.stf.jus.br/pages/search/despacho821758/false. Acesso em: 23 jul. 2020.

BRASIL. *Lei nº 13.848, de 25 de junho de 2019*. Dispõe sobre a gestão, a organização, o processo decisório e o controle social das agências reguladoras, altera a Lei nº 9.427, de 26 de dezembro de 1996, a Lei nº 9.472, de 16 de julho de 1997, a Lei nº 9.478, de 6 de agosto de 1997, a Lei nº 9.782, de 26 de janeiro de 1999, a Lei nº 9.961, de 28 de janeiro de 2000, a Lei nº 9.984, de 17 de julho de 2000, a Lei nº 9.986, de 18 de julho de 2000, a Lei nº 10.233, de 5 de junho de 2001, a Medida Provisória nº 2.228-1, de 6 de setembro de 2001, a Lei nº 11.182, de 27 de setembro de 2005, e a Lei nº 10.180, de 6 de fevereiro de 2001. Brasília, DF: Presidência da República, 2019a. Disponível em: http://www.planalto.gov.br/ccivil_03/_Ato2019-2022/2019/Lei/L13848.htm. Acesso em: 17 jul. 2020.

BRASIL. Supremo Tribunal Federal. MS 34.441 ED/DF. Relator: Min. Alexandre de Moraes, 22 de novembro de 2019. *Diário de Justiça Eletrônico*, Brasília, 27 nov. 2019. Brasília, DF: STF, [2019b]. Disponível em: https://jurisprudencia.stf.jus.br/pages/search/despacho1050061/false. Acesso em: 7 ago. 2020.

BRASIL. Supremo Tribunal Federal. MS 34.070/DF. Relator: Min.: Gilmar Mendes, 27 de março de 2020. Brasília, *Diário de Justiça*, 29 maio 2020. Brasília, DF: STF, [2020a]. Disponível em: https://jurisprudencia.stf.jus.br/pages/search?base= acordaos&sinonimo=true&plural=true&page=1&pageSize=10&queryString=34.070%2FDF&sort=_score&sortBy=desc. Acesso em: 23 jul. 2020.

BRASIL. Supremo Tribunal Federal. MS 34.071 ED-AgR-ED-ED/DF. Relator: Min.: Gilmar Mendes, 27 de março de 2020. Brasília, *Diário de Justiça*, 29 maio 2020. Brasília, DF: STF, [2020b]. Disponível em: https://jurisprudencia.stf.jus.br/pages/search/sjur425603/false. Acesso em: 23 jul. 2020.

BRASIL. Supremo Tribunal Federal. MS 34.371 AgR-AgR/DF. Relator: Min. Alexandre de Moraes, 13 de março de 2020. *Diário de Justiça Eletrônico*, Brasília, 26 maio 2020. Brasília, DF: STF, [2020c]. Disponível em: https://jurisprudencia.stf.jus.br/pages/search/sjur425341/false. Acesso em: 7 ago. 2020.

BRASIL. Supremo Tribunal Federal. MS 37.097/DF. Relator: Min.: Alexandre de Moraes, 29 de abril de 2020. Brasília, *Diário de Justiça*, 4 maio 2020. Brasília, DF: STF, [2020d]. Disponível em: https://jurisprudencia.stf.jus.br/pages/search/despacho1097185/false. Acesso em: 23 jul. 2020.

BROSSARD, Paulo. *O impeachment*: aspectos da responsabilidade política do Presidente da República. 3. ed. ampl. São Paulo: Saraiva, 1992.

BRYCE, Viscount James. *The American Commonwealth*. With an introduction de Gary L. McDowell. Indianapolis: Liberty Fund, 1995, 2v. v. 1. Disponível em: https://oll.libertyfund.org/titles/bryce-the-american-commonwealth-vol-1. Acesso em: 18 ago. 2020.

BUSTAMANTE, Thomas. *Em defesa da legalidade*: temas de direito constitucional e filosofia política. Belo Horizonte: Arraes Editores, 2018.

CALLADO, Antonio (Redator chefe). A solução constitucional. *Correio da Manhã*, Rio de Janeiro, 12 nov. 1955. Disponível em: http://memoria.bn.br/DocReader/docreader.aspx?bib=089842_06&pasta=ano%20195&pesq=carlos%20luz%20impedimento&pagfis=54982. Acesso em: 20 jul. 2020.

CARAZZA, Bruno. *Dinheiro, eleições e poder:* as engrenagens do sistema político brasileiro. São Paulo, SP: Companhia das Letras, 2018.

CARDOSO, Fabio Silvestre. *Capanema*: a história do ministro da educação que atraiu intelectuais, tentou controlar o poder e sobreviveu à Era Vargas. Rio de Janeiro: Record, 2019.

CAREY, John, M. Presidential versus parliamentary government. *In*: MÉNARD, Claude; SHIRLEY, Mary M. (Ed.). *Handbook of new institutional economics*. Paris: Springer, 2008. p. 91-122.

CARVALHO, Bernardo. Resenha: Ninguém é perfeito. *Folha de S.Paulo*, 3 jul. 2007. Resenha da obra de: COETZEE, John Maxwell. Mecanismos internos: ensaios sobre literatura (2000-2005). São Paulo: Companhia das Letras, 2011.

CHAISTY, Paul; CHEESEMAN, Nic; POWER, Timothy J. *Coalitional presidentialism in comparative perspective:* minority presidents in multiparty systems. Oxford: OUP Oxford, 2018.

CHAVES, Raul. *Crimes de responsabilidade*. Salvador: Artes Gráficas, 1960.

CHEIBUB, Jose Antonio. *Presidentialism, parliamentarism, and democracy*. Cambridge: Cambridge University Press, 2007.

CHEIBUB, José Antonio; ELKINS, Zachary. A hibridização de formas constitucionais: a constituição Brasileira de 1988 em uma perspectiva histórica. *In*: INÁCIO, Magna; RENNÓ JUNIOR, Lucio Remuzat (Coord.). *Legislativo brasileiro em perspectiva comparada*. Belo Horizonte: Editora UFMG, 2009. p. 55-72.

CHEIBUB, Jose Antonio; ELKINS, Zachary; GINSBURG, Tom. Latin American presidentialism in comparative and historical perspective. *Texas Law Review*, v. 89, n. 7, 2011. Available in: https://papers.ssrn.com/sol3/papers.cfm?abstract_id=1899637. Acesso em: 20 jul. 2020.

CHEIBUB, José Antonio; ELKINS, Zachary; GINSBURG, Tom. Além do presidencialismo e do parlamentarismo. *British Journal of Political Science*, v. 44, ed. 3, p. 515-544, jul. 2014. Disponível em: https://www.cambridge.org/core/journals/british-journal-of-political-science/article/beyond-presidentialism-and-parliamentarism/C05BCC98907B81C6930241CC9AB7872C. Acesso em: 18 ago. 2020.

CHEIBUB, Jose Antonio; LIMONGI, Fernando. From conflict to coordination: perspectives on the study of executive-legislative relations. *Revista Ibero-Americana de Estudos Legislativos*, v. 1, n. 1, p. 38-53, jul. 2010. Available in: http://bibliotecadigital.fgv.br/ ojs/index.php/riel/article/view/4125. Acesso em: 28 jul. 2020.

CHEIBUB, José Antonio; PRZEWORSKI, Adam; SAIEGH, Sebastian. Governos de coalizão nas democracias presidencialistas e parlamentaristas. *Dados*, Rio de Janeiro, v. 45, n. 2, p. 187-218, 2002. Disponível em: https://www.scielo.br/scielo.php?pid=S0011-52582002000200001&script=sci_abstract&tlng=es. Acesso em: 20 jul. 2020.

CLÈVE, Clèmerson Merlin. *Medidas provisórias*. São Paulo: Revista dos Tribunais, 2010.

CLÈVE, Clémerson Merlin. *Atividade legislativa do poder executivo*. 3. ed., rev., atual. e ampl. São Paulo: Revista dos Tribunais, 2011.

CLÈVE, Clémerson Merlin. *Fidelidade partidária*: impeachment e justiça eleitoral (estudo de caso). 2. ed. rev. e atual. Curitiba: Juruá, 2012a.

CLÈVE, Clémerson Merlin. Presidencialismo de coalizão e administração pública. *A & C – Revista de Direito Administrativo & Constitucional*, Belo Horizonte, ano 12, n. 50, p. 35-39, out./dez. 2012b. Disponível em: http://www.revistaaec.com/index. php/revistaaec/article/viewFile/155/250. Acesso em: 20 jul. 2020.

COELHO, Marcelo. Questões de ordem: O jogo virou. *Folha de S.Paulo*, São Paulo, 18 dez. 2015. Disponível em: https://www1.folha.uol.com.br/poder/2015/12/1720517-questoes-de-ordem-o-jogo-virou.shtml. Acesso em: 20 jul. 2020.

CONGRESS OF THE UNITED STATES OF AMERICA. Articles of Impeachment Against Donald John Trump. *Resolution*. Washington: Congress, 18 Dec. 2019. Available in: https://www.congress.gov/116/bills/hres755/BILLS-116hres755enr.pdf. Acesso em: 20 jul. 2020.

CONTINENTINO, Marcelo Casseb. *História do controle da constitucionalidade das leis no Brasil*: percursos do pensamento constitucional no Século XIX (1824-1891). São Paulo: Almedina, 2016.

CONTI, Mario Sergio. *Notícias do planalto*: a imprensa e Fernando Collor. São Paulo: Companhia das Letras, 2012.

CORTEZ, Maysa Cortez. *Governabilidade e presidencialismo de coalizão*: o desempenho das alianças partidárias no Governo Dilma. 2018. 171 f. Dissertação (Mestrado) – Faculdade de Direito, Universidade Federal do Ceará, 2018.

COSTA, Breno; NALON, Tai. Dilma recua de assembleia constituinte para reforma política após críticas. *Folha de S.Paulo*, São Paulo, 25 jun. 2013. Disponível em: https://m.folha.uol.com.br/poder/2013/06/1300992-dilma-recua-de-assembleia-constituinte-paa-reforma-politica-diz-presidente-da-oab.shtml. Acesso em: 23 jun. 2020.

COSTA, José Rubens. *Infrações político-administrativas e impeachment*: conceito, direito de defesa e controle judiciário, DL, n. 201, 1967. Rio de Janeiro: Forense, 2000.

CRETELLA JÚNIOR, José. *Do impeachment do direito brasileiro*. São Paulo: Revista dos Tribunais, 1993.

CRUZ, Álvaro Ricardo de Souza; GUIMARÃES, Frederico Garcia. Supremo Tribunal Federal: entre a última palavra e diálogos interinstitucionais ou entre a autonomia e alteridade. *REPATS – Revista de Estudos e Pesquisas Avançadas do Terceiro Setor*, Brasília, v. 3, n. 2, p. 545-599, jul./dez, 2016. Disponível em: https://portalrevistas.ucb.br/index.php/REPATS/article/view/7746/pdf. Acesso em: 18 ago. 2020.

CYRINO, André. *Delegações legislativas, regulamentos e administração pública*. Belo Horizonte: Fórum, 2018.

DAHL, Robert. *A preface to democratic theory*. Expanded Edition. Chicago: University of Chicago Press, 2006.

DAHL, Robert Alan. *Poliarquia*: participação e oposição. São Paulo, SP: USP, 2012.

DEMOCRACIA à brasileira – Mesa 2: Instituições políticas brasileiras. [São Paulo]: CEBRAP, 10 jun. 2019. 1 Vídeo (1:47 mim). Publicado pelo Centro Brasileiro de Análise e Planejamento (CEBRAP). [Seminário comemorativo do cinquentenário do Cebrap, Argelina Figueiredo (Cebrap/IESP), Maria Hermínia Tavares de Almeida (Cebrap/USP) e Fernando Limongi (Cebrap/USP/FGV) resgatam contribuições que a casa deu ao debate político-institucional do país.]. Disponível em: https://www.youtube.com/watch?v=MDkx8mjGB38. Acesso em: 14 abr. 2020.

DIÁLOGOS CEBRAP/FOLHA. 30 anos de Constituição: instituições e crise política. [São Paulo]: Cebrap/Folha, 15 ago. 2018. 1 Vídeo (114 mim). Publicado pelo Centro Brasileiro de Análise e Planejamento (CEBRAP). [série 'Diálogos Cebrap/Folha', o ministro do STF, Luís Roberto Barroso, e o professor da USP e pesquisador do Cebrap, Fernando Limongi, debateram sobre os 30 anos da Constituição brasileira. Com mediação do jornalista da Folha de S. Paulo, Uirá Machado.] Disponível em: https://www.youtube.com/watch?v=xRjC-BGD5Y0. Acesso em: 14 abr. 2020.

DOLHNIKOFF, Mirian. *O pacto imperial*: origens do federalismo no Brasil. Rio de Janeiro: GLOBO, 2005.

DUVERGER, Maurice. *Os partidos políticos*. 2. ed. Rio de Janeiro: Zahar, 1980.

DWORKIN, Ronald. A kind of coup. *The New York Review*, New York, 14 Jan. 1999. Available in: https://www.nybooks.com/articles/1999/01/14/a-kind-of-coup/. Acesso em: 7 ago. 2020.

ELGIE, Robert. From Linz to Tsebelis: three waves of presidential/parliamentary studies? *Democratization*, Dublin, v. 12, n. 1, Feb. 2005. Available in: https://www.researchgate.net/publication/29651397_From_Linz_to_Tsebelis_Three_waves_of_presidentialparliamentary_studies. Acesso em: 28 jul. 2020.

ESTEVES, Luiz Fernando Gomes. Rodrigo Maia: o senhor do impeachment. *In*: FALCÃO, Joaquim; ARGUELHES, Diego Weneck; PEREIRA, Thomaz (Org.). *Impeachment de Dilma Rousseff*: entre o Congresso e o Supremo. Belo Horizonte: Letramento, 2017. p. 189-191. Disponível em: https://bibliotecadigital.fgv.br/dspace/bitstream/handle/10438/18802/Impeachment%20de%20Dilma%20Rousseff%20-%20entre%20o%20Congresso%20e%20o%20Supremo.pdf. Acesso em: 18 ago. 2020.

FALCÃO, Joaquim; ARGUELHES, Diego Werneck; PEREIRA, Thomaz (org.). *Impeachment de Dilma Rousseff*: entre o Congresso e o Supremo. Belo Horizonte: Letramento, 2017.

FELDMAN, Noah. *The three lives of James Madison*. Canadá: Random House, 2017.

FEREJOHN, John. Madisonian separation of powers. *In*: KERNELL, Samuel (Ed.). *James Madison*: the theory and practice of republican government. Stanford: Stanford University Press, 2003. p. 126-155.

FERREIRA, Diogo Tavares de Miranda. Governos de coalizão e comportamento legislativo no presidencialismo brasileiro. 2020. 111 f. Dissertação (Mestrado em Ciência Política – Departamento de Ciência Política, Universidade Federal do Paraná, Curitiba, 2020.

FERREIRA, Gabriel. Doutrina: direito constitucional considerações sobre a inviolabilidade da palavra no Congresso. *Revista Direito Legislação, Doutrina e Jurisprudência*, Rio de Janeiro, anno XXIX, v. 86, set./dez. 1901. Disponível em: https://sistemas.stf.jus.br/dspace/xmlui/handle/123456789/318. Acesso em: 20 jul. 2020.

FERREIRA, Jorge. Crises da República: 1954, 1955 e 1961. *In*: FERREIRA, Jorge; DELGADO, Lucília de Almeida Neves (Org.). *O Brasil republicano*: o tempo da experiência democrática: da democratização de 1945 ao golpe civil-militar de 1964: Terceira República (1945-1964). Rio de Janeiro: Civilização Brasileira, 2003. v. 3. p. 301-342.

FERREIRA, Jorge. *João Goulart*: uma biografia. 4. ed. Rio de Janeiro, RJ: Civilização Brasileira, 2011.

FERREIRA FILHO, Manoel Gonçalves. Presidente da República: crime de responsabilidade – Impeachment. *Revista de Direito Administrativo*, Rio de Janeiro, v. 189, p. 375-387, 1992. Disponível em: http://bibliotecadigital.fgv.br/ojs/index.php/rda/article/view/45391. Acesso em: 7 ago. 2020.

FERREIRA FILHO, Manoel Gonçalves. *Constituição e governabilidade*: ensaio sobre a (in)governabilidade brasileira. São Paulo: Saraiva, 1995.

FERREIRA FILHO, Manoel Gonçalves. *Aspectos do direito constitucional contemporâneo*. 2. ed. São Paulo: Saraiva, 2009a.

FERREIRA FILHO, Manoel Gonçalves. *Do processo legislativo*. 6. ed., atual. São Paulo: Saraiva, 2009b.

FIGUEIREDO, Angelina Cheibub. Instituições e política no controle do executivo. *Dados*, Rio de Janeiro, v. 44, n. 4, p. 689-727, 2001. Disponível em: https://www.scielo.br/scielo. php?pid=S0011-52582001000400002&script=sci_abstract&tlng=pt. Acesso em: 28 jul. 2020.

FIGUEIREDO, Angelina Cheibub. The Collor impeachment and presidential government in Brazil. *In*: LLANOS, M.; MARSTEINTREDET, Leiv (Ed.). *Presidential Breakdowns in Latin America*: causes and outcomes of executive instability in developing democracies. London: Palgrave Macmillan, 2010. p. 111-128.

FIGUEIREDO, Angelina Cheibub; CANELLO, Júlio; VIEIRA, Marcelo. Governos minoritários no presidencialismo latino-americano: determinantes institucionais e políticos. *Dados*, Rio de Janeiro, v. 55, n. 4, out./dez. 2012.

FIGUEIREDO, Angelina Maria Cheibub; LIMONGI, Fernando. *Executivo e legislativo na nova ordem constitucional*. Rio de Janeiro: Editora FGV, 1999.

FIGUEIREDO, Angelina Maria Cheibub; LIMONGI, Fernando. Instituições políticas e governabilidade. *In*: MELO, Carlos Ranulfo Félix de *et al*. (Org.). *A democracia brasileira*: balanço e perspectivas para o século 21. Belo Horizonte: Editora UFMG, 2007. p. 147-198.

FONSECA, Annibal Freire da. *O poder executivo na república brasileira*. Brasília: Ed. Universidade de Brasília, 1981. (Biblioteca do pensamento político republicano; v. 7).

FRANCO, Afonso Arinos de Melo. *Estudos de direito constitucional*. Rio de Janeiro: Revista Forense, 1957.

FRANCO, Afonso Arinos de Melo. *A escalada*: memorias. Rio de Janeiro: José Olympio, 1965.

FRANCO, Afonso Arinos de Melo. *História e teoria dos partidos políticos no Brasil*. São Paulo: Alfa-Ômega, 1980.

FRANCO, Afonso Arinos de Melo. Parecer do relator da comissão especial da Câmara dos Deputados sobre a emenda parlamentarista nº 4, de 29 de março de 1949. *In*: FRANCO, Afonso Arinos de Melo; PILA, Raul (Org.). *Presidencialismo ou parlamentarismo?* Brasília: Senado Federal, 1999.

FRANCO, Afonso Arinos de Melo; PILLA, Raul. *Presidencialismo ou parlamentarismo?* Brasília: Senado Federal, 1999.

FRANCO, Bernardo Mello. *Mil dias de tormenta*: a crise que derrubou Dilma e deixou Temer por um fio. São Paulo: Objetiva, 2018.

FREITAS, Andréa. *O presidencialismo da coalizão*. Rio de Janeiro: Fundação Konrad Adenauer, 2016. Disponível em: https://www.kas.de/c/document_library/get_file?uuid=741243ff-94aa-d872-d069-de1846f10fc2&groupId=252038. Acesso em: 20 jul. 2020.

FRASER, Russell; KAMMEN, Michael. *A machine that would go of itself:* the constitution in american culture. Abingdon: Routledge Edicion, 2017.

GALINDO, Bruno. *Impeachment*: à luz do constitucionalismo contemporâneo – Incluindo análises dos casos Collor e Dilma. Curitiba: Juruá Editora, 2016.

GALUPPO, Marcelo Campos. *Impeachment*: o que é, como se processa e por que se faz. Belo Horizonte, MG: D'Plácido, 2016.

GARDNER, James A. Democracy without a net? Separation of powers and the idea of self-sustaining constitutional constraints on undemocratic behavior. *St. John's Law Review*, New York, v. 79, p. 293-317, March 2005. Available in: https://papers.ssrn.com/sol3/papers.cfm?abstract_id=599982. Acesso em: 14 jul. 2020.

GERHARDT, Michael J. *The federal impeachment process*: a constitutional and historical analysis. Chicago: University of Chicago Press, 1996.

GERHARDT, Michael J. *Impeachment*: what everyone needs to know(r). Oxford: Oxford University Press, 2018.

GINSBURG, Tom; HUQ, Aziz Z.; LANDAU, David. The uses and abuses of presidential impeachment. *U of Chicago, Public Law Working Paper*, n. 731, Oct. 2020. Available in: https://papers.ssrn.com/sol3/papers.cfm?abstract_id=3461120. Acesso em: 7 ago. 2020.

GULLAR, Ferreira. Ferreira Gullar, em 2015: 'A poesia, como vejo, nasce do espanto'. [Entrevista cedida ao] *Estado de S.Paulo*, São Paulo, 4 dez. 2016. Disponível em: https://cultura.estadao.com.br/noticias/literatura,ferreira-gullar-em-2015-a-poesia-como-vejo-nasce-do-espanto,10000092465. Acesso em: 18 ago. 2020.

HAMILTON, Alexander. O Federalista nº 1. *In*: HAMILTON, Alexander; MADISON, James; JAY, John. *The Federalist papers*. New York: Oxford University Press, 2008a. (Oxford world's classics).p. 11-14.

HAMILTON, Alexander. Nº 65: A further view of the constitution of the Senate in relation to its capacity as a court for the trial of impeachments. *In*: HAMILTON, Alexander; MADISON, James; JAY, John. *The Federalist papers*. New York: Oxford University Press, 2008b. (Oxford world's classics).p. 320-325.

HAMILTON, Alexander; MADISON, James; JAY, John. *The Federalist papers*. New York: Oxford University Press, 2008. (Oxford world's classics).

HIRSCHL, Ran. O novo constitucionalismo e a judicialização da política pura no mundo. *Revista de Direito Administrativo*, Rio de Janeiro, v. 251, p. 139-178, maio 2009. Disponível em: http://bibliotecadigital.fgv.br/ojs/index.php/rda/article/view/7533/6027. Acesso em: 18 ago. 2020.

HOCHSTETLER, Kathryn. Rethinking Presidentialism: challenges and presidential falls in South America. *Comparative Politics*, New York, v. 38, n. 4, p. 401-418, 2006. Available in: https://scholar.harvard.edu/levitsky/files/hochstetler.pdf. Acesso em: 25 fev. 2019.

HOCHSTETLER, Kathryn. Repensando o presidencialismo: contestações e quedas de presidentes na América do Sul. *Lua Nova*, São Paulo, v. 72, p. 9-46, 2007. Disponível em: https://www.scielo.br/pdf/ln/n72/a02n72.pdf. Acesso em: 10 ago. 2020.

HOCHSTETLER, Kathryn. 'Protestos anti-Dilma devem evitar partidos'. [Entrevista cedida a] Cristian Klein. *Valor Econômico*, 31 jul. 2015. Política. Disponível em: https://valor.globo.com/politica/coluna/protestos-anti-dilma-devem-evitar-partidos.ghtml. Acesso em: 17 ago. 2020.

HOCHSTETLER, Kathryn; SAMUELS, David. Crisis and rapid reequilibration: the consequences of presidential challenge and failure in Latin America. *Journal of Living Together*, New York, v. 43, n. 2, Jan. 2011. Available in: https://www.jstor.org/stable/23040829?seq=1. Acesso em: 7 ago. 2020.

HOFSTADTER, Richard. *The idea of a party system*: the rise of legitimate opposition in the United States, 1780-1840. Berkeley: Univ. of California Press, 1969.

HORTA, Raul Machado. *Direito constitucional*. 5. ed. rev. atual. ampl. Belo Horizonte: Del Rey, 2010.

HUBER, John D. *Rationalizing parliament*: legislative institutions and party politics in France. Cambridge: Cambridge University Press, 1996a.

HUBER, John D. The vote of confidence in parliamentary democracies. *The American Political Science Review*, v. 90, n. 2, p. 269-282, Jun. 1996b. Available in: https://www.jstor.org/stable/2082884. Acesso em: 7 ago. 2020.

HUNTINGTON, Samuel. *The third wave*: democratization in the Late Twentieth Century. Oklahoma: University of Oklahoma Press, 1991.

IMPEACHMENT. *In*: BADIN, Luís Armando. Rio de Janeiro: CPDOC, 2009. Disponível em: http://www.fgv.br/cpdoc/acervo/dicionarios/verbete-tematico/impeachment. Acesso em: 10 ago. 2020.

INÁCIO, Magna. Estrutura e funcionamento da câmara dos deputados. *In*: MELO, Carlos Ranulfo Félix de *et al*. (Org.). *A democracia brasileira:* balanço e perspectivas para o século 21. Belo Horizonte: Editora UFMG, 2007.

INSTITUTO IDEIAS. Parte I: sistema de governo: o modelo semipresidencialista. [*S. l.*]: Instituto Ideias, 2018. Disponível em: https://www.migalhas.com.br/arquivos/2018/5/art20180530-03.pdf##LS. Acesso em: 20 jul. 2020.

JUPIARA, Aloy; OTAVIO, Chico. *Deus tenha misericórdia dessa nação*: a biografia não autorizada de Eduardo Cunha. Rio de Janeiro: Record, 2019.

KASAHARA, Yuri; MARSTEINTREDET, Leiv. Presidencialismo em crise ou parlamentarismo por outros meios? Impeachments presidenciais no Brasil e na América Latina. *Revista de Ciências Sociais*, Fortaleza, v. 49, n. 1, p. 30-54, mar./jun. 2018. Disponível em: http://www.repositorio.ufc.br/handle/riufc/32394. Acesso em: 7 ago. 2020.

KATZ, Andrea Scoseria. *The president in his labyrinth*: checks and balances in the new pan-american presidentialism. 2016. Dissertation (Ph.D.) – Yale University, New Haven, 2016.

KYVIG, David E. *The Age of Impeachment*: American Constitutional Culture Since 1960. [*S. l.*]: University Press of Kansas, 2008.

KIM, Young Hun. Impeachment and presidential politics in new democracies. *Democratization*, v. 21, v. 3, April. 2013.

KIM, Young Hun; BAHRY, Donna. Interrupted presidencies in third wave democracies. *The Journal of Politics*, v. 70, n. 3, p. 807-822, July. 2008.

KLARMAN, Michael J. *The framers' coup*: the making of the United States Constitution. Oxford: OUP USA, 2016.

KOREA. *Constitutional Court Decision*: Impeachment of the President (Park Geun-hye) Case n. Hun-Na1, KCCR, Mar 10, 2017. Available in: http://english.ccourt. go.kr/cckhome/eng/decisions/majordecisions/majorDetail.do?searchClassCode =ENEXECLSS&searchClassSeq=576. Acesso em: 18 ago. 2020.

KOZICKI, Katya; CHUEIRI, Vera Karam de. Impeachment: a arma nuclear constitucional. *Lua Nova: Revista de Cultura e Política*, n. 108, p. 157-176, nov. 2019. Disponível em: https://www.scielo.br/scielo.php?script=sci_abstract&pid=S0102-64452019000300157&lng=pt&nrm=iso. Acesso em: 7 ago. 2020.

KRAMNICK, Isaac. Apresentação. *In*: MADISON, James; HAMILTON, Alexander; JAY, John. *Os artigos federalistas 1787-1788*: edição integral. Rio de Janeiro: Nova Fronteira, 1993. p. 1-86.

KYVIG, David E. *The age of impeachment*: American constitutional culture since 1960. Kansas: University Press Of Kansas, 2008.

LADEIRA, Pedro. Congresso vê com cautela possível aprovação do semipresidencialismo. *Folha de S.Paulo*, São Paulo, 17 dez. 2017. Poder. Disponível em: https://www1.folha.uol.com.br/poder/2017/12/1943927-congresso-ve-com-cautela-possivel-aprovacao-do-semipresidencialismo.shtml. Acesso em: 23 jul. 2020.

LAMOUNIER, Bolivar. Estrutura institucional e governabilidade na década de 1990. *In*: VELLOSO, João Paulo dos Reis. (Org.). (Coord.). *O Brasil e as reformas políticas*. Rio de Janeiro: José Olympio, 1991.

LAMOUNIER, Bolivar. O modelo institucional dos anos 30 e a presente crise brasileira. *Estudos Avançados*, [*S. l.*], v. 6, n. 14, p. 39-57, 1992. Disponível em: https://www.revistas.usp.br/eav/article/view/9565. Acesso em: 23 jul. 2020.

LAMOUNIER, Bolivar. A democracia brasileira de 1985 à década de 1990: síndrome da paralisia hiperativa. *In*: VELLOSO, João Paulo dos Reis. (Org.). *Governabilidade, sistema político e violência urbana*. Rio de Janeiro: José Olympio Editora, 1994.

LAMOUNIER, Bolivar *et al*. A questão institucional brasileira (Debate). *In*: LAMOUNIER, Bolivar; NOHLEN, Dieter (Org.). *Presidencialismo ou parlamentarismo*: perspectivas sobre a reorganização institucional brasileira. São Paulo: Loyola, 1993. p. 21-56.

LAMOUNIER, Bolivar; NOHLEN, Dieter (Org.). *Presidencialismo ou parlamentarismo*: perspectivas sobre a reorganização institucional brasileira. São Paulo: Loyola, 1993.

LAVER, Michael; SCHOFIELD, Norman. *Multiparty government*: the politics of Coalition in Europe. Ann Arbor: University of Michigan Press, 1998.

LEAL, Aureliano. *O parlamentarismo e o presidencialismo no Brasil*. Rio de Janeiro: Venus, 1924.

LEE, Youngjae. Law, Politics, and impeachment: the impeachment of Roh Moo-Hyun from a comparative constitutional perspective. *American Journal of Comparative Law*, v. 53, 2005. Available in: https://papers.ssrn.com/sol3/papers.cfm?abstract_id=604049. Acesso em: 7 ago. 2020.

LEONARD, Gerald. *The invention of party politics*. London: University of North Carolina Press, 2002.

LEPORE, Jill. The invention – and reinvention – Of impeachment: It's the ultimate political weapon. But we've never agreed on what it's for. *American Chronicles*, n. 28, Oct. 2019. Available in: https://www.newyorker.com/magazine/2019/10/28/the-invention-and-reinvention-of-impeachment. Acesso em: 7 ago. 2020.

LESSA, Renato. Resenha: Superstições políticas. *Jornal de Resenhas*, São Paulo, 11 mar. 2000. Resenha da obra de: FIGUEIREDO, Argelina Maria Cheibub; LIMONGI, Fernando. Executivo e legislativo na nova ordem constitucional. Rio de Janeiro: Editora FGV, 1999. Disponível em: https://www1.folha.uol.com.br/fsp/resenha/rs1103200016.htm. Acesso em: 28 jul. 2020.

LEVINSON, Daryl J.; PILDES, Richard H. Separation of parties: not powers. NYU Law School, *Public Law Research Paper*, New York, n. 06-07, Mar. 2006. Available in: https://papers.ssrn.com/sol3/papers.cfm?abstract_id=890105. Acesso em: 20 fev. 2020.

LEVITSKY, Steven; ZIBLATT, Daniel. *How democracies die*: what history reveals about our future. [S. l.]: Viking, 2018.

LEWANDOWSKI, Ricardo. Ricardo Lewandowski: Freios e contrapesos. Supremo tem sido instado a resolver questões de outros Poderes. *Folha de S.Paulo*, São Paulo, 23 maio 2018. Opinião. Disponível em: https://www1.folha.uol.com.br/opiniao/ 2018/05/ricardo-lewandowski-freios-e-contrapesos.shtml. Acesso em: 28 jul. 2020.

LIJPHART, Arend. *Modelos de democracia*: desempenho e padrões de governo em 36 países. 2. ed. Rio de Janeiro: Civilização Brasileira, 2008.

LIMA, Hermes. *Travessia*: (memórias). Rio de Janeiro: Livraria José Olympio Editôra, 1974.

LIMONGI, Fernando. A democracia no Brasil. *Novos Estudos CEBRAP*, São Paulo, n. 76, nov. 2006. Disponível em: https://www.scielo.br/scielo.php?pid=S0101-33002006000300002&script=sci_arttext. Acesso em: 20 jul. 2020.

LIMONGI, Fernando. O poder executivo na Constituição de 1988. *In*: OLIVEN, Ruben George; RIDENTI, Marcelo; BRANDÃO, Gildo Marçal (Org.). *A Constituição de 1988 na vida brasileira*. São Paulo: Aderaldo & Rothschild, 2008. (Estudos brasileiros; 42).

LIMONGI, Fernando. Governo representativo e democratização: revendo o debate. *Sinais Sociais*, Rio de Janeiro, v. 9, n. 27, p. 93-123, abr. 2015.

LIMONGI, Fernando. Impedindo Dilma. *Novos Estudos CEBRAP*, São Paulo, n. esp., p. 5-13, jun. 2017. Disponível em: http://novosestudos.uol.com.br/wp-content/uploads/2017/06/IMPEDINDO-DILMA-Fernando-Limongi.pdf. Acesso em: 18 ago. 2020.

LIMONGI, Fernando. *Operação impeachment*. Dilma Rousseff e o Brasil da Lava Jato. São Paulo: Todavia, 2023.

LIMONGI, Fernando; ALMEIDA, Maria Hermínia Tavares de; FREITAS, Andrea. A ciência política na Universidade Federal do Rio Grande do Sul (UFRGS): etapa fundacional e de inserção nacional (1968-1980). *In*: MILANI, Carlos; AVRITZER, Leonardo; BRAGA, Maria do Socorro (Org.). *A ciência política no Brasil*: 1960-2015. Rio de Janeiro: FGV, 2016. Cap. 2. Disponível em: https://editora.fgv.br/produto/a-ciencia-politica-no-brasil-1960-2015-3066. Acesso em: 28 jul. 2020.

LIMONGI, Fernando; FIGUEIREDO, Argelina Cheibub. A crise atual e o debate institucional. *Novos Estudos CEBRAP*, São Paulo, v. 36, n. 3, p. 79-97, set./nov., 2017. Disponível em: https://www.scielo.br/scielo.php?pid=S0101-33002017000300079&script=sci_abstract&tlng=pt. Acesso em: 28 jul. 2020.

LINZ, Juan José. Presidential or parliamentary democracy: does it make a difference? *In*: LINZ, Juan Jose; VALENZUELA, Arturo (ed.). *The failure of presidential democracy*: comparative perspectives. London: The Johns Hopkins University Press, 1994.

LINZ, Juan José. The perils of presidentialism. *Journal of Democracy*, v. 1, n. 1, p. 51-69, Winter 1990. Available in: https://scholar.harvard.edu/levitsky/files/1.1linz.pdf. Acesso em: 20 jul. 2020.

LIRA NETO. *Getúlio*: da volta pela consagração popular ao suicídio (1945-1954). São Paulo: Companhia das Letras, 2014.

LLANOS, Mariana; MARSTEINTREDET, Leiv (Ed.). *Presidential Breakdowns in Latin America*: causes and outcomes of executive instability in developing democracies. London: Palgrave Macmillan, 2010.

LLANOS, Mariana; NOLTE, Detlef. The many faces of Latin American Presidentialism. *GIGA Focus Latin America*, n. 1, May 2016.

LUSTOSA, Isabel. Histórias De Presidentes. Rio de Janeiro: Agir, 2008.

MADISON, James. Nº 10: the same subject continued. *In*: HAMILTON, Alexander; MADISON, James; JAY, John. *The Federalist papers*. New York: Oxford University Press, 2008a. (Oxford world's classics). p. 42.

MADISON, James. Nº 47: the meaning of the maxim, which requires a separation of the departments of power, examined and ascertained. *In*: HAMILTON, Alexander; MADISON, James; JAY, John. *The Federalist papers*. New York: Oxford University Press, 2008b. (Oxford world's classics).p. 249-255.

MADISON, James. Nº 48: the same subject continued, with a view to the means of giving efficacy in practice to that maxim. *In*: HAMILTON, Alexander; MADISON, James; JAY, John. *The Federalist papers*. New York: Oxford University Press, 2008c. (Oxford world's classics).p. 256-259.

MADISON, James. Nº 49: the same subject continued, with the same view. *In*: HAMILTON, Alexander; MADISON, James; JAY, John. *The Federalist papers*. New York: Oxford University Press, 2008d. (Oxford world's classics).p. 260-263.

MADISON, James. Nº 50: the same subject continued, with the same view. *In*: HAMILTON, Alexander; MADISON, James; JAY, John. *The Federalist papers*. New York: Oxford University Press, 2008e. (Oxford world's classics).p. 264-266.

MADISON, James. Nº 51: the same subject continued, with the same view, and concluded. *In*: HAMILTON, Alexander; MADISON, James; JAY, John. *The Federalist papers*. New York: Oxford University Press, 2008f. (Oxford world's classics).p. 267-271.

MAIA, Lincon Macário. *Do presidencialismo de coalizão ao parlamentarismo de ocasião*: as relações Executivo-Legislativo no governo Dilma Rousseff. 2016. 121 f. Dissertação (Mestrado) – Programa de Pós-Graduação do Centro de Formação, Treinamento e Aperfeiçoamento da Câmara dos Deputados, Brasília, 2016. Disponível em: https://bd.camara.leg.br/bd/handle/bdcamara/33640. Acesso em: 28 jul. 2020.

MAINWARING, Scott. Democracia presidencialista multipartidária: o caso do Brasil. *Lua Nova: Revista de Cultura e Política*, São Paulo, n. 28-29, p. 21-74, abr. 1993a. Disponível em: https://www.scielo.br/scielo.php?script=sci_arttext&pid=S0102-64451993000100003. Acesso em: 20 jul. 2020.

MAINWARING, Scott. Presidentialism, multipartism, and democracy: the difficult combination. *Sage Journals*, v. 26, n. 2, 1993b. Available in: https://journals.sagepub.com/doi/abs/10.1177/0010414093026002003. Acesso em: 20 jul. 2020.

MANIN, Bernard. Frontières, freins et contrepoids: la séparation des pouvoirs dans le débat constitutionnel américain de 1787. *Revue française de science politique*, v. 44, n. 2, p. 257-293, 1994. Available in: https://www.persee.fr/doc/rfsp_0035-2950_1994_num_44_2_394827. Acesso em: 20 jul. 2020.

MANIN, Bernard. *Principes du gouvernement représentatif*. Paris: Flammarion, 2012.

MARCHETTI, Vitor. *Justiça e competição eleitoral*. São Paulo: Editora UFABC, 2015.

MARSTEINTREDET, Leiv. Las consecuencias sobre el régimen de las interrupciones presidenciales en América Latina. *América Latina Hoy*, v. 49, p. 31-50, 2008.

MARSTEINTREDET, Leiv; BERNTZEN, Einar. Reducing the perils of presidentialism in Latin America through presidential interruptions. *América Latina Hoy*, v. 41, n. 1, p. 83-101, Oct. 2008.

MARTINS, Ives Gandra da Silva. *Impeachment na Constituição de 1988*. Belém: Cejup, 1992.

MARTINS, Ives Gandra da Silva. Harmonia e independência dos poderes: nunca a nação precisou tanto de diálogos neste momento. *Folha de S.Paulo*, São Paulo, 9 jul. 2020. Disponível em: https://www1.folha.uol.com.br/opiniao/2020/07/harmonia-e-independencia-dos-poderes.shtml. Acesso em: 27 jul. 2020.

MARTIN, Lanny W.; VANBERG, Georg. *Parliaments and coalitions*: the role of legislative institutions in multiparty governance. Oxford: OUP Oxford, 2011.

MEDEIROS E ALBUQUERQUE, Jose Joaquim de Campos da Costa. *Parlamentarismo e presidencialismo no Brasil*. Rio de Janeiro: Calvino, 1932.

MELO, Marcus André. A malaise política no Brasil: causas reais e imaginárias. *Journal of Democracy em Português*, v. 6, n. 2, p. 69-95, out. 2017. Disponível em: http://www.plataformademocratica.org/Arquivos/JD-v6_n2_04_A_malaise_Politica_no_Brasil.pdf. Acesso em: 20 jul. 2020.

MELO, Marcus Andre; PEREIRA, Carlos. *Making Brazil work*: checking the president in a multiparty system. Oxford: Palgrave MacMillan, 2013.

MELLO, Celso Antônio Bandeira de; COMPARATO, Fabio Konder. *[Parecer]*. São Paulo: Migalhas, 2015. Disponível em: https://www.migalhas.com.br/arquivos/2015/10/art20151014-13.pdf. Acesso em: 18 ago. 2020.

MELLO, Eduardo; SPEKTOR, Matias. Presidencialismo de coalizão condena país ao atraso, dizem pesquisadores. *Folha de S.Paulo*, São Paulo, 3 dez. 2017. Disponível em: https://www1.folha.uol.com.br/ilustrissima/2017/12/1939782-presidencialismo-de-coalizao-condena-pais-ao-atraso-como-mostra-lava-jato.shtml. Acesso em: 20 jul. 2020.

MELLO, Eduardo; SPEKTOR, Matias. Brazil: The Costs of Multiparty Presidentialism. *Journal of Democracy*, v. 29, n. 2, p. 113-27, 2018. Available in: https://www.journalofdemocracy.org/articles/brazil-the-costs-of-multiparty-presidentialism/. Acesso em: 25 fev. 2020.

MENDES, Conrado Hübner. *Direitos fundamentais, separação de poderes e deliberação*. São Paulo: Saraiva, 2011. (Série Direito, desenvolvimento, justiça: produção científica).

MENDES, Conrado Hübner. *Constitutional courts and deliberative democracy*. Oxford: Oxford University Press, 2013. (Oxford Constitutional Theory).

MIGUEL, Luís Felipe. *O colapso da democracia no Brasil:* da Constituição ao Golpe de 2016. São Paulo: Editora Expressão Popular, 2019.

MODZELESKI, Alessandra. Governo Temer tem aprovação de 4% e reprovação de 79%, diz pesquisa Ibope. *G1*, Brasília, 28 jun. 2018. Política. Disponível em: https://g1.globo.com/politica/noticia/governo-temer-tem-aprovacao-de-4-e-reprovacao-de-79-diz-pesquisa-ibope.ghtml. Acesso em: 7 ago. 2020.

MOTTA, Rodrigo Patto Sá. *Introdução à história dos partidos políticos brasileiros*. Belo Horizonte: Editora UFMG, 2008.

MÜLLER, Wolfang C.; STRØM, Kaare. *Policy, office or votes*. Cambridge: Cambridge University Press, 1999.

NÃO HÁ salvação com o modelo político que vigora no Brasil, diz Barroso Ministro do STF participou de debate sobre os 30 anos da Constituição de 1988. Folha de S.Paulo, São Paulo, 13 ago. 2018. 1 Vídeo (114 mim). Encontro realizado pela *Folha de S.Paulo* e pelo Centro Brasileiro de Análise e Planejamento (CEBRAP). Publicado por Marco Rodrigo Almeida. Disponível em: https://www1.folha.uol.com.br/poder/2018/08/nao-ha-salvacao-com-o-modelo-politico-que-vigora-no-brasil-diz-barroso.shtml. Acesso em: 14 abr. 2020.

NEGRETTO, Gabriel L. *Making Constitutions*: presidents, parties, and institutional Choice in Latin America. Cambridge: Cambridge University Press, 2013.

NEGRETTO, Gabriel L. La reforma del presidencialismo en América Latina hacia un modelo híbrido. *Revista Uruguaya de Ciencia Política*, Montevideo, v. 27, n. 1, jun. 2018. Available in: http://www.scielo.edu.uy/scielo.php?script=sci_arttext&pid=S1688-499X2018000100131. Acesso em: 20 maio 2020.

NERY, Bárbara Brum. *O controle político da reforma constitucional*: uma análise do papel do parlamento na garantia da juridicidade da Constituição. Belo Horizonte: Fórum, 2022.

NEVES, Marcelo da Costa Pinto. *Parecer*. Brasília: UNB, 2015. Disponível em: https://cloudup.com/ig-cUkufb7N. Acesso em: 7 ago. 2020.

NICOLAU, Jairo Marconi. *Sistemas eleitorais*. 6. ed. Rio de Janeiro: FGV, 2012.

NICOLAU, Jairo Marconi. *Representantes de quem?* Os (des)caminhos do seu voto da urna à Câmara dos Deputados. Rio de Janeiro: Zahar 2017.

NOGUEIRA, Lauro. *O impeachment*: especialmente no direito brasileiro. Imprenta: Fortaleza, Paulina, 1947.

NORTH, Douglass Cecil. *Instituições, mudança institucional e desempenho econômico*. Tradução de Alexandre Morales. Rio de Janeiro: Três Estrelas, 2018.

O'DONNELL, Guillermo. Accountability horizontal e novas poliarquias. *Lua Nova: Revista de Cultura e Política*, São Paulo, n. 4, p. 27-54, 1998. Disponível em: https://www.scielo.br/scielo.php?pid=S0102-64451998000200003&script=sci_abstract&tlng=pt. Acesso em: 20 Jul. 2020.

OHNESORGE, John K. M. Comparing impeachment regimes. *Univ. of Wisconsin Legal Studies Research Paper*, n. 1468, Feb. 2019. Available in: https://papers.ssrn.com/sol3/papers.cfm?abstract_id=3356929. Acesso em: 7 ago. 2020.

PAIXÃO, Cristiano; BARBOSA, Leonardo Augusto de Andrade. Crise política e sistemas de governo: origens da "solução parlamentarista" para a crise político-constitucional de 1961. *Universitas JUS*, [s. l.], v. 24, n. 3, p. 47-61, 2013. Disponível em: https://www.publicacoesacademicas.uniceub.br/jus/article/view/2622/2119. Acesso em: 7 ago. 2020.

PARLAPIANO, Alicia *et al*. Trump Impeachment Results: How Democrats and Republicans Voted. *The New York Times Company*, New York, 5 Feb. 2020.

PEIXINHO, Manoel Messias. *Os fundamentos constitucionais e legais que regulam o processo de impeachment do presidente da república no direito brasileiro*. São Paulo: Gramma Editora, 2018.

PEREIRA, Carlos; PESSÔA, Samuel. Falsas divergências, conflitos verdadeiros: PSDB e PT discordam mais sobre alianças e Estado do que sobre inclusão. *Folha de S.Paulo*, São Paulo, 11 out. 2015. Política. Disponível em: https://feeds.folha.uol.com.br/fsp/ilustrissima/236024-falsas-divergencias-conflitos-verdadeiros.shtml. Acesso em: 23 jul. 2020.

PEREIRA, Thomaz Henrique Junqueira de Andrade. Impeachment: o que não sabemos e deveríamos saber. *Revista Consultor Jurídico*, [s. l.], 19 maio 2018. Disponível em: https://www.conjur.com.br/2018-mai-19/impeachment-nao-sabemos-deveriamos-saber. Acesso em: 1 ago. 2020.

PEREIRA, Thomaz. Quais os poderes de Eduardo Cunha no impeachment? *In*: FALCÃO, Joaquim; ARGUELHES, Diego Werneck; PEREIRA, Thomaz (org.). *Impeachment de Dilma Rousseff*: entre o Congresso e o Supremo. Belo Horizonte: Letramento, 2017. p. 85-87.

PÉREZ-LIÑÁN, Aníbal. *Presidential impeachment and the new political Instability in Latin America*. Cambridge: Cambridge University Press, 2007.

PÉREZ-LIÑÁN, Anibal. A two-level theory of presidential instability. *Latin American Politics and Society*, Miami, v. 56, n. 1, p. 34-54, Feb. 2014. Available in: https://onlinelibrary.wiley.com/doi/abs/10.1111/j.1548-2456.2014.00220.x. Acesso em: 7 ago. 2020.

PÉREZ-LIÑÁN, Anibal. Narratives of executive downfall: recall, impeachment, or coup? *In*: WELP, Yanina; whitehead, Laurence (Ed.). *The politics of recall elections*. Berlim: Springer International Publishing, 2020. p. 201-228.

PESSANHA, Charles. O Poder executivo e o processo legislativo: teoria e prática *In*: VIANNA, Luiz Werneck (Org.). *A democracia e os três poderes no Brasil*. Belo Horizonte: Universidade Federal de Minas Gerais, Rio de Janeiro: Instituto Universitário de Pesquisa do Rio de Janeiro, 2002. p. 141-194.

PIÇARRA, Nuno. *A separação dos poderes como doutrina e princípio constitucional*: um contributo para o estudo das suas origens e evolução. Coimbra: Coimbra Ed., 1989.

PILLA, Raul. *Catecismo parlamentarista*. Porto Alegre: Assembleia Legislativa do Rio Grande do Sul, 1992.

PILLA, Raul. *In*: FUNDAÇÃO GETULIO VARGAS. Rio de Janeiro: CPDOC, 2009. Disponível em: http://www.fgv.br/cpdoc/acervo/dicionarios/verbete-biografico/pilla-raul. Acesso em: 10 ago. 2020.

PINTO, Magalhães. *Frases de Magalhães Pinto*. [*S. l.*]: Do Autor, 2020. Disponível em: https://www.frasesinteligentes.com.br/frase/politica-e-como-nuvem-voce-olha-e-ela-esta-de-um-jeito-olha-de-novo-e-ela-ja-mudou/739/. Acesso em: 23 jul. 2020.

PINTO, Pedro Duarte. *Presidencialismo à brasileira*. Rio de Janeiro: Lumen Juris, 2018.

POSNER, Eric A.; VERMEULE, Adrian. *The executive unbound*: after the madisonian republic. Oxford: OUP USA, 2010.

POWER, Timothy J. Optimism, pessimism, and coalitional presidentialism: debating the institutional design of Brazilian democracy. *Bulletin of Latin American Research Bulletin of Latin American Research*, v. 29, n. 1, p. 18-33, 2010.

PROJETO DE CONSTITUIÇÕES COMPARATIVAS. Informando o projeto constitucional: Somos acadêmicos que produzimos dados abrangentes sobre as constituições mundiais para promover a paz, a justiça e o desenvolvimento humano por meio do processo de elaboração das constituições. [*S. l.*]: CCP, 2016. Disponível em: https://comparativeconstitutionsproject.org/. Acesso em: 9 ago. 2020.

PROPOSTA de plebiscito para convocação de assembleia constituinte específica é polêmica. [Rio de Janeiro]: Jornal Nacional, 24 jun. 2013. 1 Vídeo (4 min). Publicado por G1 Globo. com. Disponível em: http://g1.globo.com/jornal-nacional/noticia/2013/06/proposta-de-plebiscito-para-convocacao-de-assembleia-constituinte-especifica-e-polemica.html. Acesso em: 14 abr. 2020.

PRZEWORSKI, Adam. *Democracy and the limits of self-government*. New York: Cambridge University Press, 2010.

PRZEWORSKI, Adam. *Why bother with elections?* Medford: Polity Press, 2018.

PRZEWORSKI, Adam. *Crises of democracy*. New York: Cambridge University Press, 2019.

PRZEWORSKI, Adam *et al*. *Democracy and development*: political institutions and Well-Being in the World, 1950-1990. Cambridge: Cambridge University Press, 2009.

PRZEWORSKI, Adam; STOKES, Susan C; MANIN, Bernard. *Democracy, accountability, and representation*. Cambridge: Cambridge Univ. Press, 1999.

QUEIROZ, Rafael Mafei Rabelo. Impeachment e Lei de crimes de responsabilidade: o cavalo de troia parlamentarista. *Estadão*, São Paulo, 16 dez. 2015. Disponível em: https://brasil.estadao.com.br/blogs/direito-e-sociedade/impeachment-e-lei-de-crimes-de-responsabilidade-o-cavalo-de-troia-parlamentarista/. Acesso em: 7 ago. 2020.

QUEIROZ, Rafael Mafei Rabelo. A natureza jurídica dos crimes de responsabilidade presidencial no direito brasileiro: lições a partir do impeachment de Dilma Rousseff. *E-Pública: Revista Eletrónica de Direito Público*, v. 4, n. 2, p. 220-245, 2017. Disponível em: http://www.scielo.mec.pt/scielo.php?script=sci_abstract&pid=S2183-184X2017000200011&lng=pt&nrm=iso. Acesso em: 7 ago. 2020.

QUEIROZ, Rafael Mafei Rabelo. Atitudes de Bolsonaro são motivo para impeachment? *Folha de S.Paulo*, 17 ago. 2019. Disponível em: https://www1.folha.uol.com.br/ilustrissima/2019/08/atitudes-de-bolsonaro-sao-motivo-para-impeachment.shtml. Acesso em: 7 ago. 2020.

QUEIROZ, Rafael Mafei Rabelo. E se ele for louco? *Revista Piauí*, [s. l.], 31 mar. 2020a. Disponível em: https://piaui.folha.uol.com.br/e-se-ele-for-louco/. Acesso em: 7 ago. 2020.

QUEIROZ, Rafael Mafei Rabelo. Falta de decoro sem impeachment é crime sem castigo. *Revista Piauí*, [s. l.], 28 abr. 2020b. Disponível em: https://piaui.folha.uol.com.br/falta-de-decoro-sem-impeachment-e-crime-sem-castigo/. Acesso em: 7 ago. 2020.

QUEIROZ, Rafael Mafei Rabelo. Os novos crimes de Bolsonaro. *Revista Piauí*, [s. l.], 24 abr. 2020c. Disponível em: https://piaui.folha.uol.com.br/os-novos-crimes-de-bolsonaro/. Acesso em: 7 ago. 2020.

QUEIROZ, Rafael Mafei Rabelo. *Como remover um presidente*: teoria, história e prática do impeachment no Brasil. Rio de Janeiro: Zahar, 2021.

RAKOVE, Jack N. *Original meanings*: politics and ideas in the making of the Constitution. New York: Vintage; 1st Vintage Books Ed edition, 1997.

RAKOVE, Jack N. Introdução. *In*: HAMILTON, Alexander; MADISON, James; JAY, John. *O federalista*. Tradução de Hiltomar Martins Oliveira. Belo Horizonte: Líder, 2003. (Clássicos do direito).

RAKOVE, Jack N. *A politician thinking*: the creative mind of James Madison. New York: University of Oklahoma Press, 2017.

RAMBOURG JÚNIOR, Ribamar Cezar. *A crise na coalizão e o impeachment de Dilma Rousseff*. 135 f. 2019 Dissertação (Mestrado em Ciência Política) – Faculdade de Filosofia, Letras e Ciências Humanas, Universidade de São Paulo, São Paulo, 2019.

REALE, Miguel. *Parlamentarismo brasileiro*. 2. ed. São Paulo: Saraiva, 1962.

RECONDO, Felipe. *Tanques e togas*: O STF e a ditadura militar. São Paulo: Companhia das Letras, 2018.

RECONDO, Felipe; WEBER, Luiz. *Os onze:* o STF, seus bastidores e suas crises. São Paulo: Companhia das Letras, 2019.

REIS, Bruno Pinheiro Wanderley. O presidencialismo de coalizão sob pressão: da formação de maiorias democráticas à formação democrática de maiorias. *Plenarium*, Brasília, n. 4, p. 80-103, 2007.

REIS, Bruno Pinheiro Wanderley. Sistema eleitoral e financiamento de campanhas no Brasil. *In*: OLIVEN, Ruben George; RIDENTI, Marcelo; BRANDÃO, Gildo Marçal (Org.). *A constituição de 1988 na vida brasileira*. São Paulo: Aderaldo & Rothschild, 2008. (Estudos brasileiros; 42).

RICCI, Paolo (Org.). *O autoritarismo eleitoral dos anos trinta e o código eleitoral de 1932*. Curitiba: Appris, 2019.

RICCITELLI, Antonio. *Impeachment à brasileira instrumento de controle parlamentar?* Barueri: Manole, 2006.

RODRIGUES, Fernando. Veja como FHC derrubou o pedido de impeachment em 1999. *UOL Notícias*, São Paulo, 29 set. 2015. Blog do Fernando Rodrigues. Disponível em: https://fernandorodrigues.blogosfera.uol.com.br/2015/09/29/veja-como-fhc-derrubou-o-pedido-de-impeachment-em-1999. Acesso em: 3 ago. 2020.

RODRIGUES, Leôncio Martins. *Em defesa do presidencialismo*. Rio de Janeiro: Espaço e Tempo, 1993.

ROSENN, Keith S.; DOWNES. Impeachment Collor. *In*: ROSENN, Keith S.; DOWNES, Richard (Org.). *Corrupção e reforma política no Brasil*: o impacto do impeachment de Collor. Rio de Janeiro: Fundação Getulio Vargas, 2000.

ROSENBLUM, Nancy A. *On the side of the angels*: an appreciation of parties and partisanship. Princeton: Princeton University Press, 2008.

ROSANVALLON, Pierre. *Counter-democracy*: politics in an age of distrust. Cambridge: Cambridge University Press, 2008.

SALLUM JÚNIOR, Brasilio. *O impeachment de Fernando Collor:* sociologia de uma crise. São Paulo: Editora 34, 2015.

SALLUM JÚNIOR, Brasilio. O governo e o impeachment de Fernando Collor de Mello. *In*: FERREIRA, Jorge; DELGADO, Lucília de Almeida Neves (Org.). *O Brasil republicano:* o tempo da Nova República: da transição democrática à crise política. 5. ed. Rio de Janeiro: Civilização Brasileira, 2018. v. 5. p. 163-192.

SALLUM JÚNIOR, Brasilio; CASARÕES, Guilherme Stolle Paixão e. O impeachment do presidente Collor: a literatura e o processo. *Lua Nova: Revista de Cultura e Política*, São Paulo, n. 82, p. 163-200, abr. 2011.

SAMPAIO, Marco Aurélio. *A medida provisória no presidencialismo brasileiro*. São Paulo: Malheiros, 2007.

SANG-HUN, Choe. Choi Soon-sil, at Center of Political Scandal in South Korea, is jailed. *The New York Times*, New York, 31 Oct. 2016a. Available in: https://www.nytimes. com/2016/11/01/world/asia/south-korea-park-geun-hye-choi-soon-sil.html. Acesso em: 20 jul. 2020.

SANG-HUN, Choe. South koreans rally in largest protest in decades to demand president's Ouster. *The New York Times*, New York, 12 Nov. 2016b. Available in: https://www.nytimes. com/2016/11/13/world/asia/korea-park-geun-hye-protests.html. Acesso em: 20 jul. 2020.

SANG-HUN, Choe. Claims Against South Korean President: extortion, abuse of power and bribery. *The New York Times*, New York, 8 Dec. 2016c. Available in: https://www. nytimes.com/2016/12/08/world/asia/south-korea-park-geun-hye-accusations-impeachment. html?action=click&module=RelatedCoverage&pgtype=Article&region=Foote. Acesso em: 20 jul. 2020.

SANG-HUN, Choe. Park Geun-hye, South Korea's Ousted President, Gets 24 Years in Prisonr. *The New York Times*, New York, 6 April. 2018. Available in: https://www.nytimes. com/2018/04/06/world/asia/park-geun-hye-south-korea.html. Acesso em: 20 jul. 2020.

SANTOS, Fabiano. *O Poder Legislativo no presidencialismo de coalizão*. Belo Horizonte: Editora UFMG 2003. Disponível em: https://edisciplinas.usp.br/pluginfile.php/3156609/ mod_resource/content/1/O%20poder%20legislativo%20no%20presidencialismo%20de%20 coaliz%C3%A3o%20-%20Fabiano%20Santos.pdf. Acesso em: 20 jul. 2020.

SANTOS, Fabiano. A República de 46. *In*: MELO, Carlos Ranulfo Félix de *et al.* (Org.). *A democracia brasileira:* balanço e perspectivas para o século 21. Belo Horizonte: Editora UFMG, 2007. p. 40-72.

SANTOS, Fabiano; SZWAKO, José. Da ruptura à reconstrução democrática no Brasil. *Saúde Debate*, Rio de Janeiro, v. 40, n. esp., p. 114-121, dez. 2016. Disponível em: https:// www.scielosp.org/article/ssm/content/raw/?resource_ssm_path=/media/assets/sdeb/ v40nspe/0103-1104-sdeb-40-spe-0114.pdf. Acesso em: 18 ago. 2020.

SANTOS, Wanderley Guilherme dos. *A democracia impedida*: o Brasil no século XXI. Rio de Janeiro: FGV, 2017.

SARTORI, Giovanni. Concept Misformation in Comparative Politics. *The American Political Science Review*, [s. l.], v. 64, n. 4, p. 1033-1053 Dec., 1970.

SCHIER, Paulo Ricardo. *Presidencialismo de coalizão*: contexto, formação e elementos na democracia brasileira. Curitiba: Juruá Editora, 2017.

SCHWARCZ, Lilia Moritz; STARLING, Heloisa Maria Murgel. *Brasil*: uma biografia. São Paulo: Companhia das Letras, 2015.

SHEPSLE, Kenneth A. Congress is a "they, not an "it": legislative intent as oxymoron. *International Review of Law and Economics*, v. 12, Issue 2, June p. 239-256, 1992. Available in: https://www.sciencedirect.com/science/article/abs/pii/014481889290043Q. Acesso em: 20 fev. 2020.

SHUGART, Matthew Soberg; CAREY, John M. *Presidents and assemblies*: constitutional design and electoral dynamics. Cambridge: Cambridge University Press, 1992.

SILVA, Luís Virgílio Afonso da. *Sistemas eleitorais*: tipos, efeitos jurídicos-políticos e aplicação ao caso brasileiro. São Paulo: Malheiros, 1999.

SILVA, Mariana Batista. *O mistério dos ministérios*. 2014. 203 f. Tese (Doutorado em Ciência Política) – Programa de Pós-graduação em Ciência Política, Universidade Federal de Pernambuco, 2014. Disponível em: https://attena.ufpe.br/bitstream/123456789/ 12073/1/ TESE%20Mariana%20Batista%20da%20Silva.pdf. Acesso em: 20 mar. 2020.

SILVA, Pedro Henrique Cavalcanti. *Impeachment e responsabilidade*: uma análise brasileira à luz do direito comparado. Rio de Janeiro: Gramma Editora, 2018.

SILVA, Virgílio Afonso da. Um voto qualquer: O papel do ministro relator na deliberação no Supremo Tribunal Federal. *Revista Estudos Institucionais*, v. 1, n. 1, p. 181-200, 2015.

SILVA, Virgílio Afonso. Making Brazil Work: Checking the President in a Multiparty. *International Journal of Constitutional Law*, v. 15, n. 2, p. 519-525, 2017.

SOARES, Glaucio Ary Dillon; RENNÓ, Lúcio Couto. *Reforma política*: lições da história recente. Rio de Janeiro: FGV, 2006.

SOARES, Humberto Ribeiro. *Impeachment*: crimes de responsabilidade do presidente da república. Rio de Janeiro: Lumen Juris, 1993.

SOUZA, Laura de Mello e. *O sol e a sombra:* política e administração na América portuguesa do século XVIII. São Paulo: Companhia das Letras, 2006.

SUNSTEIN, Cass R. *Impeachment*: a citizen's guide. Harvard: Harvard University Press, 2017.

STARLING, Heloísa. A matriz norte-americana. *In*: BIGNOTTO, Newton (Org.). *Matrizes do republicanismo*. Belo Horizonte: Editora UFMG, 2013. (Humanitas). p. 1-40.

STOCHERO, Tahiane. Gilmar Mendes diz que discute com Temer proposta de emenda constitucional para semipresidencialismo. *G1*, São Paulo, 9 out. 2017. Disponível em: https:// g1.globo.com/sao-paulo/noticia/gilmar-mendes-diz-que-discute-com-temer-proposta-de-emenda-constitucional-para-semipresidencialismo.ghtml. Acesso em: 20 mar. 2020.

STRØM, Kaare; MÜLLER, Wolfgang C.; BERGMAN, Torbjörn. *Delegation and Accountability in Parliamentary Democracies*. [*S. l.*]: Oxford, 2006.

SUSTAINABLE COMPETITIVENESS OBSERVATORY (SCO). *Polity2 (Polity IV): methodology*. Source: Center for Systemic Peace (CSP), Polity IV dataset version 2015. Available in: https://competitivite.ferdi.fr/en/indicators/polity2-polity-iv. Acesso em: 20 mar. 2020.

TAVARES, André Ramos. *Parecer jurídico*. São Paulo: USP, 2015. Disponível em: https://www.conjur.com.br/dl/parecer-dilma-andre-tavares.pdf. Acesso em: 7 ago. 2020.

TAVARES, Joelmir. Bolsonaro põe presidencialismo de coalizão à prova ao arriscar novo estilo. *Folha de S.Paulo*, São Paulo, 24 nov. 2018. Disponível em: https://www1.folha.uol.com.br/poder/2018/11/bolsonaro-poe-presidencialismo-de-coalizao-a-prova-ao-arriscar-novo-estilo.shtml. Acesso em: 20 mar. 2020.

TRIBE, Laurence; MATZ, Joshua. *To end a presidency*: the power of Impeachment. New York: Basic Books, 2018.

TRIGUEIRO, Osvaldo. A crise legislativa e o regime presidencial. *Revista Forense*, [*s. l.*], v. 57, n. 192, p. 7-19, nov./dez. 1959.

TUSHNET, Mark. Constitutional Hardball. *The John Marshall Law Review*, v. 37, Issue 2, Winter 2004. Disponível em: https://dash.harvard.edu/handle/1/12916580. Acesso em: 20 mar. 2020.

UNITED STATES. US Supreme Court. *Nixon v. United States, 506 U.S. 224 (1993)*. Justia Opinion Summary and Annotations Annotation. Washington: JUSTIA, 1993. Available in: https://supreme.justia.com/cases/federal/us/506/224/. Acesso em: 18 ago. 2020.

VALENZUELA, Arturo. Latin America: presidentialism in crisis. *Journal of Democracy*, [*s. l.*], v. 4, n. 4, p. 3-16, Oct. 1993. Available in: https://muse.jhu.edu/article/225445/pdf. Acesso em: 7 ago. 2020.

VALENZUELA, Arturo. Latin American presidencies interrupted. *Journal of Democracy*, [*s. l.*], v. 15, n. 4, p. 5-19, 2004. Available in: https://www.journalofdemocracy.org/wp-content/uploads/2012/04/Valenzuela-15-4.pdf. Acesso em: 20 jul. 2020.

VELLOSO, João Paulo dos Reis. *O Brasil e as reformas políticas*. Rio de Janeiro: José Olympio, 1991.

VICTOR, Sérgio Antônio Ferreira. *Presidencialismo de coalizão*: exame do atual sistema de governo brasileiro. São Paulo: Saraiva, 2015. (Série IDP. Linha de pesquisa acadêmica).

VIEIRA, Fernando Sabóia. *Efeitos das regras procedimentais legislativas nas decisões da Câmara dos Deputados*. 2018. 170 f. Tese (Doutorado em Ciência Política) – Programa de Pós-Graduação em Ciência Política, Universidade do Estado do Rio de Janeiro, Rio de Janeiro, 2018. Disponível em: https://bd.camara.leg.br/bd/handle/bdcamara/36199?_ga=2.9255 8302.233740837.1597837075-206557181.1597837075. Acesso em: 7 ago. 2020.

VIEIRA, Oscar Vilhena. *A batalha dos poderes*: da transição democrática ao mal-estar constitucional. Rio de Janeiro: Companhia das Letras, 2018.

VILLA, Marco Antonio. *Collor presidente*: trinta meses de turbulências, reformas, intrigas e corrupção. Rio de Janeiro: Record, 2016.

VILLAVERDE, João. *Controle do soberano*: como evoluiu a aplicação da Lei do Impeachment no Brasil? 2019. 168 f. Dissertação (Mestrado em Administração de Empresas) – Escola de Administração de Empresas de São Paulo, Fundação Getulio Vargas, São Paulo, 2019.

VILLE, Maurice. J. C. *Constitutionalism and the separation of powers*. 2. ed. Indianapolis: Liberty Fund, 1998.

Esta obra foi composta em fonte Palatino Linotype, corpo 10
e impressa em papel Offset 75g (miolo) e Supremo 250g (capa)
pela Impress Gráfica e Editora.